U1068594

礼仪是女人的资本

曹静◎编著

再普通的女性，当你有礼仪的铠甲附身：

知礼、
识礼、
讲礼、
施礼，

你便化身为闪耀光芒的女神，
在人生的交际场上从容行走，
散发和煦温暖的香气，
成为魅力的磁石。

中国纺织出版社

前言

礼仪是在人际交往中，以一定的约定俗成的方式来表现的律己敬人的过程，涉及穿着、交往、沟通等内容。我国历史悠久，是举世闻名的礼仪之邦，注重礼仪修养向来是中华民族的传统美德。在这个日益文明的时代，女人作为一道独特的风景，尤其需要用礼仪来为这个世界增添温暖和美丽。

随着时代的发展，人与人之间的交往越来越频繁，中国的女性也早已打破封闭的生活状态，由幕后走向台前。21 世纪的女性需要参加众多的社会活动，因此，对女性礼仪也就提出了新的要求。一个具有礼仪之美的现代女性，她不仅应该具有靓丽的外在，更应该能体现出女性特有的内在气质。这样的话，无论她走到哪里，都会成为万众瞩目的焦点。幸运的是，女性即使没有先天的优越条件，只要用心，也可以通过礼仪的学习，为自己打造一件优美的华服。

当代中国女性更渴望优雅，如果说姣好的容貌是女人优雅的“皮儿”，那么良好的礼仪修养则是女人优雅的“味儿”。对于女人来讲，无论你的穿着如何华丽，如果失去了礼仪“味儿”的支持，那么是无论如何也优雅不起来的。现实生活中，漂亮的女人随处可见，然而很多女人只是注意打造仪表的美丽，而忽略了仪态也是体现女性优雅与魅力的一个重要因素。之所以这样，主要是因为女性仪表的美丽可以借助于服装或化妆品来打造，而体现女性内在美的礼仪修养，则需要女性用心去学习、炼就。

讲究礼仪，并不是简单的表面功课，而是要发自内心地表达自己的美。无论在什么场合，讲究礼仪的女人，都会显示出与众不同的风情，会得到他人的尊重。礼仪，是女性获得良好人际关系的基础。礼仪，不仅仅是规则，更是女性的一种交往艺术，这才是真正的礼仪之道。

女人是这个世界上一道优美的风景线，女人当然有必要去表现自己的优雅与魅力，然而，这并不是我们的最终目标。女人真正要做到的是借助于你所拥有的美丽，充分发挥自己的能力、影响与价值，从而提升自身的气韵、潜能及精神状态，与社会更好地相处。

这是一本全新的礼仪手册，在这里，我们运用生动的语言、精彩的案例向广大女性朋友介绍了在各种场合应遵循的行为准则，可以说，本书是打造魅力女性的礼仪指南。通过认真学习，相信你也可以成为一个优雅的女人，为自己创造出更多的人生际遇，获得更大的成功与幸福。

从此刻起，只要用心去领悟书中的每一个细节，并把它运用到实践中去，相信不久的将来，你也可以获得很大的提升，从此拥有更具魅力的人生。

编著者

2016 年 4 月

目录

形 象 篇

礼仪是女人气质非凡的资本

第一章※服饰礼仪，女人要穿出属于你的风采

从古至今，服饰从来都是一种社会文化的体现，它既体现着一个人的文化修养和审美情趣，同时又是一个人的身份、地位、气质等无言的介绍信。在社交活动中，人们可以通过服饰来判断一个人的仪表、气质，所以说，服饰是人类的一种内在美和外在美的统一。因此，女人想要塑造一个真正美的自我，就要掌握好服饰礼仪规范，让和谐、得体的穿着来展示自己的才华和修养。

❊ 穿戴得体，才能展现你的品位与气质

人际交往中，那些着装得体的女人，就像是商店里包装漂亮的商品一样，总能给人以赏心悦目的感受，对人产生不可抗拒的吸引力。得体的穿着既可以体现女人的修养，折射出女人的内在气质，又能体现出对他人的尊敬之情。因而，女人想要给他人留下美好的印象，得到他人的关注，就要时刻让自己的着装得体。否则的话，无论你的身份地位多么显赫，只能在社交场上沦为他人的笑料。

居里夫人，法国科学研究院高级院士，一位可以把奖章给孩子当玩具的女科学家，同时也是一位日常不修边幅的女性。在她看来，她所从事的事业与形象无关，重要的是科研成果。但是一次难忘的经历，让她从此改变了这个看法。

一次，居里夫人应邀去参加一场关于他们最近取得重大突破的科学研究的新闻发布会。然而她把自己完全投入到了实验当中，彻底把发布会的事给忘记了。当发布会组委会的人员打电话提醒她时，她才猛然想起这件事来。匆忙之中，她根本没有注意到自己的衣服，可等到她一路飞奔到会场时，却被保安拦在了门外。无论她怎样解释，保安始终不相信她是今天发布会上的重要人物。情急之下，她大声呼喊，把大会的组织者叫了出来，才最终得以进入会场。她原本以为终于把难题解决了，可事情并没有她想象得那么顺利。当她开始演讲时，下面观众席上不时发出声音，一开始她没有明白过来，可是随着演讲的继续，下面的议论声越来越大，也不知是谁说了一句什么话，台下顿时笑成一片，她不得不停下讲演，满脸疑惑地看着大家。当她发现大家都用一种奇怪的目光看着她时，她也看了看自己，顿时羞得满脸通红。此刻的她，头发凌乱，身上的白衣服又脏又破。于是，发布会一结束，她连晚宴都没参加便匆忙离席了，并发誓从此以后要把自己的形象塑造好。

即使是声名显赫的居里夫人，在社交场上，如果没有注重着装礼仪的话，一样会受到他人的非议。由此可见，无论一个女人身份地位如何，想要

在社交场上得到他人的关注与重视，必须注意着装礼仪。不同的场合有不同的着装要求，只有服饰与人的身份、地位、年龄和身体等因素相和谐，才能最大限度地发挥出着装的优势，恰当地展示出女人的魅力。那么，社交场上的着装礼仪有哪些，女性朋友们应该注意些什么呢？

1.服装要适合你的身份

得体悦人的穿着应突出女性的身份，因而，一个成功的女性对于服装必须具备正确的判断力，能够根据自己的身份来选择适合自己的服装。

2.服装选择要符合场合的需要

注意服装礼仪就要求女人能够根据自己出席的场合来选取自己的服装。比如，如果是白天参加的一些正式活动，则要以职业装为主，给人以简洁能干的印象。

3.服饰要适合你的年龄、身材

不同的人身材不同，就连肤色也不完全相同。不同的人要根据自身的条件来选择不同的衣服。在选择服饰时要注意扬长避短，尽量突出你的优点。不能为了追求时髦而把自身的缺陷暴露无遗。

女人着装要得体，并不是要求她的穿着多么华贵与时髦，关键是能最大化地展现出自己的优雅与气质。社交场上，女人着装得体既可以提升自己的信心，又可以表达对他人的尊敬之情，有利于社交活动的进行。

服装色彩是你的个性符号

服装色彩是服装观感给人留下的第一印象，恰到好处地运用色彩的观感，不但可以修正、掩饰身材的不足，而且能强调突出女性的优点。

想要利用服装色彩的神奇魔力打造自己的形象，彰显女性的修养与魅力，就得学习一些生活中常见的服装色彩搭配的方法与技巧。

1.整体服饰色彩数量的选用

有些女人认为全身色彩堆砌越多，自己就越显得“丰富多彩”，其实并非如此，如果集五色于一身，满身花枝招展的效果并不好。服饰能否给人带来一种美的享受，并非在于价格的高低和色彩的多少，关键在于配色得当。

“色不在多，和谐则美”，正确的配色方案是选择一两个系列的颜色作为服饰的主调，而其他少量的颜色为辅，作为对比，用来衬托或点缀装饰重点部位，如衣领、腰带、丝巾等，以取得多样统一的和谐效果。

2.运用服饰的协调色搭配来体现自己

如果女人想要运用协调色搭配来表达自己的魅力与修养，就要掌握同类色搭配的原则和近似色搭配的原则。同类色搭配是指深浅、明暗不同的两种同一类颜色相配，比如，用青色配天蓝色，墨绿色配浅绿色，咖啡色配米色，深红色配浅红色等。用同类色搭配出来的服装会显得柔和文雅，如果想让自己整体看上去柔和恬静的话，你可以尝试一下粉红色系的搭配。

而近似色搭配则是指把两个比较接近的颜色配在一起使用，如把红色与橙红色或紫红色相配，黄色与橙黄色或草绿色搭配在一起。如果把绿色和嫩黄色搭配在一起的话，能够给人带来一种春天的感觉，整体看上去给人一种素雅、文静的淑女味道。然而，现实生活中，并不是每个女人都能把绿色穿出效果来的。

3.借用对比色搭配来表达自己

当然，你在采用对比色搭配时也要遵循两个原则。那就是用强烈色配合和补色配合。强烈色配合是指用两个相隔较远的颜色来搭配，如黄色与紫色，红色与清绿色等。这种配色给人的感觉就比较强烈。日常生活中，经常见到的就是黑色、白色、灰色与其他颜色搭配在一起。因为这三种颜色为无色系，无论哪种颜色与它们搭配都不会出现问题。通常情况下，某一颜色如与白色搭配会显得明亮，与黑色搭配则显得昏暗一些。为了不使你的服装给人过于沉重的感觉，避免把深褐色、深紫色等与黑色搭配在一起。在这种搭配中，黑色与黄色搭配最晃眼，而红色与黑色搭配虽然隆重，却富含韵味。

为了能够使服饰色彩的搭配对比更加明亮，你可以运用补色搭配，把两个相对的颜色搭配在一起，如红色与绿色，青色与橙色，黑色与白色等放在一起，这些都可以形成鲜明的对比。在补色搭配中，黑白搭配历来被称为经典搭配。

4.巧妙地运用调和灰暗的色彩来突出自己的优点，弥补不足

运用这一技巧主要是通过灰暗的色彩给人的后退感和收缩感来达到扬长避短的作用。如对于身材高大、丰满的女性，可以选择深色来搭配自己的

外衣，给人一种瘦弱的感觉，这一规律对大多数的女性都适用。

女性在选择服装时，不仅要考虑年龄、身份、时间及所处环境的需要，更应该注意全身色调的协调，只有这样才能取得和谐的整体效果，突显出自己的修养和气质，让服饰成为自己完美的形象代言。

穿戴打扮间尽显你的良好修养

穿衣戴帽虽说是个人的事情，但是女人想要让服饰成为你的形象代言，就不能有半点马虎。每个女人的自身条件不同，各自的喜好也不尽相同，因此选择的服饰也不会完全相同，从而成就了五彩斑斓的服饰世界。让服饰更好地表达自己的气质与品位，仅凭个人的主观想象是不够的，还应根据大众的审美观及审美心理，找到一些可以遵循的基本原则。

女人想要通过服饰来表达自己的修养与魅力，可以参照以下几个原则：

1.女人的服饰要遵循干净、整洁的原则

女人无论穿着什么样的服装，都必须保证干净、整齐，这也是所有穿着打扮的一个最基本的原则。服饰干净、整齐并不是要求你的服饰必须时髦和高档，只要能够保证服饰干净、合体，全身整齐有致即可。只有一个穿着整洁、干净的女人，才能给人带来一种积极向上的感觉，与人交往时，才能表示出对对方的尊重与重视。

2.女人的服饰要遵循个性原则

年龄、性格、职业、文化素养等方面的差异，自然也就形成了女性各自不同的气质。女人在与他人交往时，应树立起个人的形象，这就要求女人在选择服饰时不仅要符合自己的身份，更应该符合自己的气质，凸显出自己美好的一面。这就要求女人在选择服装时，首先要正确地认识自我，选择可以展示个人风采的服饰，同时，服饰的选择要充满个性，避免盲目地模仿，失去自己的个性。

3.女人的服饰应遵循和谐原则

服饰本身就是一种艺术，它不仅可以起到遮羞、保暖的作用，更能表现女人的修养与气质。如何才能让服饰更好地表达女人的魅力与品位呢？只要让女人的服饰保持协调、得体就可以了。因而，女人在选择服饰时，不仅要与自身体型相协调，还要与自己的年龄、肤色相配。无论高矮胖瘦，年龄大小，只要能够根据自身条件去选择服饰，便可以展现出服饰的神韵。

4.女人着装应遵循 TPO 原则

女人总会以这样那样的角色出现在社交场上，如何用服饰表达自己的能力与素养？这是你取得社交成功的一个重要因素。有时，虽然你穿着一件漂亮的衣服，但是未必会得到别人的好评，原因很简单，你的穿着不适合当前场合。因而，女人想让服装发挥最大的作用，必须遵循“TPO”原则，即时间、地点、场合原则。只有当你的着装遵从了这三个原则，才能发挥它的优势，提升你的信心，在尊重他人的同时，获得他人的尊重，促进社交活动的进行。

5.女人的着装还应遵守配色原则

服饰的美体现在款式美、质料美与色彩美三个方面。实际上，服装的色彩美是最引人注目的，因而，女人想要在社交场上展现自己的魅力，体现自己的修养，就应注重服饰的配色原则。首先，服饰之间的色彩应色调和谐，层次分明。同时，选择的饰物，应起到“画龙点睛”的作用，不能为了追求美而破坏了整体的平衡。

人际交往中，服饰作为一种语言可以向他人传达一定的信息，女人如果想要把自己优雅、高贵，充满魅力的一面展示给他人，就应该遵循这些着装原则。只有这样，才能让穿着成为自己优美形象的代言，在社交活动中取得成功。

不同场合，要有不同的穿戴风格

女人的穿着是否符合场合的需要，是体现一个女人服饰礼仪的最基本问题。因而，如果女人想要展现出自己的良好修养与魅力，就一定要根据出席的场合选对穿着的衣服。

女人根据场合选择服装，就像是写作文一样，想使自己的文章不跑题，就要先弄清“时间”、“地点”、“人物”等问题。只有这样，女人才能选择好合乎要求的服装，向他人展示出自己良好的服饰礼仪。想要根据不同的场合选择服装，女人就要先了解都有哪些场合，每个场合都有什么特点。女人只有先做到心中有数，才能在出席活动前做出正确的判断。根据不同场合，具体有以下几种不同的着装要求：

1.工作场合着装要求

这种场合多为办公室里或谈判桌上，需要一种比较严肃的气氛。因而，对于这种场合的服装要求通常以正装为主。女式的正装有职业服、套装和长裙。办公室内的着装通常要求较高，一切要以能够营造一种严肃、紧张的工作气氛为主，因而不应该穿着时装和便装。这种场合中，服装要求款式简单，颜色单一，且比较保守，既不可过于暴露，又不能过于透明。同时，办公室是办公场所，为了工作方便，不能穿一些过于紧窄的服装。

2.社交场合的着装要求

社交场合是女人对外交往的场所，因为在这个过程中，女人需要与他人进行交流，可以说，是最能体现女人能力与魅力的地方。社交场合一般可分为：宴会、舞会、音乐会、聚会和普通的聚会场合等。对于这些地方，除了日常聚会和普通串门对服装没有严格要求以外，其他场合对服装都有严格要求。这两个地方，选择一些你最喜欢穿的衣服即可。

如果参加宴会的话，这种场合通常气氛比较隆重，也比较庄重，因此，你可以选择一些能够显得庄重的服装参加，体现出自己的地位与个人修养。可以选择套装、裙装，甚至还可以穿旗袍来参加，以显示出自己对这次宴会的重视。如果穿旗袍的话，还应注意选择与旗袍相配套的服饰，如毛呢大衣，短小西装等都可以。

参加舞会的话，因为气氛比较热烈，同时考虑到可能会进入舞池的话，你可以选择裙子和舞鞋。但是不能让自己的穿着过于暴露，为了保险起见，还应该在下身穿上底裤，可以防止走光。

当然，如果你打算去参加一个婚礼的话，那么就应该把自己打扮得喜庆点，这样才能与现场的气氛相吻合。需要注意的是，你的服装一定不能跟新娘子的服装相类似，同时也不能把自己打扮得过于靓丽，以免喧宾夺主。如果你穿着一袭华丽的衣服出现在婚礼的现场，那么，相信大家的目光都会被你吸引住。虽然，你证明了自己的魅力，但是对于主人来说，这是不礼貌的。

当然，除了这些场合以外，还有一些其他的场合，比如休闲场合及庆典活动之类。每个场合对女人的着装要求也都不尽相同。女人如果不想让自己在活动现场出丑的话，就要对这些场合都做到心中有数，然后根据需要改变自己的服饰。当然，如果你对某些场合还不是特别了解的话，去之前你可以先去了解一下，或向他人打听一下，然后再做决定。

如何选择适合你的贴身内衣

得体的穿着，需要良好的搭配，内衣虽然只是穿在里面的小衣服，却起着重要的作用。越是优雅的女人，越是讲究内衣的穿着，因为得体的内衣，可以使女人从内而外散发出自信。想要做一个优雅的女人，不仅要注意外衣的穿着，更应该注意内衣的着装礼仪，不能让不得体的穿着破坏了你的良好形象。

在一次时尚沙龙活动中，张琳就因为内衣的问题在大家面前丢尽了脸面，直到现在想起来都还觉得没面子。为了参加这个活动，她提前好几天就开始作准备。经过几番对比，她终于选定一件款式新颖的短款小上衣，下身配一件垂感很强的短裤。原本以为，这样的造型一定会引起别人的注意，但实际情况却不如人意。当她出现在活动现场时，看着大家投来的目光，她的心里小小地激动了一下。于是，她便和周围的人热情地攀谈起来，正当大家热烈讨论时，身边的一位朋友轻轻地拉了她一下，悄声告诉她，她后腰部位内裤的裤腰露在外面一大截，听到朋友的话，她顿时羞得满脸通红。从那以后，她发誓以后再也不买这种内裤了。

生活中，有些女人认为想要展示自己的魅力，只需要正确地选择外衣就可以了，反正内衣穿在里面，别人也看不到，实际情况并非如此，有些时候，内衣比外衣更重要。以上案例中的张琳就是因为只重视外衣的选择，而忽略了内衣的重要性，导致她在活动中因为内衣的问题而出了丑。由此可见，一个通晓礼仪常识的女人，不仅要注重外衣的选择，更应该注重内衣的选择。

那么，想要做一个有修养有气质的女人，应该如何选择和穿着自己的内衣呢？

1.女性内衣的选择要以美丽健康为标准

内衣是每一个女人的必需品，然而选择什么质地的内衣，才能更好地展现自己的魅力与优雅，并不见得每个女人都懂。当前，一些年轻女性为了展示自己的身材喜欢穿一些紧身的内衣，把身体包裹起来，其实，这样的穿着并不科学。相反，一些人一味地追求健康，会选择一些过于宽松的内衣，其实这也是不合适的。内衣本质的问题是要有包容性，这样才能有效地起到承托胸部和臀部的作用。因而，女性在选择内衣时首先要选择质地上乘的内衣，在所有内衣材料中，针织全棉的材料最富弹性，是为首选。其次，内衣的尺寸也要合适，既不能太大也不能太小，合体才是关键。女人穿着舒适合体的内衣，不仅仅可以给人以视觉上的美观，同时还可以提升女人自身的魅力，有利于女人塑造美好的形象。

2.内衣穿着的讲究

正确地穿着内衣，可以给女性带来健康，同时还可以提升女人的外在形象。因此，女性内衣的穿着应遵守以下几点：

(1)内衣穿着后身体线条流畅为宜，忌身体被内衣捆绑成肉粽状。

(2)内衣的颜色要与外衣和谐统一，不能让内衣颜色外泄。

(3)如果在公共场合，女性感到内衣穿着不舒服时，应到洗手间进行整理，忌在公共场合整理自己的内衣。

(4)女人要注意个人卫生，养成良好的卫生习惯，最好每日换洗内衣。

一个人的服饰品位与格调是其个人修养的重要体现，女人想要在社交场上表达自己的品位与修养的话，就不能忽视掉内衣的作用。从一定程度上来说，内衣更能够提升女性的魅力，展现出女性良好的外在形象。因而，女人如果想要让自己充满魅力的话，就应该重视内衣穿着的礼仪。

❊ 小小丝巾的选择与搭配

伊丽莎白·泰勒说："不系丝巾的女人是最没有前途的女人。"作为女人，你可以没有昂贵的钻戒，可以没有华丽的服装，但是你不能没有一条适合自己色彩和气质的丝巾。

一条恰到好处的丝巾，可以协调女性的整体形象，提升女人的魅力。相反，如果使用丝巾不当的话，则可能会破坏女人的美丽形象。由此可见，选择适合自己的丝巾和正确的搭配方法是表达女性内在美的关键所在。看着商店里各式各样的丝巾,也许你会感到迷茫,到底什么样的丝巾才适合自己,该如何佩戴才能最大限度地展现自己的美呢？其实,不用担心,只要了解丝巾的知识,并且掌握一些丝巾的搭配方法,你也可以通过丝巾向外界展示出你的万种柔情。那么,想要展示出自己的魅力,应该掌握哪些知识呢？

1.如何选择适合自己颜色的丝巾

(1)让丝巾与你的肤色和妆容相协调。因为丝巾是距离面部最近的一抹颜色,将直接影响到你的整体色彩的协调性。所以,选择丝巾时可以将其贴近面部看一下效果,选择与面部肤色相配丝巾的颜色。如果你选择的丝巾颜色不是单一的,也不用担心,与脸色相比对时,以最大面积的颜色来辨别。或者和丝巾保持一米左右的距离观察整体色彩效果。

(2)丝巾与服装颜色相协调。如果要搭配出好的效果,如果你的衣服颜色很多的话,那就选择一条纯色的丝巾吧,通常情况下,纯色的丝巾更能够显示出女人的高雅气质。总的原则是,丝巾与服装的色彩为对比色搭配或同色系、不同明度的搭配。

2.如何选择适合自己图案的丝巾

花花绿绿的颜色配在一起,可以组成许许多多种丝巾图案,不同的图案能够表达不同的气质,如果图案选择正确的话,也能为你增添不少女性魅力,那么赶紧来看看吧。

如果你属于气质典雅型女人,那么正统保守的印花是你最佳的选择,丝巾上小规则的几何图案,规则的条纹、格子一定可以把你典雅的气质表达出来。

如果你属于艺术型女人,那些印有花朵、动物、人物等图案的丝巾都可以让你的艺术气质得到充分的表达。

对于浪漫热烈型的女人,你的最佳选择是那些印有花朵、女性化图案及细腻线条的丝巾。

3.百变的丝巾系法,让你魅力无限

(1)先将准备好的长丝巾对折,再次对折,最终折成约 5 厘米的宽度,把它围在脖子上,最后在 V 型领处打上蝴蝶结就可以了。这种系法通常搭配白色两件套针织衫及长裙,也可以搭配衬衫领,但是必须把衬衫的第一个扣子打开。这种系法,最好选用柔软的丝巾材质,可以让蝴蝶结自然垂下,更添女性的飘逸灵动感。

(2)百折花。适合各种领型。将准备好的较大型的丝巾折成风琴状或百褶长带围在颈上,然后打两次活结,系成一个平结。当然,你也可以用别针把两端固定住。然后,把你所打的平结调到适当的位置后,整理成花朵形状就可以了。这种结法不适合脖子太短或水梨形脸型的女人。

当然,丝巾的系法还有很多,比如古典结,空姐结等。你也可以根据自己的构思发挥创造出更多的系法。女人如果想让自己充满柔情的话,不妨试试丝巾的妙处吧。

谁说袜子与礼仪无关

走在大街上,放眼望去,那一双双长短不一、颜色各异的袜子会不约而同地映入眼帘。随着社会的发展,袜子已经由当初保暖、隔离鞋与脚之间摩擦的功能,转变为女人扮靓的重要工具。现在它更多地充当了女人服装搭配中配饰的角色,为女人增添魅力。

袜子虽然能帮助漂亮的女人们增添姿色,然而如果搭配不当的话,也可能会成为女人全身着装的败笔。由此可见,在女人的服饰礼仪中,袜子所起的作用也越来越大。女人想要让它来为自己增添姿色的话,可不能小瞧了它。

袜子按照长短可分为长筒袜,中筒袜,短袜。每种袜子都有它的搭配原则,如果搭配不当的话,可能会闹笑话。那么,每种袜子都有什么搭配原则,它们又都适合搭配什么样的服装和鞋子?简单介绍如下:

1.长筒袜的搭配原则

长筒袜即连裤袜,它是所有袜子中最好搭配的袜子,无论是什么款式的裙装都可以与它相搭配,只要袜子的颜色能与衣服颜色相搭配就可以了。值得注意的是,如果用它来搭配正式的职业装的话,一定要选择中跟不露脚趾的黑色鞋搭配与肤色相近的长筒袜。

2.中筒袜搭配原则

中筒袜可以分为两种。一种是长度中筒袜,它能到达膝盖的上方;另一种就是膝盖以下长度的中筒袜。长度中筒袜通常与背带短裤、超短裙等搭配，为了使搭配效果更加理想，可以配上高跟鞋或短靴。这样一来，既不会因为腿部皮肤裸露太多而显得突兀，同时又能穿出别样的风格。如果是较短的中筒袜，可以用在冬日里搭配短靴。

3.短袜的搭配原则

短袜是日常生活中使用最频繁的袜子款式，既可以搭配长裤，也可以搭配运动鞋。别看我们经常穿短袜，但是有一部分人还是不懂得如何穿短袜才能够穿出自己的风格，穿出自己的魅力。现在一起来看一下吧。

（1）穿丝质短袜时，一定不能选择裙装。无论你选择什么款式的裙子，穿的是凉鞋还是船鞋，丝袜的边缘都会暴露在脚踝处，这样的搭配只会给人一种很土的感觉。夏天，如果想让自己的装扮时尚一些，你也可以不穿袜子。只要能够保持脚部的清洁，然后涂上漂亮的指甲油，一样可以让你成为靓丽的女人，这种装扮会比你穿袜子再穿凉鞋好看得多。

（2）穿棉质丝袜配运动鞋时，一定要注意袜子的长度。如果你想让自己显得富有魅力，有修养的话，就不要再采用运动鞋配棉质短袜的搭配方法了。最流行、时尚的搭配方法就是，运动鞋配超低短袜子，只有这样才能让自己显得时尚、年轻一些。

袜子是女人日常生活所离不开的配饰，然而，并不是所有的女人都能够很好地搭配。人际交往中，女人如果能够正确地选择自己的袜子、服饰和鞋子，可以让穿着为自己增添许多魅力。女人如果想让自己变得时尚、光彩照人，那么赶紧来学习一下吧。

鞋子如何穿关乎到你的整体形象

女人除了买衣服外，最喜欢买的东西恐怕就是鞋子了。如果仔细观察，你就会发现满大街的商品中，除了女人的衣服以外，就数女人的鞋子最多。街上琳琅满目的橱窗里摆满了各式各样的女式鞋子。鞋子是女人的最爱，不同的女人会选择不同颜色和式样的鞋子，一双好的鞋子可以尽显女性的性感与妩媚，会让女人产生独特的魅力。因而，女人如果想要在社交场上表现自己的优美姿态，就应该选择一款适合自己的鞋子，不能让鞋子破坏了你的完美形象。

无论是色彩艳丽的彩色鞋，还是素雅简单的芭蕾平底鞋。每款鞋子都可以把女人不同的气质和形象表达出来。女人，如果想要保持自己的完美形象，就应该学会选购和搭配自己的鞋子。

1.女人选购鞋子有讲究，如果可以的话，选择适当高度的鞋子

也许有的女人会说自己穿什么样的鞋子都是一样的，反正穿在脚上也没有人会低下头来认真看你的鞋子。其实并非如此，无论你是否愿意承认，穿平底鞋与高跟鞋，会给女人的步态带来不一样的感受。不管一个女人是否喜欢穿高跟鞋，一旦穿上它，就会变得不由自主的挺拔，走起路来自然会变得优美婀娜起来。因而，女人如果想让自己走起路来保持优美的形象，就应该选择稍有高度的鞋子。

2.鞋子的颜色要能够与衣服相搭配

一个有魅力的女人不仅要让自己脚上穿的鞋子能够适合季节的需要，更应该与自己的服装相搭配。当然，不必每套衣服都购买一双相应的鞋子来搭配，但是你的鞋子一定要与你身上所穿的衣服相搭配。如果你选择了视觉效果隆重的衣服，那么鞋子就要柔和一点。当然，如果衣服比较低调的话，可以让鞋子颜色出挑一点。

3.鞋子的选择也要根据场合的需要来改变

不同的场合，要选择不同的鞋子来搭配，你不能穿着高跟鞋去参加户外活动。如果是参加晚会的话，你肯定需要一双晚礼鞋来衬托出你的高贵气质。女人如果想让自己充满魅力、活力四射的话，肯定不能缺少了中跟鞋、高跟鞋、平底鞋和坡跟鞋中的任意一种，对于女人来讲，通过鞋跟的变化也可以把你的优雅与魅力表现出来。

4.注意鞋子的保养，让你的鞋子保持干净

女人如果想让自己从头到脚散发出魅力，不仅要注重服装的干净整洁，还应该注意鞋子的整洁。虽然价格昂贵的鞋子可以让女人从脚底散发出魅力与修养，但是如果不注重保养的话，即使再贵的鞋子，也会很快变得和便宜的鞋子没什么区别了。因而，女人要时刻注意鞋子的卫生，注意自己的形象。

虽然女人的鞋子有很多样式，但并不是所有样式的鞋子都适合你。社交场上，只有选择了一双合适的鞋子，才能体现出你的高雅气质。

❊ 别忽视随身包包的选择

对于女性来讲，配饰更能体现女人的审美能力，越小的东西精致些越好。对于女人来讲，如果想要看她有没有品位的话，只要看看她的包就够了。即使一个形象再漂亮的女人，如果她的背包很普通的话，那么她的整体形象和品位也会大打折扣。因此，女人如果想要把自己的修养与气质表达出来，就要学会选择适合自己的包。

女人的包有很多种风格，不仅颜色丰富，款式也很多。到底是选择复古包，还是选择时尚包，抑或是中性包，这都是根据个人的形象气质来决定的。当然，如果你想用一个包去适应所有场合，那是绝对不可能的。那么女人选择什么样的包，才能在社交场上展露出自己的风采，让自己时刻成为魅力女人呢？

1.建立自己的审美品位，先给自己选择基础款、基础色的背包

女人要想让自己变得有品位，首先要了解自己，选择一款适合自己品位的包，只有这样才能让包与人本身融合起来，用包的品位提升你的形象，衬托你的气质。当然，只有款式还不行，还得选择一种基础的色调来与你搭配。你所选择的基础色，最好能够与你衣橱里衣服的颜色相协调。

2.多选择几种款式的包，以备各种场合的需要

女人如果想让自己在各种场合下都散发出光彩的话，必须得具备各种场合相配的包。如果你想每天都背着同一个包去各个场合活动的话，肯定不会有很好的效果。因此，女人就要多准备几种包。女人的包不在于有多少个，而在于是否全面。如果想让自己在各个场合下都能够充满魅力与气质，就需要各种场合的包都准备一款，以应付不同场合的需要。

3. 带包外出时，女性要注意保持良好的仪态

如果你认为，只要女人随身携带着与自己气质相吻合的包，就可以增加

自己的魅力的话，那就大错特错了。一个有修养懂礼仪的女人，不仅能够寻找到适合自己的包，同样还会注意到自己的仪态。试想一下，一个漂亮的女人用肩背包时，总是两边甩动，样子肯定好看不到哪里。如果想让自己的包不乱动的话，可以用一只手固定背包的位置，另一只手自然摆动。如果是手提包的话，可以让它靠在身边，或挽在手臂上。当然如果是没有背带的手包，你也可以像抱书本一样抱在胸前，或托在腰际，绝对不能图方便就夹在腋下。

4.包内物品的摆放位置也要做到有序

女人如果想要保持良好的形象，不仅要注意外在形象的维护，同时还应注意包内物品的摆放。包内物品摆放得井然有序，既有利于快速找到物品，又维护了女人良好的形象。如果一个女人包里总是乱糟糟一团，每次找东西都要把所有东西倒出来翻找的话，那她肯定与优雅无缘。

要做到包内物品井然有序，很简单。只须把包内物品分门别类地放置好，下一次找东西时就方便了。同时，还要注意定期清理自己的包包，对于不需要的或暂时不用的物品要拿出来，定期给自己的包包“减肥”就可以了。

总之，女人想要通过包包来提升自己的形象，让自己的魅力上升的话，不妨为自己选择一个漂亮的包，同时注意整理包内的物品，只有这样才能用包包把自己打造成靓丽的女人。

配饰小精灵，为你的着装“锦上添花”

除了香水以外，饰品是魅力女人好品位的第二种体现。饰品对于女人来说，它既是一种点缀，又是女人审美品位和生活质量的聚集点。人际交往中，有时一件小小的饰品可以灵动地展现出女人的独特魅力与品位。

然而生活中，有些女人总认为只有得体的服装才能给他人带来好的印象，她们宁愿花钱买衣服，也不舍得把钱花在饰品上。其实，一件好的饰品的功效也是不容小觑的。当然，饰品有很多种，不同的饰品与人的服装和气质相搭配，可以塑造出女人的万千姿态与风情。因而，女人要学会选择能够提升自己魅力与气质的饰品。

人际交往中,一身时尚的服装,再配上得体的饰品,就可以起到画龙点睛的作用,轻松地展现出女人的品位与魅力。然而,配饰的选择与佩戴也是有讲究的。

1.饰品的选择应该合乎场合的需要

(1)工作场合下的饰品选择。虽然作为职业女强人也可通过饰品来展现出自己的优雅与美丽,但是要注意你所选择的饰品不能影响到工作。因而,你可以选择一些款式简单的冷色调的银色饰品来搭配你的职业装束,相信一定可以给他人一种干练、利落的职业女性形象。

(2)参加派对时的饰品选择。在派对上,闪烁的灯光配上华丽的晚礼服,能够给人一种色彩明亮的感觉。如果能够选择一些款式简单大方的饰品,一定会让你成为晚会上的焦点人物。

(3)休闲度假时的饰品选择。如果能够选择合适的饰品,即使是在休闲度假中,你也一样可以做一个光彩夺目的女人。当然,在这种情况下,你的最佳选择应该是一些简洁大方的休闲小饰品,如珍珠、宝石制作的项链、耳环、戒指、镯子等饰物。虽然它们的做工可能比较简单,但是同样可以展现出你高雅、华贵的风姿。

2. 饰品佩戴也需要讲究原则

女人想要把自己的魅力与气质一览无余地表现出来,不仅要注重饰品的选择,更要注意饰品的佩戴。饰品与服装想要搭配得当,衬托出女性的美,就要遵循以下几个原则:

(1)全身佩戴的饰物不要超过三件。女人选择饰品是为了更好地展现出自己的美丽,如果一味追求饰品去突出地位,只会适得其反。女人在使用配饰时,要注意适度就是美。如果把自己全身都挂得琳琅满目,那该是什么效果?只会给人带来眼花缭乱的感觉,影响他人对你的审美评价。当然,如果你本身已经带了眼镜的话,那么脖子以下部位你最多只能再选择 1 件饰品就可以了。

(2)饰物的佩戴应与周围的环境相协调。如果你手臂细长的话,可以选择戴宽形的多只细线型的手镯;相反,如果手臂粗的话,则佩戴较细些的手镯效果更好。戒指的佩戴与手镯一样。如果是选择项链的话,就要根据身体的高矮胖瘦来判断，脸型较圆且身体矮小则最好佩戴细长且带坠子的项链。

在这个追求时尚个性的社会，女人选择配饰既要体现自己的个性，同时还要遵守佩戴技巧。只有这样，才能把配饰与整体效果搭配起来，衬托出女性的美，让女人在社交场上，塑造出完美的形象。

第二章 ※ 精致妆容，女人要学会的化妆技巧

仪容是一种外在的形象，代表着女人的修养和品位。良好的仪容不仅可以提升女人的品位，与他人交往时还可以表达出对他人的尊重之情。对于女人来说，化妆，可以体现出女性端庄、美丽、温柔、大方的独特气质。人际交往中，女人如果想要展现出自己独特的魅力与光彩，应该学习一些化妆的礼仪。女人如果掌握了化妆的礼仪，不仅可以让自己更漂亮，还可以让自己更加自信。

※形象整洁，才有仪容美

无论是谁，不管她的长相多好，服饰多么华贵，若满脸污垢、浑身异味的话，必然不能称得上是懂得礼仪的人。因而，清洁是仪容美的关键，也是女人礼仪的基本要求。

心理学上讲的“首因效应”，即给他人留下的第一印象将直接影响他人的评价，因此，女人想要在社交场上给他人留下好的印象，就要时刻保持自己的仪容仪表的干净整洁。那么，女人在日常生活中应该如何清洁自己的面容，保持完美形象呢？

1. 面部的清洁

面部是女人最突出的部位，面容干净与否，是否充满光泽，都将直接关系到他人对你的评价。如果想让自己的面部肌肤干净富有光泽的话，就应该做好面部清洁工作。

（1）做好清洁面部皮肤工作。女人想让自己的面容洁净的话，就要保持天天洗脸，无论用清水、香皂还是洗面奶都可以，但是需要注意每次洗完脸以后，要记得用清水冲洗干净。

（2）想让面部肌肤年轻，充满光泽，需要及时祛除面部“死皮”。在人体细胞的代谢过程中，面部的皮肤不断地生成新的细胞，一些细胞也就不断地老去、死亡，周而复始地累积在脸上就会在脸部最外层形成皮痂，会使女人的皮肤黯淡无光、干燥易皱。女人如果想让自己的脸部富有光泽的话，就要定期清理脱落的表皮，可以使用磨砂膏、面膜等，这些都可以起到脱落皮屑的作用。

2. 头发、手和身体的清洁

（1）对于头发的清洁要根据发质来决定。对于油脂分泌较强的人，头发最好每天清洗，如果是干性头发间隔时间可以长一些，但是要养成定期洗发的习惯。在清洗头发时，应先将头发梳理顺畅，用温水湿润以后，再用洗发用品轻揉，最好能够使用一些护发用品来维护头发健康，最后要用清水冲洗干净。

对于头发的清洁还应注意保持头发富有光泽、顺畅，如果头发分叉的话，要及时将其修剪，如果头皮屑较多的话，最好能够使用一些去屑产品。

梳理头发时，也应留意勿使头屑和掉落的头发附着在上衣和肩背上。

(2)手部的清洁和卫生。在日常生活中，手的作用是不言而喻的。手部是女性的第二张脸，因而，手部的护理极为重要。女人如果想让自己的形象完美，要注意保持手部的卫生。手部的清洁与脸部相比，虽然简单一些，但也容不得半点马虎。大致可分为六步：第一步，取掉手上饰品，打开水龙头湿手。第二步，用肥皂或洗手液涂抹手部。第三步，揉搓双手，并用清水冲洗干净。第四步，干燥双手。第五步，使用适合自己的手部护肤产品。

(3)身体的清洁。与手部清洁相比，身体的清洁要相对简单一些。对于女人来说，想要给他人留下完美的印象，就要注意保持身体的干净卫生，不能让身体的异味影响到他人。应勤洗澡，勤换衣物，防止汗味和臭味的侵扰。

一个女人干净与否将直接关系到他人对你的评价与印象。女人只有保持自己的清洁才能给人以干净、整洁的形象，这既有利于自信心的提升，又可以表达对他人的尊重之情，有利于女人社交活动的开展。由此可见，清洁对于塑造女人的美好形象起着重要的作用。

肌肤基础好，化妆才有好的效果

爱美是女人的天性，如何才能让自己的面部保持年轻和漂亮，恐怕是每一个女人都想弄明白的事情。如果想让自己看上去美丽动人，给他人留下一个好的印象，女人就要照顾好自己的皮肤。女人想要让自己变得更加漂亮，仅仅依靠清洁工作是不够的，还应该懂得化妆礼仪和护肤礼仪。

1. 女人的化妆礼仪

化妆是一种通过对美容用品的使用来修饰自己的面容，美化自我形象的行为。通过化妆，可以让女人更加美丽，光彩照人。

具体的化妆步骤如下：

(1)打粉底。想让自己的面部看起来颜色光鲜，肤质细腻，可以选择一款适合自己肤色的粉底。在打粉底之前，先在脸上抹上一层薄薄的肤色修颜液，然后再往脸上擦少量粉底。在选择修颜液和粉底的时候，应根据自己的皮肤来选择，最好能够接近你的肤色，这样可以避免他人看到你颈部皮肤与面部皮肤的差异，对你的评价大打折扣。

（2）修饰眼部。如果想让自己的眼睛看起来更加迷人，你可以给自己的眼部略施一些眼影粉，眼影粉要在粉底的基础上施入。在涂抹的时候，尽量用棉棒均匀抹开。画眼线的时候要做到用力均匀，才能达到理想的效果。最后一步，刷睫毛液，一次不能上得太多，等干了之后再上一遍，这样效果会更好。

（3）唇部化妆。在给嘴唇化妆时，如果嘴唇原本就厚的话，建议先搽粉底盖住嘴部轮廓，然后涂蜜粉，再涂上口红。当然，如果嘴唇较薄的话，在画唇线时可以稍稍往外面一点，可以使唇部显得丰满一些。在涂唇膏时，上下唇中间的颜色要浅一些，唇峰的颜色要深一些，深浅过渡要自然，这样才能突出立体效果。

2. 护肤礼仪

女人想要让自己的肌肤保持良好的状态，就必须要学会保护自己的皮肤。对于肌肤的呵护一般都选用相应部位的护肤产品来维护。女人如果想要让自己的肌肤时刻处于被呵护的状态，就应为自己多准备几种护肤品。

（1）眼霜。延缓眼部皮肤衰老，防止眼部细纹的产生，同时消除眼周肌肉疲倦。

（2）保湿水。给自己的皮肤保持充足的水分，保湿水的品种很多，叫法也不一，可以根据自己皮肤属性选用。

（3）乳液。给皮肤补充充分的营养，滋润和延缓皮肤衰老。

（4）营养面霜。既可以起到隔离作用，又可以补充新陈代谢所需养分。

（5）隔离霜。隔离外界不良物质，可以根据不同的皮肤，选择不同颜色的隔离霜。

（6）防晒霜。无论春夏秋冬都应该使用防晒霜，这样可以让肌肤在阳光下免受伤害。夏天用 SPF25 的防晒霜；冬天的话，只用 SPF10 左右就可以了。

女性如果想让自己生动迷人的话，就应该学一些化妆和护肤的知识，懂得如何能够让自己充满魅力。只要坚持练习，相信你也可以把自己打扮得光彩照人。

❊ 扬长避短，不同脸型适合不同的妆容

女人的脸部化妆一方面要突出面部五官最美的部分，使其更加美丽；另一方面要掩盖或矫正缺陷或不足的部分。不同的脸型会给人完全不同的直观印象，如果能够准确把握脸型特点，并依此为基调来化妆的话，就可以把自己的形象与魅力完完全全地发挥出来。

不同脸型的化妆方法如下：

1.长脸型女人的化妆方法

这种脸型的女人化妆时，应力求达到的效果是：增加面部的宽阔感。眉毛应修正成弧形，切不可有棱有角，同时位置不宜太高，尾部切忌高翘。在使用胭脂时，前端应离鼻子稍远些，抹在颧骨的最高处和太阳穴下方所构成的曲线部位，向外、向上抹开去。对于双颊下陷或者额部窄小的女人，应在双颊和额部涂浅色调的粉底，造成光影，使之变得丰满。嘴唇部位的修饰，涂抹口红时可稍微涂厚些。

2.椭圆脸型化妆方法

椭圆脸型可谓公认的理想脸型，化妆时只要保持其自然形状，突出其可爱之处就可以了。修饰眉毛时，可顺着眼睛的轮廓把眉毛修成弧形，位置适中，眉头应与内眼角齐平，眉毛尾部可化得稍长于外眼角。抹胭脂时，应涂在颊部颧骨的最高处，再向上向外揉化开去。唇膏尽量按自然唇形涂抹。

虽然这种脸型是理想的脸型，不需太多掩饰，但是如果找不到出彩的部位，也可能使整个脸部过于平淡，无法给他人留下深刻的印象。所以化妆时一定要找出脸部最动人、最美丽的部位，而后凸出。

3.方脸型化妆方法

方脸型的女人以双颊骨突出为特点，因而化妆时要注意增加柔和感，以掩饰脸上的方角。这种脸型的女人，应把眉毛修得稍宽一些，眉形可稍带弯曲，但不宜有角。胭脂应涂抹得与眼部平行，可抹在颧骨稍下处并往外揉开，切忌涂在颧骨最突出处，也可用一些暗色的粉底来改变面部轮廓。对于下颚部位也可以用大面积的暗色调粉底改变。为了增加脸部的柔和感可以

把唇膏涂丰满一些。

4.三角脸型化妆方法

三角脸的显著特点是额部较窄而两腮之间较宽阔，整个脸部呈上小下宽状。此类脸型的化妆秘诀与四方脸差不多，主要把脸下部的宽角“削”去，把脸型变为椭圆状。可以用胭脂由外眼角处起始，向下抹涂，两腮部位可用较深色调的粉底掩饰。眉毛只要保持自然状态即可，不可太平直或太弯曲。

5.圆脸型怎样化妆

拥有这种脸型的女人，若要修正为椭圆形并不困难。眉毛只须修成自然弧形，可作稍许弯曲。然后用胭脂从颧骨开始涂抹到下颌部位即可。涂抹时应注意不能简单地在颧骨凸出部位涂成圆形，而要用粉底在两颊处制造阴影，使脸型看起来瘦削一点。或用暗色调粉底，沿额头靠近发际处起向下窄窄地涂抹，至颧骨部下可加宽涂抹的面积，形成脸部亮度自颧骨以下逐步集中于鼻子、嘴唇、下巴附近部位的效果。涂抹唇膏时，宜将上嘴唇涂成浅浅的弓形。

女人想要让自己面部的妆容达到最美的效果，只要弄清楚自己的脸型，然后按照相对应的化法，对自己施以修饰就可以了。拥有美丽的妆容，可以让女人时刻光彩照人，然而女人想要拥有美丽的妆容，就要懂得根据自己的脸型来化妆。如果你也想掌握这些化妆技巧的话，那么赶快加入这个队伍吧。

不同年龄，有与其适配的妆容

女人经过化妆修饰的美可分为两种：一种是趋于自然的美；一种是艳丽的美。自然的美，可以给人以大方、悦目、清新的感觉；而艳丽的美则给人以庄重高贵的印象。不同的美，可以给人带来不同的美的感受。而不同年龄段的女人妆容的要求也不同，只要能够掌握化妆技巧，相信可以展现出自己最美的一面。具体的妆容技巧如下：

1.少女妆容技巧

少女的肤质细腻、娇嫩而富有弹性和光泽，因而不宜描眉、涂眼影和上较夸张的粉底。少女化妆时只须突出两颊和嘴唇处，做到清淡自然、似有若无，能给人一种青春朝气和不加修饰之感即可。

具体的化妆技巧：首先，彻底清洁皮肤，避免因为皮肤油脂分泌较多，而滋生粉刺等。接下来往脸上涂润肤剂，化妆水以轻拍方式为佳，以整理肌肤；再涂一层薄薄的浅色调的粉底，双颊可以扫淡淡的棕红色胭脂；唇部宜选用粉红色、橙色等富有朝气色彩的唇膏；最后用淡淡的黑色睫毛膏，增强双眼的明亮度；如果想让脸部显露出柔和鲜艳的肤色还可略施薄薄的透明状松粉。

2.少妇妆容技巧

女人在这一时期，身上既保持着青春的活力，又添加了成熟的风韵。但是面部皮肤已或多或少地出现了细小的皱纹，肤色也与少女时期有所改变，所以化妆忌效仿少女妆，而应重在展现其青春、风韵犹存、成熟之美的风姿。

少妇化妆的原则与技巧：白天讲究化妆的整体淡雅，晚间则可稍微浓重一些。对于粉底的选择，应是稍带粉红色调的，以增添面部的青春气息；同时，还可以先用淡紫色调的香粉，让皮肤色泽更柔和白皙。涂搽胭脂时，如果害怕把握不到位的话，可以面对镜子做微笑状，找出脸颊鼓起的最高处，对准这个部位施以胭脂即可，但应选择与自然肤色相近的胭脂。

3.中年妇女妆容技巧

中年妇女的妆容重在掩饰面部横生的皱纹，因而可选用稍暗色调的粉底加以掩饰。涂抹皱纹时应沿着皱纹纹路的起向轻涂，且要保持均匀。如果想让效果更好的话，可选用质地细腻的香粉扑面。对于胭脂的选择也应视具体情况，液状胭脂有湿润作用，粉状胭脂则能掩饰粗大的毛孔。

4.五十岁以上妇女妆容技巧

针对这个年龄段的女性，主要宜展现“黄昏”之美，白发红颜更予人以强烈的美感。可以选用接近自然肤色的粉底，来遮盖面部的皱纹。如果使用眼影的话，应尽量避免使用油质的或带有闪光的眼影，唇部可以选用颜色柔和的唇膏，忌用过于艳丽的色彩，同时不宜画唇线。

化妆有原则，最重要适合自己

爱美是女人的天性，看着别人炯炯有神的浓眉大眼你是否也曾羡慕不已然而自己无论怎么化还是达不到预想中的效果，为此你可能怀疑是否自己的技术有问题。其实并非这样，化妆也同穿衣一样，适合别人的妆容未必也适合自己。女人想要让自己美丽动人，就要去发现适合自己的妆容。

那么，女人如何才能化出适合自己的妆容呢？

1.女性的妆容，应符合年龄特征

不同年龄段的女人所表达出来的美是不一样的，因而女人需要按照自己的年龄特征来表达自己的美。例如，一个二十几岁的女孩子，如果把自己涂抹得过于浓艳的话，只会引起他人的反感。当然，如果一个三十多岁的女人化着少女的妆容的话，同样会给人一种不舒服的感觉。

2.女性的妆容，应该符合身份的需要

女性化妆，既是对自己的尊重，也是对他人的尊重。但是，这并不是要求你只按照自己的想法来妆扮自己，你所处的工作岗位同样决定了你的妆容，当前的社会环境，许多单位都要求员工能够淡妆上班，予他人清新淡雅的优美形象。

3.女性的妆容，应该符合活动场合的需要

在什么样的场合下，就需要你化什么样的妆容。如果在工作场所，那么你的妆容宜表现自己的优雅高贵气质的一面。相反，如果是去参加舞会的话，你再化成淡妆，效果肯定不理想。你可以给自己化一个稍微浓重的妆，与舞会上的气氛相协调。

4.女性的妆容，还应当与四季的时间协调

一年有春夏秋冬四季，季节不同，气温也就不同，因此对女性妆容的要求也就不尽相同。夏季由于气温较高，女性化妆品的选择应用耐汗和不怕水的，色彩也应以褐色色调为主。同时还应施以一些防晒产品，对暴露在外的皮肤起到保护作用。

冬天，由于温度较低，女人的服饰往往以暗色调为主，为了能够达到和谐统一的效果，冬季的妆容不宜过于艳丽，可选用一些暗色调的粉底，同时还应配以防止水分、油脂丢失的润肤剂。

另外，女人选择适合自己的妆容时还应与自己的条件相结合，比如你的脸型，眼睛的大小，鼻梁的高低，嘴唇的厚薄等。每个人的容貌都不同，只有找到适合自己的妆容，女人才能在社交场上，光彩照人，充满魅力。

❊ 外敷内养，让肌肤由内而外散发活力

女人天生都是爱美的，不单单会因为看到别人美丽的容颜羡慕不已，同样也会因为看到他人如雪的光滑肌肤由衷地赞叹。相信任谁也不可能面对自己眼角的皱纹而无动于衷。虽然每个女人都知道青春不可能永驻，但还是会不遗余力地继续“战斗”在与肌肤问题的战场上。女人如果想让自己的肌肤充满活力，富有弹性的话，就要学会呵护自己的肌肤。只有正确地护肤才能让肌肤富有光泽。我们可以从以下几个方面做起：

1.正确地护肤首先要做到保持肌肤清洁

只有让肌肤处于洁净的状态下，才能让机体细胞进行正常的代谢，避免一些皮肤问题的产生，如脂肪颗粒，小痘痘等。清洁肌肤应以清水洗脸后，用洁面产品洗脸，如此才能彻底清除肌肤中的污物。

2.去除肌肤中的死细胞

由于人体新陈代谢的进行，每时每刻都会产生新的细胞，同时也会有一些衰老的细胞死去。只有及时地去除这些已经死亡的细胞才能让肌肤时刻保持红润与光泽。因此，需要定期进行脱落表皮。

3.定期做面部按摩

血液给人以生命力，同时也赋予皮肤以生命力，血液以不断循环的方式输送着维持生命的氧气和其他养分，所以只有保持血液循环畅通才能供氧充分，加强皮肤的新陈代谢，使皮肤健康、光泽、有生命力。如果不断给皮肤按摩的话，既可以达到这种功效，还可以起到舒展皱纹，平滑肌肤的作用。

当然，给面部按摩不是在脸上随便搓搓就可以了。正确的按摩方式应该是用手指的指肚在皮肤上轻轻打旋和按压，同时应注意方向、保持与肌肉起向一致，才能达到理想的效果。

4.使用一些护肤产品来改善肌肤质量

女性随着年龄的增长，肌肤会逐渐出现一些问题，比如色斑，毛孔变大，肌肤干燥，色泽暗淡等。如果不加保养的话，会加速女人的衰老。因此，女人如果想要延缓衰老的话，应及时使用一些护肤产品，改善肌肤质量。

5.合理的饮食调节改善肌肤

女人如果想要保持肌肤健康美丽、容光焕发，就要摄取均衡的营养。不同的食物中的营养成分对皮肤的代谢、分泌和生长有不同的影响。可以多吃富含蛋白质、胡萝卜素、维生素 A 的食物。

6.充足的水分和睡眠

水是生命之源，也是保养肌肤的秘诀之一，只有每天补充充足的水分才能使皮肤润滑光泽，充满弹性。补充水分的同时，还应保证充足的睡眠，长期缺乏睡眠会导致头发提早脱落，面部缺乏光泽，肌肉松弛；因而，女人如果想要延缓衰老的话，充足的睡眠是关键。

7.保持乐观的情绪

保持肌肤年轻的另一个秘诀就是要保持乐观的情绪，女人拥有良好的情绪可以舒缓压力，焕发精神。相反，如果一个人整天忧虑不安的话，会显得憔悴，容易引起皱纹。因而，生活中做到心胸豁达，也可以让人显得年轻，富有活力。

女人，想要让自己年轻美貌就要做到内外兼修，只有这样才能让肌肤看上去更加健康。如果你也想保持青春靓丽的形象，那么就时刻让自己的肌肤充满活力吧！

芳香四溢的香水，让你更迷人

人际交往中，美丽的妆容和得体的服饰会给他人留下深刻的印象。实际上，美妙的嗅觉体验更能吸引他人目光，展现女人魅力。想要让自己魅力四射，香水是女人不可缺少的工具之一。因而，女人想要让自己迷人的话，可以巧妙地用香味来提升自己的魅力。能够正确巧妙地使用香水，也是现代女性所必须掌握的一种礼仪。

女性在选择和使用香水时应注意：

1.选择一款属于自己的香水

香水分很多种，女人也可以分为很多种。香水是感性的，不同的女人使用不同的香水可以给人带来不同的感受。究竟什么样的香水才适合你，也是因人而异的。因此，女人如果想要找到一款属于自己的香水，就要先分清自己的类型，然后根据香水的类型来寻找属于自己的那一款。

2.根据时间、场合因素选择不同类型的香水

每个女人都可以寻找到属于自己的那几种类型的香水，但是在使用香水时也要根据具体的时间和场合来决定使用哪一种香水。在社交场上，以淡雅清新型的香水为佳，可以给人一种淡雅清新的感觉。如果是白天或夏天的话，应以清淡的香水为主，如古龙水和淡香水等。如果是晚上和冬季的话，因为温度较低可以选择一些浓度较大的香水。

3.使用香水时，也应注意一些具体的事项

(1)喷洒香水的地方，最好选择为手腕、颈部、耳后、太阳穴、臂弯内侧、喉咙两旁、膝头等不完全暴露的部位，这样可以使香味随着脉搏跳动、肢体转动而飘溢散发。有时也可避免香水对皮肤的刺激，把香水洒在衣领、手帕处。但是切忌将香水搽在面部，那样做可能会带来皮肤问题。

(2)并不是所有的衣服上都适合喷洒香水。如果把香水洒在毛皮衣服上会使毛皮失去光泽。如果把香水洒在浅色衣服上，日晒后可能会出现色斑。因此，应尽量避免香水直接洒在衣服上。

(3)香水的喷洒会影响饰品的颜色及光泽。因此，不可将香水喷在首饰上，正确的做法是先搽香水，等完全干后，再戴项链之类的饰物。

(4)同时还应注意香水的使用量，不宜洒得太多、太集中，最好在距离身体20厘米处喷洒。香水不要贴身接触且不能一个地方喷很多，最好喷洒在空中，使其均匀地落在身上。

(5)女人喷洒香水后不宜晒太阳，因为阳光的紫外线会使搽过香水的部位发生化学反应，严重的会引起皮肤红肿或刺痛，甚至诱发皮炎。

(6)为了达到理想的效果，一次宜使用一种香水，不要同时将不同牌子的香水混用，那样会影响使用效果。

(7)夏天香水不宜使用在易出汗，汗腺发达的部位，同时也不能等出汗后再用香水，否则汗味和香味混杂在一起，会给人留下污浊、不清新的感觉。

女人如果想要自己显得成熟，增添自己的魅力，可以通过使用香水来实现这一愿望，但是在使用香水时也一定要注意使用技巧。女人只有掌握了香水使用的礼仪，正确地使用香水，才能让自己在社交场上散发出动人的魅力。

❀从“头”做起，一头秀发让你时刻成为焦点

头发是女人一个富诱惑性的外露部分，可以传递和泄露女性很多的秘密。为了让自己美丽迷人，女人通常会选择变换自己的发型。其实，女人选择不同的发型带给人的感觉也是不同的。如果仔细观察你就会发现，长发可以让女人显露出妩媚和妖娆，而男性化的短发则会让女人多了些英俊和帅气。由此可见，发型也是一个女人精神面貌的焦点。如果女人想让自己给他人留下好的印象，可以试着“从头做起”，通过发型的变化改变自己整体的精神面貌。

发型是女性塑造自己形象，体现精神面貌的最直接方式。然而，这种心愿也并不是随心所欲就可以实现的。女人想要什么样的形象，选择什么样的发型也是要遵循一定原则的。具体的原则如下：

1.女人的发型要与脸型相协调

人的脸型中只有标准型的瓜子脸可以做任何发型。其他脸型的女人，如果想要设计出满意的效果，就必须在设计发型时，能够针对脸型处理发式。女人想要达到整体完美的效果，就要通过改变头发的样式来掩饰脸部的不足，使女人的整个面部看起来更加和谐完美。

2.发型要与头型相吻合

虽然每个人的头型都不同，但想要让自己的整体形象看起来更加完美生动，就要通过发型的设计巧妙地利用头发的整型与安排，克服头型的缺陷，或者根据个人的头型特点，而设计出独特时髦的发型来，以改善女人的整体形象，提升女人的形象魅力。

3.发型应与年龄相符合

对于年长的女性，发型要能够体现出女人应有的简洁、端庄、成熟、稳重。因此，大花型的短发和盘发就可以给人带来温和可亲的感觉，有利于女性形象的塑造。对于较年轻的女性朋友，无论是盘发、扎辫子、短发、长发都可以给人带来不同的感受。

4.发型与个人的性格气质相吻合

不同性格的女性，所适合的发型也是不尽相同的。因此，女人如果想把自己的个性与魅力淋漓尽致地表达出来，就要根据自己的性格特征来选定发型。对于性格内向的女性，如果发型选用自然式，可以给人一种恬静、优雅的感觉。而那些性格开朗的女人，如果以长发波流式出现的话，会给人一种清新、自然、直率的感觉。人际交往中，那些性格活泼、天真的人，最适合的发型为长发童花式，一定会给人一种可爱、伶俐的印象。当然，如果你是一个性格温柔、文静的女人，最好选择曲直长发式的发型，更能突出你的优雅和文静气质。

当然，如果女人想要让自己的发型突出你的魅力与个性的话，在发型设计时还应该考虑到身材的因素，只有把发型与身材结合起来，利用发型来弥补身材的缺陷，才能让自己的整体形象更加完美生动。

女人想要通过发型来提升自身的形象和魅力指数的话，在发型设计时就应该把这些因素都考虑进去，整体上做到扬长避短，才能使自己的形象更加完美，在社交活动中，给他人留下完美的印象。

别忽视手部细节，指甲也要做做

指甲的外观是女人健康与否的标志，除了特殊的皮肤指甲疾病以外，女人如果没有不良的生活习惯和不当的修整，她的指甲应该是自然美丽的。但是对于追求完美的女性来说，想要做魅力女人，你的指甲也一定要漂漂亮亮，不管是俏皮还是妖冶，只要轻松地晃动指尖就能自然散发出魅力，如果你也想要拥有健康美丽的指甲，就让我们一起学习美甲和护甲的技巧吧。具体步骤如下：

1.做好手部“妆前”护理工作

很多做过指甲美容的女人，远看她的指甲非常漂亮，但是走近一看，你会发现她的指甲边缘有倒刺和干裂，非常影响美观。因此，做好手部“妆前”的护理工作很重要。首先，清洁手部，保持手部干净卫生。然后，经常给手部做手膜，这样可以让手部的肌肤变得细嫩柔滑，预防“倒刺”的产生。

2.修理指甲并打磨出理想的形状

把指甲修成什么形状,对整体的美观影响很大。因此,动手之前先选定你要做成的效果,然后依据这个来决定你的指甲的形状。同时还要考虑手部的整体效果。修理指甲时要用专门的修甲工具,把指甲边缘多余的死皮剪掉。接下来用质地柔软的抛光棒在指甲表面进行抛光,改善凹凸不平的表面,确保最终的效果完美。

3.涂抹指甲油前先涂一层护甲油

涂抹护甲油的作用就像是涂抹粉底一样,既可以降低指甲油对指甲的伤害,又可以起到加固指甲的作用,且能填平指甲表面不平整的地方,使之后的上"妆"更容易。

4.给指甲做一个美丽的外套

你可以选择涂抹指甲油或给指甲做彩绘。你可以在家动手给你的指甲彩绘。这里介绍两款简单又不失华丽的彩绘制作方法。

第一款,满天星星风。首先,在准备好的指甲上涂抹上透明且带亮粉的指甲油,亮粉不能太过密集,只要稀稀疏疏地就可以了。其次,在前端白色交接处用带有丰富亮粉的指甲油来点缀。可以通过这个步骤来遮盖刚才不小心画出去的地方。然后,可以在指甲边缘地方贴上一些闪闪发亮的星星小碎钻,每个指甲上用一到三颗就可以了,但是要把它贴在接线上。

第二款,宫廷奢华风。首先,用干净的指甲油刷在指甲上,因为颜色比较饱和,所以一定要刷均匀。接着,用一种颜色的指甲油在指甲的前端涂一个上端连在一起的"八"字,再用另一种颜色在下方再涂一层。最后,在指甲油交接处贴上一些小珠珠,可以把小珠珠贴在前面操作失败的地方。在大范围处贴上小水钻。

效果怎么样?相信经过以上几个步骤,你的指甲也一定有一翻新的面貌了吧。如果想让自己的指甲持续地散发魅力,可以多积累一些指甲彩绘的案例,相信只要长期练习,你也可以让指甲散发出迷人的魅力。

❊ 保养双手，手是你的第二张“脸”

在现代生活中，女性的双手除了用于劳动外，还承担着传递感情、交流思想的职责。手是女性的第二张脸，在社交场上，担任着女性的“名片”角色。女性为自己印制一张精美亮丽的“名片”，也是塑造良好形象的重要内容。一个妆容靓丽的女性在社交场合伸出手与人相握时，她的手应该是美丽的。

研究表明，人类每天有90%的工作都倚赖双手完成。如果忽略保养，很容易从女人手上看出岁月与职业的痕迹。因而，那些看起来比实际年龄还老的双手，如果疏于保养的话，很容易泄露女人的秘密。每个女人都希望自己能拥有一双滋润、柔软而又灵活的手。然而，却很少有女人能够像对待脸部皮肤一样去呵护自己的双手。那么，女人应该如何呵护自己的双手，让它在社交场上为你的美丽加分？

1.护手初级阶段——滋润双手

女人的双手因为工作、家务等劳动，皮肤很容易变粗糙，颜色也会逐渐变得暗淡，手的指间关节也会变僵硬。如果想让自己拥有一双纤纤玉手的话，就应该从日常生活中的点滴做起。首先，清洗手部的时候最好用温水，用温水洗手可以使指关节变得柔软，皮肤润滑。其次，要选用温和而具有滋润效能的洗手皂。最后，不要忘了涂上护手霜，这样可以有效地锁紧肌肤水分。

2.护手中级阶段——手部运动

想要拥有灵活的双手，只是简单的滋润是不够的，还需要手部多做一些运动来改善手部的柔软度。每天休息间隙，按摩几分钟，既可以让疲惫酸痛的手部得到放松，又可以赢得柔韧、娇嫩、润滑的双手。在按摩的时候，手部的温度可以使皮肤的毛孔张开，滋润皮肤，使松弛的皮肤恢复弹性、光洁和柔嫩。如果能够在清洁双手后涂上按摩油，经常做一些手操，效果会更佳。

3.护手高级阶段——做手膜

手部也像女人的脸部一样，需要充足的营养，因此，如果想让手部保持光泽和弹性的话，就要给手部也做一个“面膜”。每周一次，你可以选择在手部按摩后，趁着手部毛孔开张，手部血液循环加快时，先在手部涂一层去角质霜，去除皮肤表面老化的角质，然后用化妆棉浸透保温或滋润的精华素均匀地涂抹于手背，保持 15 分钟左右就可以了。当然，也可以购买市面上一次性无纺布方便面膜的手型膜。如果想让效果更好的话，你还可以涂上手膜后，用保鲜膜包好，外面再用干净的毛巾包上，保温 10 分钟。最后，选择合适的护手霜涂在手上。

当然，手部的护理远不止这些，如果想让自己拥有娇嫩的双手，就要从源头上做起，比如平时做家务的时候可以戴上手套，避免手部遭受风吹日晒等。只有认真细致的呵护，才能还你一双纤纤玉手。

第三章 ※ 优雅体态，举手投足间秀出良好修养

培根说：“形体之美胜于颜色之美，而优雅的行为之美又胜于形体之美。”在社交场上，女人优雅端庄的体态、敏捷协调的动作、甜蜜的微笑和具有个性的仪态，都能给人留下美好的印象。女人优雅的体态和举止，胜过任何一件华丽的衣裳。

❊ 打造完美形体，展现你的独特魅力

人类是视觉性动物，都喜欢欣赏和观看那些美丽的东西。与他人交往时，第一印象将直接指导他人的评价。那么人际交往中，有哪些因素可以影响第一印象呢？对于女人而言，身材和相貌，远比智慧和才能更具有吸引力。因而，女人如果想让自己充满魅力，除了要美化妆容以外，还应该注重自身的形体训练，让完美的体形增加自己的魅力指数。

那么，女人完美的身材标准是什么？研究表明，现代女性的形体美应具备健康美、匀称美、弹性美和气质美。爱美之心人皆有之，虽然每个女人都想拥有完美的身材，但每个人的身体条件是不同的，为此很多女人对自己的体形感到苦恼。其实，大可不必这样。

女人的形体是在先天遗传变异与后天获得性的基础上所表现出的身体形态上相对稳定的特征。从一定意义上说，先天的遗传起着决定性的作用，但是与后天的生活条件及科学的训练也有着密切的关系。只要经过后天的改变，同样可以使女人的形体变得完美起来。

那么，女性如果想拥有完美的体形，应注意哪些方面呢？

1.做完美体形的女人从内衣开始

内衣是女人最亲密的伙伴，它贴心而温情地伴随着女性一生最美丽的时光。女人如果想让自己拥有完美的体形，就一定要选择和穿戴与身材相吻合的内衣。好的内衣，不仅可以有效改善你的形体缺陷，同时还可以给你带来自信，为你增加无穷魅力。当然对于体型不太理想的女性，还可以选择具有塑身功能的内衣，从根本上改变自己的体形，为你带来迷人的身材。

2.做完美体形的女人从运动开始

很多女人都对自己的体型心存遗憾，这是因为，她们想要的身材，通常是别人的身材。对自己的身材不满意，没关系，只要坚持运动相信，一定可以帮助你塑造出迷人的身材。运动塑身，相信你也早已有所耳闻吧，大大小小的健身房里总有许多的人在里面不停地运动着。如果认为那里是专门为想要减肥的人开的，那就大错特错了。这里可以通过不同的健身方式，对人

体不同部位加以训练，让女人拥有完美体形。

3.做完美体形的女人从形体训练开始

想要改变自身体形，塑造出迷人的身材，除了去健身房外，还可以通过一些形体训练来改变自己的形象，提升自己的气质。女人的形象美需要其外在的表现和内在的修养和谐统一，通过参加一些健身俱乐部的形体训练，不仅利用了舞蹈、体操舒展的动作训练了人体的优雅姿态，同时也传播了高雅的艺术，培养了女人的内涵，使女人的精神和形体之美达到统一，有助于提高练习者的气质与风度。

当然，想要改变自己的体形，塑出迷人的身材，除了以上方法外，还可以通过一些医学手段来完成。无论是采用哪种方法，想要塑造好完美的体形，都离不开持之以恒的锻炼和运动，只有这样才能达到形体美的标准，让体形为自己增添魅力。

体态健康美丽，更易获得别人好感

体态是指人的姿态、样子，又称举止，日常生活中站、坐、走的姿态，举手投足、一颦一笑都可以称为体态。人际交往中，女人的体态和她的风度密切相关。虽然体态是一种不能说话的“语言”，但是它的内涵却极为丰富。女人的体态高雅得体与否，直接反映了女人的内在素养。女人体态的规范与到位与否，也将直接影响他人对你的评价与印象。

俗话说，“行为举止是心灵的外衣”，女人的体态不仅可以反映女人的外表，也可以反映女人的品格与精神气质。生活中，虽然有些女人相貌平平，甚至有生理缺陷，但是她的体态端庄文雅、落落大方，同样可以给人留下深刻的印象，获得他人的好感。由此可见，人际交往中，女人如果想让自己魅力无限的话，可以打造健康美丽的体态，获得他人的好感。

那么，女人什么样的体态才能称得上美呢？女人真正的体态美，无关于女人的胖瘦，重要的是女人的形神兼备，既要拥有健康的体态，又要具备美的姿态。因而，女性体态美的最高境界就是——高贵、妩媚、轻盈。那么，女人想要让自己的体态优美起来应该注意哪些方面呢？

1.言行举止忌松垮

女人想要拥有好的体态就应做到站有站相，坐有坐相。无论什么时候都不能以一副松垮的样子出现在他人面前。日常生活中，做什么事情都要表现出生机勃勃的样子，体现出女人的阳光与朝气。

2.对待他人忌冷淡

女人给他人的感觉应该是温柔可人，和蔼可亲的。因此，与他人交往时，应该表现出自己的热情，礼貌周到。如果与他人有约或者有人来访的话，要停下手中的工作，招待对方，不能让对方等待太久。

3.为人处世忌傲慢

无论与什么样的人进行交流，都要做到平等对待，不能看到比自己地位低的人就表现出自己的轻慢。与人谈话时，要做到目视对方，保持良好的姿势，及时接受对方的友好表示，并表达自己的感谢之情。

4.公共场合不作轻佻的动作

人际交往中，女人应该时刻以端庄文雅的形象示人，给人一种和蔼且严肃的形象。无论什么情况下，如果一个女人搔首弄姿、斜胯探腰都不会给人留下好的印象。同样，无论你与多么亲密的人在一起，也不能在公共场所做出勾肩搭背的动作，那样只会让他人觉得你是一个举止轻浮的女人，不利于自己形象的树立。

女人，如果想要在社交场上给自己增添魅力的话，就要时刻注意自己的体态。只有把自己最具女性的一面展示出来，才能最大限度地表达出自己的美。如果你正在为自己的体态担忧的话，大可不必，只要能够按照以上所说的做，长期练习的话，相信很快，你也可以拥有完美的体态，人际交往中，你也可以展现出自己的翩翩风度。

亭亭玉立，站出你的风姿

在社交场上，是什么让气质女人从人群中脱颖而出？穿戴、谈吐、妆容？没错，这些都是打造女人独特气质的条件；然而，容易被大家忽视的一点却是站姿。其实，良好的站姿最能体现一个女人的气质，对于每个追求优雅仪态的女人来说，良好的站姿是所有仪态的核心。因为，站姿是所有动态身体造型的基础和起点。因而，如果女人的站姿不够标准的话，那么肯定不可能做出其他优美的姿势。女人如果想在社交场上给自己树立良好的形象，就首先从站姿开始吧！

女人想要拥有标准的站姿，就得首先了解标准的站姿都有哪些要求。

（1）身体保持挺拔，抬头，保持头顶上悬状态，并且脖子也应挺，双目平视正前方。

（2）站立时要微收下颌，头和下巴要保持在一条直线上，同时下巴要和地面保持平行。

（3）站立时双肩保持放松状态，且稍向下压，双手自然垂放于身体两侧。

（4）后背也应该保持垂直状态，背椎和后背要挺直，胸部向前、向上挺起。

（5）身体下部双腿应保持并拢状态，且双腿绷直，使双膝和脚后跟靠紧。

了解了标准的站立姿势后，现在来看看你的站姿都有哪些问题，可以通过什么方法来改变。

1.弯腰驼背

日常生活中，经常有一些女人习惯驼背站立，因为这样可以舒服一些，或者缺乏自信，不想引起别人的注意。看看那些模特们，魅力十足，那源于她们不经意间流露出的自信。当然，如果你也想要展示你的魅力，那么就让自己也变得自信一些。最简单的方法就是把双肩打开，抬头、挺胸、收腹。这样不仅可以让你的身材更加高挑，更有气质，而且能让你的整体造型更显魅力。

2.凸腹

好不容易让你上身保持挺拔的状态，低头一看，却发现腹部不知不觉向外凸出来，怎么能把自己的腹部掩藏起来呢？现在开始按照教你的方法做，开始吸气，把腹部收起来，然后保持这种状态下，再进行呼吸。可能一开始你并不习惯这样，没关系，只要时间长了就会慢慢适应了。这样做，不仅可以让你拥有良好的站姿，同时还可以锻炼腹部肌肉，塑造出平坦的小腹。

3.肩部倾斜

生活中，由于女性经常使用单肩挎包，许多女性不知不觉地打破了双肩的平衡。难道因为这个就可以不用包了吗？肯定不行，那么，从现在开始，要有意识地交替肩膀来背你心爱的包包，这样就可以避免斜肩发生。

拥有挺拔的站姿并不难，只要能够坚持锻炼，你也一样可以让自己的站姿优雅起来。日常生活中，我们可以通过小动作加以练习。

1.做提踵运动

把脚提起，头部向上顶，身体就会有一种被拉长的感觉，做这个动作的时候要注意保持姿态稳定，增加自己的平衡感。

2.头顶书

如果想要让自己站立时头部保持挺直的状态，可以拿一本书放在头顶，然后保持站立的姿势。这样既可以训练身体平衡性，又可以使身体挺拔。

3.背靠墙

如果想让自己上身保持挺拔，可以背靠墙站立。具体方法是，将后脑勺、肩、臀、脚后跟贴在墙面上，呈一条直线。经过长期的练习你就可以拥有良好的站姿了。

站立是人们平时所采用的一种静态身体造型。良好的站姿是女人体态美的基础。女人如果想要让自己的体态变得优美动人，现在就开始行动吧！

优美步态，走出女人的气质

每个女人都想让自己步态轻盈，拥有流云般的行走姿态，增添自己的魅力。然而，并不是所有的女人能够做到这一点，绝大多数的女人都忽略了这一点。拥有优美的走姿，既可以体现出女性气质高雅、温柔端庄的风韵，又可以为自己博得他人的尊重。

那么，女人要如何行走，才能把自己的风度和活力体现出来呢？

1.掌握优美走姿的要领

(1)注意脚的摆放，避免走八字步。正确的行走姿势应是脚跟并拢，双脚的脚尖略微向外分开一点，中间大概有一拳头的距离，双脚呈“V”型。无论是脚尖朝内的“内八字”还是向外打开的“外八字”，都不符合优美的走姿要求，只会让自己的双腿走起路来不美观。

(2)走直线路线。优美的走姿要求，走路的时候脚跟先着地，双脚脚跟落在同一条直线上，腿与腿之间也不能有缝隙。这样，既可以让自己的体形显得苗条，又可以保持优美的姿态。

(3)行走时，用腰带动脚，重心随之移动，同时还应注意腿和膝关节的力度。女人想让自己的走姿优美的话，就要注意重心的位置。行走的时候，重心不能过于前移，用腰来带动脚向前移动，保证腰和脚部一起向前移动。同时，脚落地的时候，要收紧腿部的肌肉，膝关节也要有力。这样常会给人一种挺拔的感觉。

(4)背肌伸直，维持正确的姿势，同时双腿迈出合适的步子。女人走路的姿势美不美，跨步距离和两脚位置起了重要的作用。优雅的姿势要求女人行走时，跨步均匀；同时，两脚相距应为一脚到一脚半。只有这样，才能形成固定的行走节奏，再配以双手的自然协调摆动，能给人一种流云般的感觉，时刻洋溢着动人的魅力。

走姿是站姿的延续动作，无论是在日常生活中，还是社交场合，女人优美的走姿，都可以为自己增添许多魅力。因而，女人如果想要展示自己魅力的话，可以在走姿上多下些功夫。优雅的走姿，并不都是天生就拥有的，只要能够长期地练习，你也一样可以拥有优雅的走姿。

2. 女人要时刻注意自己的行走姿势是否符合标准

女人行走的时候，要时刻保持头部抬起，双目平视前方，双臂自然下垂且掌心向内，行走时以身体为中心做前后摆动。上身要保持挺直状态，并且双腿要收紧、伸直，腰部放松。迈出脚步时要做到轻且富有弹性和节奏感。

3. 找到存在的问题，加以训练

想要拥有优美的走姿，并不是一天两天就可以练成的。通过上面的步骤你已经找到你的问题所在；那么，从现在开始努力改正吧。你可以在站立的姿势时，拿一本书放在头顶，然后双手放下，把双手放在身体的两侧。现在开始迈脚前进。虽然刚开始的时候，这样做很不自然，但是这是一种有效的方法。

行走的姿势是从站立姿势而来的，如果女人的站立姿势不标准的话，那么肯定不可能有优雅的走姿。只有掌握优美的走姿，才能给女人增加魅力。如果你的行走姿势不标准的话，那么从现在开始练习，相信你也很快能和别的女人一样，拥有轻盈走姿，拥有自信。

❉ 自然端庄,"坐"个风姿优雅的女人

女人如果拥有一副漂亮的面容和优美的体型,可以给人留下美好的印象。但是想要让自己无论在什么时候都显得优雅高贵的话,单单依靠这些表面的东西还不够,还要拥有良好的姿态。俗话说,站有站相,坐有坐相。好的坐姿,能够增添女人的魅力,对女人树立良好的形象大有好处。同时,良好的坐姿对于女人保持健美的形体也有很大的作用。

女性常见的坐姿有很多,如正襟危坐式、双腿叠放式、双腿斜放式、双腿内收式、前伸后屈式、跪坐式,无论是采用哪种坐姿,女人都要保持优雅的姿态,这样才能给人留下一个美的印象,增添自己的魅力。那么女人什么样的坐姿才算得上是优雅呢?女人要如何做才能养成优雅的坐姿?这些都是想成为优雅女人所必须了解的常识。

要了解这些知识,首先要明白一个女人优雅的坐姿,是从入座开始的,并不是仅仅指坐在座位上的姿势。因而,女人想要养成优雅坐姿,首先要步态轻盈地走到座位前,然后转身把右脚向外撤半步,再轻稳地坐下,最后把右脚收后,与左脚并齐。就座时,也应保持双腿并拢,斜放在一侧为宜。当然在保持这个姿势的基础上,双脚可以存在前后之差。从正面看来,双脚交叉成一点,可以延长双腿的长度,会显得娴雅一些。同时,在入座的过程中,如果女士穿的是裙装的话,最好要有手抚裙子的动作。切忌分腿而坐或腿部呈"V"型。

当然,场合不同,坐姿也会有所不同。如在正式社交场合,最好采用正襟危坐式:即两腿并拢,两腿自然弯屈,两脚平面落地,不宜前伸。当然,如果在日常交往场合,则可以把小腿交叉起来,但不宜向前伸直。

1.根据椅子的不同,姿势也会有所不同

如坐在带靠背的椅子上,尽量不要把背部靠在椅背上;同时,最好不要坐满。优美的坐姿通常只坐在椅子的前一半。同时上身和腰部保持挺直。避免重心过于前移或后移,无论是整个人呈半仰状态靠在椅背上,还是身体前倾,重心放在腿上都不能算是优雅的坐姿。

当然,如果你所坐的是沙发的话,则应另当别论。沙发通常比一般椅子

低，可能会比小腿位置低些，如果坐满的话，则可能会让你陷在沙发里，肯定会影响到你的形象。正确的方法是，只坐沙发的前端部分，同时保持上身的直立。在这里一定要注意双腿的摆放，如果想让双腿舒服一些，你可以把双腿并拢斜放在一侧，最好与地面呈 45 度角，切忌把双腿前伸或后屈。

2.根据不同的场合改变坐姿

如在比较轻松、随便的场合下，则可以采用一些舒展、自由的坐法。当然无论哪种坐法，都要保证坐下后上身呈直立状态，以免破坏自己的形象。

一个举止优雅的女性无论在什么情况下都会注意自己的坐姿，因为这不仅关乎个人形象，同时如果长期地采用不良的坐姿可能会给体形带来影响，更有甚者可能会引起某些疾病。可见，优雅的坐姿对女人来说是很重要的。那么你还在等什么，赶紧从现在开始行动吧！

优雅女人，也能“蹲”出美

在欧美国家，认为“蹲”这个动作是不雅观的，然而即便再不雅，日常生活中也总是会碰到一些不得不下蹲的场面。比如捡起地上的东西，系鞋带等。其实，下蹲这个动作并不总是不雅的，只要能够掌握好要领，女人一样也可以让自己的蹲姿美观大方。

蹲姿不像站姿走姿那样使用频繁，往往被人忽视。如果东西掉了，一般人都会很随便地弯腰捡起。但这种姿势会造成臀部后撅，上身前倾，给他人留下不雅的印象。随着社会的发展，女人的服装也发生了很大的变化，很多女人都喜欢穿一些宽大领子的上衣，超短的裙子。因而在下蹲时，如果稍不留神的话，可能就会走光。对于一个有修养的女人来说，这是绝对不允许的事情。因而，女人想要在公众场合维护自己的形象，学习几种优美的下蹲姿势也是必要的。

想要掌握优美的下蹲姿势，你得先了解一下正确的下蹲姿势都有哪些要求，在做下蹲动作时都有哪些禁忌。

1.正确的蹲姿要求

（1）下蹲时，应保持自然、得体大方的举止，不遮遮掩掩或扭扭捏捏。

(2)下蹲时,应用双腿合力支撑起整个身体,避免因重心不稳而滑倒。

(3)下蹲时,应使头部、胸部、膝关节保持在同一个角度上,才能保持下蹲姿势优美。

(4)女性无论采用哪种蹲姿,都需要将双腿靠紧。

2.两种优美蹲姿

第一种,交叉式蹲姿。在实际生活中常常会用到蹲姿,如需要捡起地上的东西时,女士可采用交叉式蹲姿。这种姿势的要点是,下蹲时先让右脚在前,左脚在后,同时让右小腿垂直于地面,然后全脚着地。同时,左膝由后面伸向右侧,再把左脚跟抬起,让脚掌着地。最后,两腿靠紧,使双腿合力支撑起身体,臀部向下,把上体稍向前倾斜即可。

第二种,高低式蹲姿。在运用这种下蹲姿态的时候,先让两脚保持一前一后的状态,且右脚在前,左脚稍后,然后把两腿并拢靠紧向下蹲去。右脚全脚着地,并且使小腿垂直于地面,左脚脚跟提起,用脚掌着地。使左膝低于右膝,并向内靠于右小腿内侧,形成右膝高左膝低的姿态,然后保持臀部向下,这种下蹲姿势基本上以左腿支撑身体。

3.女性下蹲姿势的三个要点:迅速、美观、大方

如果要用右手捡起地上的东西的话,可以走到东西的左边,使右脚向后退半步再蹲下来。蹲下时,先使脊背保持挺直,可以有效避免弯腰翘臀的姿势。蹲下后,女士要使两腿并紧,同时另一只手要抚裙,以免尴尬。

4.优雅蹲姿的禁忌

女人想要让自己蹲姿变得优雅、大方、美观的话,就要掌握一些禁忌。如蹲下时,一定要靠紧双腿,如果把双腿叉开,臀部向后撅起的话,有失于女人良好的形象。如果两腿叉开平衡下蹲的话,也是不雅观的。同时下蹲时,要注意自己的内衣,既不能露出来,也不能透出来,要保持好自己的淑女形象。

优美的蹲姿,既可以展现出女人的体态美,也可以避免女性在弯腰时发生一些尴尬。女人如果想让自己在举手投足间透露出优雅与高贵的话,那就要掌握好下蹲姿势。只有这样,才能让女人在他人面前“蹲”出优美的造型。

❊眼为心门，女人要善用眼神演绎风情

人际交往中，目光的交流不仅可以相互交换信息、传达彼此的看法，更重要的是能够相互间建立起信任和理解。在人的五官中，眼睛的传达力和表现力是最强的，它可以表达出女人的欣喜、惊讶、不安等各种情绪。

不同的目光，反映不同的心理，产生的心理效果也不尽相同。无论是在工作还是生活中，女人如果用眼神作为帮手的话，可以让对方感受到你的礼貌与修养，那么许多问题也就可以迎刃而解。

眼睛是心灵的窗户，你的目光几乎可以反映出内心的所有情感波澜。目光是最富表现力的"体态语"，因此，切不可小看了你简单的"一眼"。作为女性，如果想要用目光准确地传达自己的感情，你要注意以下几个方面。

1.你的目光接触的角度

视线的角度，就是你看对方时目光的方向。如果你用一种斜视的目光去看对方，表明你从内心是瞧不起对方的。同样，无论是仰视还是俯视都会给双方带来心理距离。因而，女人如果想让自己表现得温文尔雅的话，就要注意自己目光的角度，在通常情况下，我们都会用平视的目光与对方交流，表达自己对对方的尊重之情。

2.目光注视的长短

与他人目光交流时要把握目光注视时间的长短，如果与他人正面交谈的话，为了表达自己的尊重，注视对方面部的时间不能少于总时间的三分之一。如果你总是目光游离不定的话，会给人一种心不在焉的感觉。当然，总是把目光盯在别人的脸上，也不是一个有修养的女人该会做的事情。如是与晚辈交流的话，不妨把注视的目光放远点，可以给他们以鼓励，一个富有修养的女人，懂得与他人交谈时眼睛注视对方的时间应该占到整个谈话时间的三分之二。

3.目光投放的位置

人际交往中，根据目光投放的位置可以把凝视目光分为三种：

第一种，公事凝视。用于洽谈业务，进行贸易谈判时使用的一种凝视行

为。这种凝视是把目光投放在对话者脸上的三角部位，这个三角部位以双眼为底线，上顶角到前额。如果你用这种目光看着对方，且表情严肃认真的话，会让人感受到你的诚意。

第二种，社交凝视。人们在社交场上凝视他人的话，往往看对方脸上下三角部位。这个三角是以两眼为上线，嘴为下顶角，也就是双眼与嘴之间的区域。

第三种，亲密的凝视。这种凝视主要用于亲人或恋人之间的一种凝视行为。凝视的主要部位在对话者的双眼到胸部之间，如果女性总是盯着对方的某个部位看的话，会给他人造成误解。

人际交往中，把这几种因素组合起来，女人便可以产生不同的目光，就可以给他人带来万千风情。总之，女人传神的目光能够给人魅力，宁静的目光可以给人一种稳重的感觉，快乐的目光可以让人感受到青春，诚挚的目光能够让人产生信赖。在向他人表达问候、致意和道别时都应面带微笑，用柔和的目光去注视对方，给他人以尊敬和礼貌。

❊优雅女人善用微笑增添修养和魅力

在人的面部表情中，微笑是最重要的一种，是人类心情愉快的表露。善于运用微笑是人际交往中比较重要的一个礼仪环节。对于女性来说，如果能够把微笑运用到交际中，既可以拉近与对方的距离，又可以给人留下美好的心理感受，还可以体现女人的修养与交际魅力。

与他人交往时，女人的真诚微笑，再配上优雅的举止，可以收到“此时无声胜有声”的效果。因而，女性想要用微笑来表达自己的修养和魅力的话，就应该掌握微笑的礼仪。

那么，微笑的礼仪有哪些？具体分析如下。

1.用你真诚的微笑去打动对方

微笑是一种面露喜色而又不发出笑声的面容表情，它并不等于假笑或皮笑肉不笑。运用真诚的微笑与他人交流是一个有修养的女人所必须具备的一种素质。人际交往中，如果想要打动他人内心，那么必须保证你的微笑是发自内心的，真诚的。

拿破仑·希尔这样总结微笑的力量:“真诚的微笑,其效用如同神奇的按钮,能立即接通他人的友善的感情。”当然,真诚的微笑也是有要求的,它要求微笑者微笑时,五官不发生明显颤抖和位移,同时额部肌肉能够收缩,把眉毛位置上升并且展开成月牙形。美丽的微笑应当是双唇拉开,但是不能露出牙齿,嘴角两侧稍微用力向两侧拉直使嘴角呈船形。

2.女人要学会经营自己的微笑

每个女人都会微笑,但是并不是所有女人都能掌控微笑。微笑在人际交往中有着很大的作用,如果能够经营好自己的微笑,一定会为女人带来很多好处。那么女人应该如何把握微笑,让它为自己增添魅力呢?

(1)把握微笑时机,准确无误地送出自己的微笑。微笑虽然可以给女人带来益处,但如果女人的微笑不是恰到好处的话,则可能适得其反。与他人目光接触的瞬间就报以自己的微笑,可以向对方传达自己的友好之情。如果没有微笑或过后微笑都会给他人带来心理的负担,会让人觉得莫名其妙。

(2)善于运用微笑的变化,表达不同的情感。与他人交流过程中,根据具体情况的变化,女人的微笑也应有所变化,做到有收有放。“浅浅一笑”、“眉开眼笑”、“热情微笑”等,都需要根据具体情况来展现。如果在整个过程中你一直以一种微笑方式一笑到底的话,可能会影响他人对你的评价。

(3)把握微笑时间的长短。与他人交流时,如果女性一直微笑地看着对方或是一直都不微笑的话,都是一种不礼貌的行为。因而,要把握好微笑的时间,每次控制在3秒钟左右。但是每次开始微笑和结束微笑时,面部表情都要做到平和自然,蕴含微笑,不能给他人造成一种突兀的感觉。

微笑是女人在人际交往中最常用的一种面部表情,正确的微笑应该把握适时、适地、适度原则,只有这样,才能带给他人舒心的感觉。如果你对自己的微笑不满意的话,也不用担心。真诚的微笑是可以练就的,只要经过后天的训练,你同样可以拥有迷人的微笑。

翩翩手势,举手之间展现你的魅力

手势是人们常用的一种肢体语言,在人际交往中有着重要的作用,女性的手势尤为如此。它既可以加重语气，又可以增强感染力，同时大方、恰当的手势还可以给人一种肯定、明确的印象和优美文雅的美感。因此，女人如果想让自己的手部动作变得优美起来，那就必须了解一些关于手势的礼仪。

1. 手势根据所要表达的意思可以分为几种

（1）指示性的手势。这种类型的手势语通常用来给他人指明方向、地点或是某种物体等，可以增加谈话内容的明确性和真切性，便于及时掌握听者的注意力。如引导宾客时，应用右手进行指示，正确姿势为：手指自然并拢，且处在同一平面上，与地面呈 45 度，指示正确的方向。

（2）情绪性的手势。情绪性手势语是表达女人情绪的手势语言，它是伴随着人的情绪起伏而发出的，常用来强调发言者的某种思想感情、情绪、意向或态度。例如，着急时双手相搓，尴尬时摸后脑勺等。手势是说话人内在情感和态度的自然流露，它与表露出来的情绪紧密结合，能给听者留下深刻印象。

（3）模拟性手势。与他人交谈时为了表达某种事物的外形、大小、高低、姿势等形象特征的动作叫模拟手势。这种手势在一定程度上可以使听者如临其境，通常会带来一点夸张意味，因而极富感染力。

（4）象征性手势。这种手势是表示抽象意义的一类手势动作，因为其具有特定的内涵而使用广泛。这种手势通常是约定俗成的，所以民族或地域不同的话，可能会表示不同的含义。如在中国，跷起拇指表示的是称赞，有“你真棒，你真厉害”等含义，而在外国则不同。因而，使用这种类型的手势语时，要注意与具体的地域文化相结合。

2. 使用手势时，要注意礼仪

（1）保持手势动作优雅、到位，以轻巧明确为好。女人想要让自己的行为举止优雅，不仅要懂得关于手势的基本知识，更应该掌握手势礼仪。女人想要体现自己的修养，在使用这些手势时，就要动作优雅大方，姿势完美，这样才能给他人留下深刻的印象。同时，想要准确地表达自己的意思，女人在做出手势时还要务求做到动作标准到位，给他人以明确的指示，从而避免给他人带来错误的信息或引起他人的误解。一个有修养的女人，无论何时都会让自己手势优雅到位，让优雅、轻巧、明确的手势展现自己的魅力与光彩。

（2）注意手势的使用量。女人想要展现自己的修养与内涵，要注意手势的使用量。人际交往中，过多地使用手势可能会给他人带来装腔作势的感觉，因此，为了能够给他人留下好的印象，要注意手势使用量，做到宜少不宜多；同时，使用手势时还要配合面部表情和身体其他部位的动作，只有这样才能给他人留下被尊重的感觉。

（3）避免使用一些不雅的手势。手势可以用来表达一个人的内心活动或对一个人的语言做出补充。然而，生活中也有一些手势，它所代表的是负面的意思或不雅的动作。人际交往中，女人想要树立良好的个人形象，一定要避免使用不雅手势。

人际交往中，女人想要让自己的言行举止充满魅力，就必须掌握好使用手势的礼仪。准确合理地使用手势既可以表达人们无法用语言表达的东西，又可以体现出女人的修养与气质。从现在开始吧，让你的翩翩手势为你增添魅力吧。

公共场合随时注意你的形象，克服不雅的小动作

公共场合，女人的每一个优美的动作或眼神，都可以成为她身上最耀眼的珠宝，可以让周围的人对她另眼相看，留下美好的形象。一个优雅到极致的女人，无论什么时候都会注意自己的一言一行，都会按照规范的礼仪来做。相反，一个不懂礼仪的女人，只能引起他人的厌恶之情。如果想成为一个优雅的女人，赢得别人的欢迎的话，就应时刻注意自己在公共场合的一举一动，保持自己的良好形象。那么，女人要保持良好的形象，在公共场合应该注意哪些方面呢？

1.不当众剪指甲，抠手指头或用牙齿咬手指

有些女性喜欢在公共场合修理自己的指甲，或者看到自己指甲有不如意的地方，便用另外的手去抠掉，这些行为都会影响到自己的形象。女人想要展现自己完美的形象，需要定期地打理自己的指甲，但是如果公共场合做这件事情，只会让别人觉得你没教养，影响到自己形象的树立。

2.不当使用手机

现如今，手机已经成为我们使用最为广泛的通讯工具，如何在手机的使用过程中展现出女人优雅的形象，也是女人生活中不可忽视的问题。有些

女人在公共场合使用手机时就像出入无人之境一样，对着手机大声地喧嚷，唯恐别人听不到她的说话声。甚至有些女人抱上手机一打就是一个小时，尽说一些无聊低级的笑话，听得周围的人感到厌烦。其实，这些都是不文明的现象。公共场合接打手机时，要注意控制自己的音量，最好能够找个没有人的地方接打电话。如果实在不方便的话，可以告诉对方，自己现在不方便，一会儿再打过去，不要勉强接听而影响到他人，这也是现代女性必须懂得的礼仪。

3.随地吐痰或乱扔垃圾

作为现代女性，如果想要保持自己在公共场合良好的个人形象，你就要注意个人习惯。吐痰和乱扔垃圾都是一些不文明的行为，会影响到周围的环境卫生，因而这些行为是要坚决杜绝的。女人想要在公共场合展现自己的良好修养与气质，就应注意这些生活细节问题。如果需要吐痰的话，可以吐在纸巾中，包好并丢进垃圾箱。如果手中有垃圾的话，要将其丢入垃圾箱中。

4.当众挖鼻孔或掏耳朵

有些人，无论什么时候只要自己的双手一闲下来，就习惯性地用手指、钥匙、牙签、发夹等当众挖鼻孔或掏耳朵，甚至旁若无人地把清理出的东西随手弹入空中或抹在座位四周。其实，这都是不卫生的习惯。尤其这些动作发生在餐厅或茶坊的话，会影响他人的食欲和心情。女人想要在他人心目中树立良好的形象，就必须养成良好的生活习惯。个人的卫生清理工作一定要在私人空间中进行。

5.当众挠头部皮肤或抖动腿

在公共场合中，一些女人闲来无事喜欢拨弄自己的长发。如果头皮屑多，往往会毫无顾忌地挠起头皮来，立时头皮屑在空中四处乱飞，令旁人心生不快。也有些女性，有时会毫无意识地抖动双腿，或让跷起来的双腿像钟摆一样来回晃动不停。这两种行为，都是女性不优雅的动作，会让女性的优雅气质大打折扣。如果女人想要彰显自己的个人修养，突显自己的高贵气质，就要克服这些不良习惯。

生活中，还有一些不雅的小动作，如当众打哈欠，进餐时发出很响的声音等，这些都是不雅的行为。女人如果想要树立完美的形象，在人际交往中展现自己的优雅气质与修养，就一定要注意自己的日常习惯，克服自己的不雅小动作，向他人展现出自己优雅自信的一面，别让这些小动作破坏了自己的形象。

第四章※语言有礼，女人谈吐优雅透露不凡气质

除了聋哑人以外，说话大概是每个人天生的本事了，然而，把话说得高雅，说出女人的修养，却未必人人能够做到。语言的文明可以反映女人说话的礼仪风范。有许多女人，虽然她的外表能够吸引别人注意，然而一张嘴却会让周围的人退避三舍。一个有魅力的女人，不仅要有漂亮的外表，更应该懂得说话的艺术，说话的礼仪，只有这样才能称得上是有修养的女人，才能受到人们的尊重。

❊ 礼貌用语，展现你的良好修养

古时候有一个青年要到杭州去，他从洛阳出发后一直向东走。途中，他遇到一个三岔路口，不知道该怎么走下去。这时，他看到路旁坐着一个老人，于是走上前去问道："老头，我要到杭州去，走到这里迷路了。到杭州怎么走？还有多少里？"老人听了他的问话，知道这个人不懂礼貌，心中不悦，于是顺口答道："到杭州从中间那条路走，里程大约有七八千丈。"听了老头的话，青年感到很奇怪，大惑不解地问道："老头，你们这里真奇怪，路程讲'丈'，不讲'里'？"老人看了看他，冷冷地回答："我们这个地方一向讲礼（里），因为来了一个不讲礼（里）的人之后，就再也不讲礼（里）了。"听了老人的话，青年十分羞愧，顿时无言以对。从那以后，无论他再跟什么人说话都会讲礼貌了。

案例用一种诙谐的手法，指出了年轻人说话不讲礼貌的问题。礼貌是处理人与人之间关系的一种规范，也是人们在日常交往中应当遵守的道德准则。它可以反映一个人的自身素质，展现一个人的风采。人际交往中，一个说话讲礼貌的人，既会得到他人的尊重，又会为自己树立起良好的道德形象。同样，在社交场上，女人如果想让自己的语言充满魅力，请首先让自己言之有"礼"吧。

女人应该如何说话，才能让自己成为懂礼貌的人，为自己增添魅力呢？

1.请多说"对不起"、"谢谢"、"没关系"等常用礼貌用语

在待人接物时，不同女人的语言有明显的高下、雅俗之别，因而产生的心理效应也就有天壤之别，如果想让自己的语言充满魅力，那么请把这些礼貌用语经常挂在嘴边。及时地表达出自己的感情，一方面可以帮你化解面临的状况；另一方面，还可以显示出你的良好修养。

2.与人见面主动打招呼

做一个有修养的女人，就要学会热情周到地对待身边的人。与某人见面时，要主动地打招呼。同时，如果客人要离开的话，我们也应及时地告别。

常用的见面语有：早上好、下午好、您好、很高兴认识您、请多指教、请多关照等。

常用的告别语有:再见、您慢走、欢迎再来、祝您一路顺风、请再来等。

3.不同场合的礼貌用语

女人想要体现自己的说话艺术,还应该掌握一些不同场合下所使用的礼貌用语。如,初次见面用久仰;许久不见用久违;客人到来用光临;等待客人用恭候;探望别人用拜访;起身作别用告辞;中途先走用失陪;请人别送用留步;请人批评用指教;请人指点用赐教;请人帮助用劳驾;托人办事用拜托;麻烦别人用打扰;求人谅解用包涵。

4.说话的态度应充满礼貌

女人想要塑造自己的完美形象,不仅说话的内容要有礼貌,连说话的态度和方式也应文明礼貌。一个有修养的女人一定要说话态度亲和,语调轻柔,待人真诚,这样才可以给对方一种亲切感,受尊重感。试想,如果一个女人与他人说话时语气傲慢,态度恶劣的话,有谁能认同这个女人是说话高雅、有修养的人呢?因而,女人的文明守礼还应体现在说话的态度和方式上。

讲文明,懂礼貌是中华民族的传统美德,也是成为有修养的女人所必须具备的素质。如果一个女人想让自己的话语透露出自己的不凡气质,那么言之有礼的素质是必须具备的。

言之有物,谈吐间传达你的思想和学识

人际交往中,人与人之间顺畅沟通的目标就是了解对方的说话内容,说话的真正意义在于准确地传达自己的思想与意志。一个富有修养的女人说话时,不仅要使自己言而有"礼",而且要言之有物。这也是有修养的女人所必须具备的说话技能。那么,想要让自己做到言之有物的话,女人应该注意哪些方面?

1.保证所说内容与环境吻合

什么场合穿什么样的衣服,说话也一样。如果想让双方的交谈进行下去,女人就得先确保自己的话语能够吸引对方的注意力,不会让对方觉得你所说的话,没有任何意义或者话题总是围绕着鸡毛蒜皮的小事情;如果那样的话,只能让周围的人对你敬而远之。

2.选择恰当的话题,使交流能够顺利地进行下去

如果想要交流继续下去,就要因人而异来选择话题。你可以根据对方的职业、年龄、身份、阅历等情况选择对方感兴趣的话题,并且改变自己的表达方式以适应不同的谈话对象。如果想让自己的谈话出色的话,最好能选择一些双方都熟悉的话题进行交谈。交谈时如果对方处于一种一无所知的状态,即使再有趣的话题,也不可能达到满意的沟通效果。

3.说话内容要富文化气息

女人如果想让自己说话充满吸引力,那么就应该让语言表达出内在的气质。"腹有诗书气自华",一个拥有才华的女人,无论什么时候说出的话都能够让人情不自禁地向她靠近。如果你也想变成气质才女的话,坚持阅读是一个很好的方法。

4.说话时要除去一些"垃圾语言",让语言变得"纯净"

无论什么时候讲话,如果想让对方准确地领会你的意思,你就要学会去除一些"垃圾语言",避免给别人传递无效的信息。想做到这一点,就要先弄明白你的言语中都有哪些"垃圾语言"。如经常说的一些口头禅,一些毫无意义的幽默搞笑的语言等,这些都属于"垃圾语言"。

想让自己说出的话有质量,就要保证语言简洁、明快、流畅、内容充足。想要达到这一目标,那么从现在开始,说话时放慢语速,说话前先在脑海中想一遍,如果遇到这些"垃圾语言"时,提醒自己不要说。如果能够坚持一段时间的话,相信你也可以让自己的语言变得简洁起来。

语言的品位可以体现一个人的礼仪水平,女人如果想要表达自己的语言礼仪就要掌握这些基本要求,与他人交流时注意自己说话的表达形式和说话的内容。只有这样,你才能在与人交往时,从言谈中展现出你的女性魅力来!

女人说话要有分寸,沟通决定成败

人生在世,无论与人交往,还是托人办事,都免不了要说话。说话是每个人天生都拥有的一种本事,然而千万别小看了说话这件事。同样的一件事,会说话的人能把事情办好,不会说话的人则可能引起口舌之争。究其原

因，其实就是说话的分寸问题。女人如果想在社交场上提升自己的语言魅力，那就不得不注意说话的分寸。

说话讲究分寸，是一种重要的沟通艺术。人际交往中，一个女人说话是否有分寸，对于能否与人有效沟通甚至办事成功与否都有很大的关系。有修养的女人，无论什么时候讲话都会把握“分寸”，让自己的语言充满魅力。那么女人要做到说话有分寸，应注意哪些方面？

1.说话时认清自己的身份

任何人，在任何场合说话，都有自己特定的身份，那么，所说的话也要符合自己的身份。因而，女人要想做到说话讲究分寸，就要根据谈话对象来改变自己的说话方式和内容。例如，在工作场合，你与周围同事之间是平等合作的关系，因而说话时应在尊重对方的前提下进行，体现出平等。当你和上司说话时，既要态度恭谦，又要积极主动，不说有失分寸的话。

2.根据不同场合，改变自己的说话方式

要做到说话讲究分寸，不同场合下，说话的要求也是不同的。不同场合下，想要达到良好的沟通效果，就要注意自己说话的态度和措辞，有时还应注意到语气的变化。

(1)托人办事时：因为是有求于人，所以无论是双方的关系多么要好，你也应让自己的语气变得委婉，且用词恰当。如果对方向你提出问题，你应详尽地告知对方。如果你说话时吞吞吐吐，只会让对方产生怀疑。

(2)应答别人时：当他人有求于你时，如何应答也是一门学问。如若别人请求你帮忙，这件事没有违背道德，且自己能够做到就明确地回答一声：“好的，我去试试，但成功与否现在还无法肯定。”当然，如果违背道德或自己无法办到，应答别人时也要毫不含糊地回答：“这件事恐怕不行，以我的能力根本没有太大的希望。”恰当巧妙地应答对方，既可以体现出你高超的沟通能力，又能与他人保持良好的人际关系。

(3)催问他人时：当你有事向某人询问时，尽管事情可能很着急，你也得讲究自己的说话分寸；否则的话，可能会引起他人反感。催问他人时，应做到：语气客气、平和，多用肯定语气；沉得住气，耐心细致地询问对方。如果你急急忙忙、态度生硬地询问，甚至带有责怪口气，会使对方从内心感到反感，影响事情的进展和人际关系的建立。

3.说话的时候,尽可能让自己充满善意,客观表达事实

一个有修养的女人,无论何时说话都能把握好分寸的秘诀在于,让自己的话语充满善意。如果内心总是抱着一股怨气,那么说出的话就会像刀子一样刺伤对方。因此,女人想要表现出自己的说话修养,不仅要做到客观地表达事实,还要做到说话怀着与人为善的心态。

与他人沟通,并不是让女人随心所欲、毫无限制地表达自己。想要达到良好的沟通效果,需要注意说话的方式;只有把握好说话分寸,才能增添交际魅力。女人只有注意说话分寸,有理有据地表达自己的观点和看法,才能让自己的语言充满魅力,为自己建造起良好的人际关系。

❊ 拒绝要巧说,对方也能接受

人际交往中,乐于助人是一种美德;然而实际上,我们并不是任何时候都有能力去帮助别人。有时我们可能会遇到这种情况,虽然我们内心不愿做,却又不知道如何告诉对方。女人都爱面子,不好意思拒绝别人;同时,害怕一旦拒绝的话,会让双方的关系破裂。因此,如果背上了这个沉重的包袱,常常会使自己陷入困境。所以,学会巧妙地拒绝他人的请求变得尤为重要。这样既可以体现女人的语言魅力,同时又可以展现女人较高的修养。

拒绝他人看似简单,然而如何做才能既达到目的又不伤及对方的感情,这也是一门学问。那么,女人在遇到类似情况时,应该如何说“不”呢?

1.拒绝别人的时候,要尽可能地顾及他人颜面

人际交往中,拒绝他人请求,乃是常有的事情。有些女人不懂得表达技巧,可能一次拒绝就会使双方多年的友谊丧失殆尽;究其原因,主要是拒绝时不懂得如何维护别人的面子,最终导致关系的破裂。然而,有的女人,尽管经常拒绝他人,却仍然能够保持良好的人际关系。

人都是要脸面的,如果毫无准备地被他人拒绝,难免会心里接受不了。因而,拒绝他人时要想不伤及感情,就要考虑到对方的脸面。说“不”的第一原则就是让对方的挫败感越少越好,不受尊重的感觉越小越好。那么,如何做才能让对方在被拒绝时还能保留脸面呢?

(1)先肯定他对你的赏识，然后委婉提出自己的难处。如果直接拒绝对方，可能会让她觉得你太绝情，甚至会怀恨在心。如果你能够对她的信任表示感谢的话，会让心理得到满足。然后再委婉地说出自己的难处与不得已的苦衷，让他认为你实在是心有余而力不足，以便得到他的理解。

(2)用苦肉计获得对方的同情。如果不得已拒绝了他人，为了能够让对方内心不会太难过，你可以主动降低你的自尊心。委婉地表达出自己的能力不足，你不能符合他的要求。这样，即使对方明明知道你在拒绝，也不至于面子上挂不住。

(3)让对方寻找心理平衡。有时，你的当面拒绝会让对方心理不平衡，也会令自己处于一种愧疚心理当中。为了让对方心理平衡，你可以马上找一件难办的事让对方帮助你。由于刚才你的拒绝，会让对方心里存在怨气，因而，肯定会当场拒绝你的要求，这个时候便可以让对方把失去的平衡重新找回来。这样一来，就可以及时消除对方内心的负面情绪，有利于双方以后的交流与合作。

2.拒绝他人时，表达自己的友好与热情

拒绝的话，没人愿意说，但是又不得不说。一个有修养的女人在拒绝他人时，一定会把自己的友好与热情表达出来，让拒绝的声音变得悦耳动听，让对方体会到你的无能为力，从而达到最终目的。如果想要让你的拒绝不伤害对方的感情，那么请注意自己说话的语气和态度。

3.运用委婉的手法拒绝他人要求

生活中，如果遇到一些不得不拒绝的情况，你可以找寻一些借口来拖延解决问题的时间。但是，想要让对方顾全面子的话，可以先做一些必要的铺垫，如赞美某人的想法，夸奖对方的优点等，先让对方感觉到你的诚心，然后再用转折的手法，把你的真实想法委婉地表达出来，相信也可以让对方主动改变想法。

人际交往中，女性朋友们学会了拒绝别人的技巧，不仅可以体现女性高超的处事能力，同时还可以体现女性的语言魅力。能够成功地拒绝他人，也是新时代女性所必须具备的基本技能。如果你也想掌握这种技巧，那么从今天开始，就按照以上的方法进行吧！

❊谈吐大方，自如地表达内心世界

说话是一个人最直接、最自由的表达方式。人际交往中，如果一个人无论在什么场合下，都能妙语连珠、谈吐自如的话，那么即使你外表平平也能给人留下深刻的印象；相反，如果一说话就思路混乱，无法用语言准确地表达出自己的意思，那么即使他拥有出众的外表，也不可能长久地吸引别人的注意力。优美、高雅的谈吐是女性魅力的外射，女人如果想要展现自己的个人魅力，就要学会运用文雅高尚的辞令表达自己的内心世界。

优雅的谈吐是一种风度。良好的语言表达，不仅可以体现女人的知识、智慧，还可以体现出女人的能力、气质和修养。那么，人际交往中，女人想要做到谈吐自如的话，应该注意哪些方面呢？

1.仔细观察交谈对象，把话说到对方心里去

一个人说话是否中听，在某些时候可以决定事情的成败。话说得中听，即使再难办的事情，也很可能把它办成了；相反，如果话说得不中听，即使好办的事情也可能办砸了。决定事情能否完成的一个重要因素就在于一个人的表达技巧。与人交流时，如何说才能把话说到对方心里呢？

(1)认真观察，细心聆听，知晓对方心理。俗话说，听话听音。一个聪明的女人与人交谈时要善于从他人的话语中，领悟到对方的真实意图。然后改变自己说话方式，把话说到对方心里去，让对方不由自主地改变自己的想法。

(2)从对方角度出发，设身处地地替对方考虑。女人想要把话说到对方心里去，首先就要站在对方的角度去看待问题。多替对方考虑一下就可以更多地体会到对方的心声，快速打开对方心结，顺利完成双方的沟通。

2.及时地给予对方赞美，从他人身边事情赞美起，可以快速获得对方好感

一般来说，每个人都有自己引以为豪的东西。如果在交谈中，善于发现并赞美那些他值得骄傲的东西，就一定能在他心目中建立起对你的好感，那么接下来的事情也就好办多了。想要灵活地运用这个技巧，就要准确地找到他人引以为豪的东西。生活中，孩子喜欢听到别人夸奖他的玩具或是作品；对于做妈妈的人来说，往往喜欢听到他人称赞孩子健康、可爱的话。只

要通过细心观察，找到他们引以为荣的东西，再表达出你的礼貌、尊重和欣赏，一定可以让对方对你产生好感。

3.根据场合的不同，改变自己的说话内容，迎合对方心理

每种交际的场合，都存在一些话语的忌讳。一个女人如果说话不顾场合，到处揭人之短或触人之痛的话，必定会引起对方内心的不快，势必会引发一些矛盾。因此，女人如果想在人际交往中展现语言魅力的话，就一定要重视一些交际场合的忌讳。

语言是一门艺术，也是一门技术。它有着强大的力量，可以征服人的心灵。妙语连珠、谈吐不凡已成为女人社交能力强的重要标志之一。虽然运用巧妙的语言来打动人心，并不是每个人都可以做到的，但是只要能够掌握一些技巧，想要实现这一点也并不太难。如果你也想在人际交往中，用语言展现个人魅力的话，那么就从现在开始，注意自己的语言吧！

❈ 掌握赞美大法，娱人也娱己

人际交往中，适度地赞美别人是一个人有礼貌、有教养的表现。赞美的语言犹如神奇妙药，它可以使意志消沉的人重新鼓起生活的勇气；它可以使彼此陌生的两个人迅速地拉近双方的距离。赞美他人是人际交往中的灵丹妙药，如果能够正确地运用，它可以发挥出惊人的效力。因而，女人如果想要展示自己的修养与魅力，就要学会运用赞美的语言。

王琳是一个乖巧懂事的小姑娘，由于从小家境贫寒，所以即使现在收入不错，她也依然过着朴素的生活。在办公室里，她的勤俭节约是出了名的。大家知道她的家庭条件不好，自尊心又很强，也都能理解她的做法。一次，大家聊天之际，就聊到了节约的话题，这时办公室里的张霞随口说道："要说节俭的话，我哪里能比得上王琳啊。依我看，要是公司里评比谁最勤俭节约的话，我看非王琳莫属，她在过日子方面那可真会算计啊。"听完她的话，原本在一旁默不作声的王琳，立马追问道："你这是什么意思，我怎么听着像是挖苦我呢？"这话一出，原本讨论着的场合顿时沉静了下来。从那以后，王琳和张霞两人再见面，谁也不搭理谁，如同陌生人一般。

上面这个案例中，在李霞看来自己原本是在赞美王琳，可她反倒不识抬举。这样的话，放在王琳眼里，总觉得李霞是在取笑自己太抠门。同样是一句赞美的话，因为双方所站的角度不同，因而心里的感受也就不同。如果不分情形地赞美只会弄巧成拙。想要让自己赞美的语言充满魅力的话，一定要让自己的语言充满善意，赞美他人时一定要注意不涉及敏感话题。

与他人交往时，你的赞美可以使他人获得尊严，有利于人际关系的改善，但是如果不假思索地随口称赞，却可能弄巧成拙。由此可见，赞美别人，看似简单，却也有很大的学问。女人如果想展现你的语言魅力，那就必须掌握一些赞美的原则和技巧。

1. 赞美他人要真诚，不能随口乱称赞

虽然每个人都喜欢听到赞美的语言，但是赞美没有诚意的话只会让你成为人们眼中阿谀奉承的人。因而，当你想赞美一个人的时候，一定要表现出你的真诚，使对方认为称赞得有理，是一个无可争议的事实。相反，如果随口乱称赞只会破坏你的形象。因此，想要成为一个有修养的女人，就要能够及时地表达出对对方的赞美之情，还要做到真诚地赞美。

2.赞美他人时，最好能够从其他人没有发现的优点入手

每个人都渴望得到他人的赞美，想让他人发现自己身上的闪光点。然而如果每个人都千篇一律地称赞一个优点，时间长了一定会让人觉得没有诚意。因而，女人想要让自己赞美的语言更受人欢迎，就要善于发现他人独特的优点，只有这样才能使自己赞美的语言更动听。大部分人都有某些优秀的品质及希望被别人肯定的地方，如果能够仔细观察、细心体会，一定可以找到突破口。

3.赞美他人要做到恰到好处，充满善意，否则只会适得其反

恰如其分地赞美既可以让被赞美者内心愉悦，自信心得到提升，又可以体现出赞美者的语言艺术。相反，如果赞美的语言过于夸张，则有损于赞美者的语言魅力。女人如果想让自己赞美的语言更加动听，就要注意称赞语言的运用。一个有魅力的女人，懂得只有恰如其分的赞美才能达到最佳的效果。

人际交往中，女人想要让自己赞美的语言充满魅力，就要懂得这些原则和技巧。聪明的女人明白，合适得体的赞美语言才能体现出语言的魅力。如果想让自己赞美的语言充满魅力的话，那就要拿捏好分寸。

❊ 塑造你的声线,美妙声音打动人心

一个气质高雅的女人不仅仅需要懂得说话的技巧,更要有温婉优雅的声音相伴。人际交往中,美妙的声音可以穿越人的心灵,可以打动他人的心。因而,女人如果想让自己的语言更迷人、更有魅力,除了要在表达技巧上下功夫以外,还应在说话时的声音上做文章。

从一定意义来讲,声音是一种能量,温婉的声音可以给人一种信任感;甜美的声音会让人乐于倾听。那么,女人怎样做才能让自己的声音富有感染力呢?

1.交谈时务求做到吐字清晰

女人想要让自己的声音充满魅力,首先要做到吐字清晰。试想一下,如果与他人交流时对方总是要费尽心思猜测你说话的内容,那么这样的声音肯定不能称之为悦耳动听的声音。说话时最好能用纯正的普通话,吐字清晰,发音标准,做到字正腔圆。

2.富有变化的语调

人际交往中,一个人的谈话语调可以表现出他的内心世界、情感及态度。女人如果想让自己的声音富有感染力,就要注意说话时语调的变化。因此,女人与他人谈话时,无论谈论什么话题,都应该让语调与话题内容保持一致,依据不同的环境和场合使用不同的语气和语调,做到气息流畅,收放自如。

3.高低适中的音量

女人充满魅力的声音除了要注意发音和语调外,还应注意自己说话时音量的大小。说话时,过大的声音会刺激对方的耳膜,让对方感到难以适应。相反,如果说话声音太低的话,则会无法听清谈话内容,也不利于交流进行。因此,女人想要让自己的声音充满魅力的话,一定要控制好自己说话的音量。在说话时保持音量适度,使音调略低些,这样才能使女人的声音听起来悦耳动听。

4.合适的语速

女人充满魅力的声音除了要注意以上几方面外,还应注意说话的语速。如果说话语速过快,会使对方产生紧张和焦虑的情绪。相反,如果说话语速

太慢，则会让对方失去交谈的耐心。语速最好要适中，停顿恰当，这样才能让对方听清楚，并理解你的真实意图。

5.控制好自己的鼻音

如果你的声音无论什么时候听起来都像是患了感冒一样，那么你的声音肯定不会悦耳动听。与他人交流时，鼻音会让人感觉你毫无生气，同时对方也很难听清楚你说话的内容。如果想让自己的声音变得动听一些，你可以多进行一些发音练习，使声音从共鸣腔发出来，这样才能给他人带来良好的视听感觉。

声音是女人的第二张名片，一个有魅力的女人懂得充分运用自己的“声音形象”来提升自己的语言魅力。因而，一个人的声音是否有魅力，在于她能否恰如其分地运用好自己的声音特点。因此，女人想要让自己的声音充满魅力的话，就要通过发音练习去训练自己的声音。

如果说眼睛是心灵的窗户，那么声音则是女人裸露的灵魂。一个优雅的女人，不仅要有令人心仪的外表，优雅的举止和一张能说会道的嘴，还应该拥有迷人的声音。如果你也想让自己的语言充满魅力，那么从掌控自己的声音开始，让你的声音也成为一道迷人的风景吧！

善于批评，让他人接受你顺耳忠言

每个人都喜欢听到赞美的话，对于别人的批评，即便是心理上可以接受，也会感到难为情。成功的批评，可以让对方心悦诚服地接受你的意见和建议。但是，如果批评者毫无技巧地批评，往往会适得其反。由此可见，批评他人也是有讲究的。一个优雅的女人，无论什么情况下，都会让自己的批评变得悦耳动听，体现出自己的语言魅力。

当他人犯了错时，批评的主要目的是，让对方正视自己的错误，避免今后再犯类似的错误。有些女人面对别人的错误，总是不讲究方法地一通指责，让被批评者从内心产生抵触心理，其结果并不能达到批评的目的。因而，人际交往中，女人如果掌握了批评的小窍门的话，也可以让自己的批评语言生动起来，既可以真正达到批评的目的，又可以为自己树立良好的形象。那么，女性朋友们，想让自己的批评声音变得容易被人接受，应注意到哪些方面呢？

1.用诚恳、与人为善的态度去对待犯错者

人非草木，孰能无过，面对他人的错误，作为一名批评者，你首先要明确批评的目的是为了帮助对方认清事实，不要再出现这类错误，有利于工作的开展。因而，你的态度要充满亲切感，让对方觉得你们之间只是在沟通和改进。如果你把批评当作是发泄自己愤怒的机会，只会让对方从心里产生抵抗情绪，不利于事情的发展。因此，批评他人时，要让自己的语言充满善意，要讲究方式方法。

2.女人想要让自己的批评容易让人接受，就需掌握一些批评的语言技巧

（1）采用先褒后贬法。人际交往中，人们往往喜欢听一些赞美的话，如果你直截了当地批评，会让对方心理很难接受，觉得很没面子。因而，如果女人想让自己批评的声音更容易被人接受一些，可以先肯定对方的工作成就，然后再用委婉的语言提出“如果能把某某事情做得和什么一样的话，那就更好”之类的话来激励对方，这样既可以让对方意识到自己的不足，又可以让对方欣然接受改正错误的见证，有利于问题的解决。

（2）用委婉的方法暗示他人。一位老师正在上课，忽然他发现有两位同学趴在课桌上睡着了。于是，他悄悄地走到两位同学身边叫醒了他们。然后，他走向讲台，转而开始为大家讲了一个小故事：听说有一个小企鹅，在跟它的师傅学习垒巢时，总是喜欢把自己的头和长长的脖子贴到地面上待上一小会儿。师傅不明白这是什么意思，便问小企鹅：“你这是什么意思啊？”小企鹅答道：“我这是对师傅的礼貌。”说完后，他看了看大家，继续说道：“我想有的同学上课的时候，也喜欢把头贴在桌子上，这是不是也是表示对老师的礼貌啊？”说完以后，全班同学哄堂大笑，刚才那两位贴在桌子上打瞌睡的同学顿时羞得满脸通红。从那以后，他们再也没有在课堂上打瞌睡了。

以上案例中的教师，在面对学生上课打瞌睡时，他没有直接点名批评，而是用一个笑话委婉地告诉他们这样的做法是不对的，从而达到教育学生上课认真听讲的目的。无论一个人的年龄有多大，人都是爱面子的。如果老师不假思索地当着全班同学的面批评两位同学的话，只会让他们觉得没有面子，很容易引发他们的负面情绪。人际交往中，如果能够考虑对方的面子，采用一些婉转的方法告知对方的错误，会让对方更容易在心理上接受批

评，从而也会更加感激你。

女人如果想让自己的批评取得良好的效果，就要注意批评的技巧。只有通过诚恳的语言打动对方的内心，使其认识到自己的错误，才能从根本上解决问题。如果你也想让自己批评的语言变得更容易被他人接受，那么从现在起开始学习一些批评的语言技巧吧，相信通过学习，你也可以让自己的语言充满说服力，体现出高雅的气质和修养。

开玩笑也要注意分寸

随着社会的发展，生活节奏的加快，越来越多的人感受到了来自各方面的压力。为了能够活跃一下气氛，让大家紧张的情绪得到缓解，很多人都会说一些无关紧要的玩笑话。从一定程度上来讲，玩笑是生活的调味品，开得得体可以调节气氛，增进彼此的感情。女人想要在人际交往中体现语言魅力，也可以运用自己的“幽默”能力，在轻松愉悦的气氛下，展现自己的优雅谈吐。

玩笑虽然能够起到调节气氛的作用，但也要注意开玩笑的场合。女人想要展现自己的“幽默”能力，就要把握好玩笑的分寸，只有这样，才能在玩笑中展现出自己的魅力与修养。那么女人在开玩笑时，要注意哪些呢?

1.开他人的玩笑时，要做到因人而异，同时还应注意长幼关系

每个人的性格、脾气和爱好各不相同，因而每个人承受玩笑的能力也不同。同样的玩笑，可以在他人身上开，如果换了别人的话，可能就会伤及对方感情。因而，女人在开玩笑时，一定要注意对方的性格、脾气等因素。同时，开玩笑的时候还应注意到长幼关系，不能胡乱开玩笑，否则的话，可能会给他人留下轻浮、没有礼貌的印象。

2.不与男性开过分的玩笑

异性之间的玩笑，可以缩短双方之间的距离，但是也应该注意玩笑的分寸。虽然男性对语言的承受能力强，一般的玩笑不会让男士感到太尴尬，但是也要注意分寸。

3.开玩笑也要注意场合，不当的玩笑可能会给自己带来麻烦

王宇是海淀区某宾馆的服务人员，平日里也没个正形，喜欢跟同事们开

玩笑。这不，他又因为自己的玩笑，给自己惹来了麻烦。事情还得从一个愚人节说起，愚人节前一天，他下班后给长途电信大楼的值班室打了个电话。电话里他告诉对方，明天不用来上班了，因为将有人来炸长话大楼。听到这个消息，值班人员没敢大意，迅速把这个情况汇报给了上级领导。最终，公安机关经过一系列的侦破，最后把目标锁定在王宇身上。当派出所民警找到他时，他告诉对方，他没有炸长话大楼的意思，纯粹是开玩笑，因为第二天是愚人节，他只是想跟他们开个玩笑。但是民警并没有听从他的解释，最终他被依法拘留 15 天。当王某听到自己触犯了法律时，顿时傻了眼，他没想到后果是这么严重。

案例中的王宇正是因为开玩笑不当，触犯了法律，并受到了法律的制裁。因此，日常生活中开玩笑也要讲分寸。如果一个人总是无所顾忌地什么玩笑都开的话，终有一天会自食其果。一般来讲，在一些庄严、肃穆的场合或情况下，不能开玩笑。在工作时间也尽量不要开玩笑，在公共场合下也不能随便乱开玩笑。当然，更不能在非常时期，拿非常之事去开玩笑。否则的话，可能会给自己带来严重的后果。

4.不拿他人的缺陷或错误开玩笑

人际交往中，虽然玩笑可以活跃气氛，增进彼此间的感情，但也不能把欢乐建立在他人痛苦之上。因而，女人与他人开玩笑时，切忌拿别人的缺点或不足当作玩笑的对象，你的做法只会让对方觉得你是在讥讽他，不利于双方关系的发展。

人际交往中，得体的玩笑能够让神经得到放松，创造出轻松的氛围。女人只要能够把握好玩笑的分寸，就可以与周围的人建立起良好的人际关系；同时，还可以体现出个人良好的语言魅力和修养。

幽默是交际场合左右逢源的敲门砖

女作家谌容，曾受邀到美国的某大学进行演讲，演讲过程中，在座的学生纷纷举手发问，她都一一给予坦率的回答。这时，席下突然传来这样的声音：“听说您至今还不是党员，那请问您与共产党的私人感情如何？”听到这样的问题，她并没有表现出过多的反应。很显然，提问者是别有用心的，无论她怎么回答都可能引起不必要的麻烦。

她抬起头，看了看台下充满好奇的听众，然后笑了笑，敏捷地说："你的情报的确很准确，我现在确实不是共产党员，但是我的丈夫他是个老共产党员，而我们在一起共同生活了几十年，目前看来，尚未有离婚的迹象，可见我与共产党员的感情有多深。"听到这样的回答，台下听众无一不报以热烈的掌声，为她巧妙而精彩的答案喝彩。

女作家谌容正是借助幽默巧妙地回答了对方提出的问题，体现了她高超的语言技能。生活中我们也会遇到一些特殊的情况，如果能够用幽默来巧妙地回答的话，既可以使双方走出交流困境，也可以体现出说话者的语言魅力。由此可见，女人如果能够具备幽默的品质，同样可以在社交场上为自己增添魅力与光彩。

幽默就像一座桥梁，可以拉近人与人之间的距离。人际交往中，女人可以运用幽默化解当前的尴尬；同时，还可以借助于幽默表达出不能直接表达的意思，体现出自己高超的语言表达能力。一个有幽默感的女人是生动的女人，与生动的女人交往可以使你感受到愉快。相反，与缺乏幽默感的女人相处，再美好的生活也会变成一种负担。

列宁曾说过："幽默是一种优美的、健康的品质。"而具备幽默品质是一个女人有魅力、成熟的表现。因而，如果你也想让自己的语言魅力得到提升的话，那么就要尝试发掘自己的幽默细胞，把自己打造成一个懂得幽默的女人。那么，想要成为幽默的女人，应该如何培养自己的幽默感呢？

1.用乐观的心态，看待所有事物

一个真正懂得幽默的女人明白，幽默只是借用机智敏捷的"微笑的"语言对事物加以肯定或否定的回答。这其实是一种宽容精神的体现，女人如果想让自己变得幽默起来，就要学会以宽容的心态去对待周围的人或事。

2.增加自己的阅历，提升自己的精神境界

幽默是女人聪明才智的一种体现，只有拥有了丰富的知识和阅历的人，才能拥有幽默的谈吐。因而女人如果想让自己变得幽默起来，那么从现在开始广泛涉猎知识，开拓自己的知识面，这样才能保证在交谈中做到出口成章、机智幽默。

3. 提高对事物的观察能力，培养深的洞察力

只有拥有敏锐的洞察力，才能迅速抓住事物的本质，借以调侃的语气表达出来，在博人一笑的同时，引人深思。因而，敏锐的洞察力是成为幽默女人所必须具备的基本条件。

幽默是一种修养，也是一门艺术。无论是幽默的表达，还是幽默的应对，一个懂得幽默的女人，时刻能够以幽默的语言调动周围的气氛，体现出她独特的语言魅力。因而，如果你也想在人际交往中展现自己的语言魅力的话，那么，学着做一个懂得幽默的女人吧。

社　交　篇

礼仪是女人受人欢迎的资本

第五章※有礼有节，懂礼数的女人左右逢源

社交是与他人有接触、有碰触的社会活动，不是女人独立优雅或者孤芳自赏的事情。如果忽略了社交场上的一些礼仪，即使你穿得再漂亮，也依然不可能取得社交活动的成功。也许，有些女人会变得害怕社交活动，其实，只要掌握必备的社交礼仪知识，无论是谁，都可以在社交场上轻松地打开人际圈子，从而获得社交活动的成功。由此可见，女人如果想让你的社交活动顺利进行的话，掌握一些社交礼仪知识是必要的。那么，女性朋友们都一起来看看，都有哪些社交礼仪吧！

❊ 做介绍时，女人应该知晓的礼节

在社交活动中，对于原本陌生的双方，介绍是相互了解的基本方法。通过介绍，可以缩短双方之间的距离，以便更好地交谈、更多地沟通和更深入地了解。作为一个有修养有风度的女性，必须要掌握几种类型的介绍的礼仪，只有这样才能在社交场上扩大交际圈子，结识更多的朋友；同时，最大限度地展现自己的气质与修养，获得周围人的认可，与周围的人建立起良好的人际关系。

在日常生活与工作中，介绍通常有以下几种类型。

1.自我介绍

社交活动中，当我们与陌生人交往的时候，为了能够使双方互相了解，都会作一个自我介绍。通常情况下，用三言两语简单的话概括一下就可以了。自我介绍的内容一般包括：被介绍者的姓名、籍贯、工作的单位及担负的具体工作等几个重要的因素。有时自我介绍可以根据具体对象和环境来改变，适当地增加或减少一些要素。但是需要注意的是，介绍者在进行自我介绍时一定要保持面部表情自然，给人一种亲切、自然、友好、自信的感觉。

2.介绍他人

在社交场上，除了作自我介绍外，我们常常还会为彼此不相识的双方作介绍。作为一个有修养的女人，与自我介绍相比，为他人作介绍的要求就要严格一些。

（1）注意介绍的先后顺序。为他人作介绍时，通常遵循“尊者优先”的原则。切忌先介绍位卑者，后介绍位尊者；介绍的时候，还得先提到位尊者的名字，以示尊重。如果被介绍者是男女双方的话，那么就要先把男士介绍给女士。当然如果男士比女士年长的话，则另当别论。

（2）在介绍彼此的姓名、工作单位时，要为双方找一些共同的谈话材料，可以把双方的一些共同的爱好或是共同的经历作为话题，让双方能够很快找到共同的话题，彼此熟悉起来。

（3）在为他人作介绍时，一定要有开场白，如：“请让我给你们介绍一下，张小姐，这位是……”，还应配有相应的手势语。通常情况下，女性朋友在为他人介绍时，都应手心朝上，手背朝下，四指并拢，拇指张开，指向被介绍的一方，并向另一方点头微笑。同时，还应语言清晰，恰到好处，避免因介绍不当而带来尴尬局面。

3.集体介绍

所谓的集体介绍，即在被介绍的人中，其中有一方是集体时，这个时候的介绍方法应根据具体的情况来选择。如果是将某一个人介绍给大家，那么重点把此人身份的详细情况给大家作一介绍即可。介绍后，可以让所有的人自己去结识这位被介绍者。相反，如果是把大家介绍给一个人的话，可以按照集体的排列顺序进行介绍，也可按照集体中身体的高低顺序进行介绍。千万不要随意介绍，以免使来者产生厚此薄彼的感觉，影响情绪。

另外，社交活动中当你被别人介绍给他人时，一定要表现出自己结识对方时的热情，这个时候除了面部要正视对方以外，视某些情况还应略微欠身致意。当然，如果对方这个时候伸手以示相握的话，作为一个懂得礼仪的女性也应伸手相握，并且还应面带微笑地寒暄一番。

介绍，是交际活动中与他人进行沟通、增进了解、建立联系的一种最基本、最常规的沟通方式。在社交活动中，如果能够准确地掌握介绍礼仪的话，一定可以帮助女性朋友们扩大自己的人际圈子，向他人展现出自己良好的修养与魅力。

社交活动从懂得称谓礼仪开始

日常交往应酬中，相互之间都会应用到一些称谓语，也就是我们所说的称呼。人际交往中，女人掌握称呼礼仪，不仅可以体现出对他人的尊重之情，同时也可以体现出女人的自身修养和双方关系所达到的程度。反之，如果称呼不当的话，则会影响他人对自己的评价，阻碍双方交往的进行。由此可见，正确得体的称谓在人际交往中有着重要的作用。因此，女性在社交活动中掌握一定的称呼礼仪就显得尤为重要了。

那么，社交活动中的称呼礼仪都应注意哪些方面？

1. 社交活动中,应正确、适当地称呼他人

人际交往中,女人想要和他人建立起良好的人际关系,首先要使用正确、适当地称呼语称呼对方。正确、适当的称呼他人,主要应注意:一,称呼要合乎常规;二,称呼要入乡随俗。不同的场合下,对人的称呼要求也是不同的,可以分为以下几种情况。

(1)生活中的称呼。在日常生活中的称呼应当以亲切、自然、准确、合理为主。比如,根据对方的年龄大小来决定采用什么样的称呼,但是总体原则是,要让双方之间显得亲切、自然,给人一种舒适的感觉。

(2)工作中的称呼。在工作岗位上,人们之间的称呼往往要求比较庄重、正式、规范。因而,女性朋们在称呼对方的时候,可以以对方的职务或是职称来称呼。对于在工作场合中的称呼,主要可以分为以下几种情况:

以对方的职务来称呼对方。社交活动中,通常情况下会以交往对象的职务相称,以示对方的身份有别和对对方的敬意,这也是社交场上最为常见的一种称呼方式。这种称呼方式通常有三种情况:单纯称职务;在职务前加姓氏;在职务前加姓名。第三种情况往往用在极其正式的场合之下。

以对方的职称来称呼对方:社交活动中对方如果具有职称的话,尤其是具有高级、中级职称者,在工作中可以直接以对方的职称来称呼对方。不过在称呼对方的职称时,也可以选择在职称前加上对方的姓名或者是姓氏。

以对方的职业类别来称呼对方。在工作中,除了以上两种称呼以外,通常情况下,还可以以对方所从事的职业来称呼对方,有时也会在对方的职业前面加上对方的姓名或姓氏。如王医师,马老师等。

以对方的姓名来称呼对方。在工作中,有时也会以对方的姓名来称呼对方。这种情况,往往限于在同事或熟人之间。如直接称呼对方的姓名或者是只称呼对方的姓,在姓前加上“老、小、大”等一些前缀,有时也会有在同性之间或是上司对下级之间只称名不呼姓的情况。

(3)外交中的称呼。在国际交往中,因国情、民族、宗教、文化背景的不同,称呼也会显得千差万别,掌握一些称呼礼仪也就显得尤其重要。对于外交中的称呼既要掌握一般性规律,还要注意国与国之间的差异。

其中,政务交往中最为常见的称呼有:以“先生”、“小姐”来称呼对方;以对方的职务称呼对方;以“阁下”来称呼地位较高的人。

2. 称呼他人时的一些禁忌

(1)给他人错误的称呼。人际交往中,最为常见的错误就是读错了对方的姓名。为了避免这种尴尬事件发生,人际交往中遇到不认识的字,要谦虚请教。同时对方的年纪、性别、婚姻状况等情况也要了解清楚了再发言。

(2)以外号来称呼某人。在社交场上,无论关系如何都不能给他人起外号,也不能用道听途说的外号来称呼某人,同样不能利用对方的名字随意地开玩笑,这样只会给对方一种被人看不起的感觉,影响人际交往的进行。

人际交往中,对于称呼的禁忌还有很多,比如用一些不当的称谓来称呼对方等。这些都会影响女人人际圈子的建立。女人如果想在社交活动中建立起自己良好的人际关系网,就应该从称呼礼仪做起,掌握好社交礼仪的每一个细节,让礼仪为女人社交活动的完成打下坚实的基础。

寒暄和问候是社交沟通的第一步

人际交往中,寒暄与问候都被作为谈话的"开场白"来使用。两者的作用都是为了能够增强双方之间的感情,促进人际关系的建立,有利于社交活动的进行。虽然两者的功能相近,但是在使用的时候,还需要区别开来。女性朋友们,如果想要利用寒暄与问候和他人建立良好的人际圈子,那么就一起来看看两者的区别及使用时需要注意的几个方面吧。

1. 寒暄的礼仪

也许,有的女性朋友们会认为"不就是寒暄吗",其实,看似简单的寒暄,也包含着大文章。如果你也想让自己的社交沟通变得顺畅起来,那么就一起来看看人际交往中寒暄都应注意哪些方面。

(1)寒暄对象的选择。在社交场上,对于初次见面的人来说,简单的寒暄可以使原本不相识的人相互熟悉,使双方之间原本沉闷的气氛变得活跃起来。也许这几句寒暄的话,本身并没有什么特定的意义,但是在社交场上来说,它所起的作用就不容忽略了。

(2)寒暄要注意时间的选择。寒暄的主要用途就是在人际交往中打破僵局,拉近双方的距离,因而应在交往初期进行。在交往初期,本该与对方寒暄几句，如果你只是向对方点点头，握一下手了之，或遇到熟人你视若无睹，则会被对方认为是妄自尊大。因而，无论是熟人还是陌生人，见面时都需要寒暄几句。

(3)不同的人，寒暄用语的选择也不尽相同。与人初次见面，最为标准的寒暄用语是“你好”、“很高兴能认识你”、“见到你很荣幸”。当然，也可以选择一些文雅的词语，如“久仰”、“幸会”等。你也可以选择一些较为随便的说法，如“早就听说过你的大名”、“常听到某某人提起你”等等。

如果寒暄的对象是比较熟的人，则寒暄的话可以显得亲切一些，具体一些。比如，“吃了吗”、“你去哪里啊”、“你气色真不错啊”等。对于寒暄用语的选择应因人而异，选择一些简洁、友好的话语进行交流。不能只是敷衍了事，更不能说一些戏弄对方的话。

2. 问候的礼仪

(1)根据问候的对象选择不同的话语。问候多用于熟人之间打招呼，与寒暄不同的是，问候的话语没有具体标准用法，因为它具有较强的民俗性、地域性特征，不同地方的人问候的话语也不尽相同。因而，根据不同地方的人，应选择不同的问候语，这样你才不会让对方产生误会。对于商界人士则统一为“你好”、“忙吗”为问候语。

(2)问候语的禁忌。社交场上，女性朋友们在选择问候语时要注意，一些牵涉个人私生活、个人禁忌方面的事情，应避免涉及。否则不仅不能起到增强双方之间感情的作用，反而会造成尴尬的局面。

人际交往中，如果能够利用好寒暄与问候，一定可以帮助女性朋友们与周围的人建立起良好的人际关系，有助于女性朋友们社交活动的顺利完成。因而，女性朋友们，如果你想要在社交活动中顺利地打开沟通局面，学会寒暄与问候，相信你会有所收获。

选择大家都能聊的话题让氛围融洽

交谈是一种最为常见的交流方式，是人们传递信息和情感，增进彼此了解与友谊的基本方式。也许，有的女性朋友们会觉得交谈很简单，任谁都会，其实，在社交活动中，会交谈也并不是一件容易的事情。在社交活动中，女人想要把话说好，首先要明确交谈的中心内容，即交谈的话题。人际交往中，话题的选择不仅能够反映出交谈者品位的高低，同时选择一个好的话题，往往能创造出一个良好的交谈氛围，取得理想的沟通效果。

那么，女性朋友们在社交活动中，应该如何选择话题，选择话题时应注意哪些方面呢？

1. 女性朋友们在人际交往中，可以根据以下几种情况来选择话题

(1)根据对方的性别来选择话题。与不熟悉的人谈话，因为你不了解对方的性格、爱好、品位，最困难的就是应讲什么内容。在社交活动中，女性朋友们在选择话题时可以根据交谈对象的性别来选择话题。如果是女性，可以选择一些服饰、旅游、美食等女性喜爱且关注的话题来打开交谈局面。当然，如果你的交谈对象是男性，则可以选择一些军事、政治、体育、外交以及国际上出现的重大事件等一些男性喜欢的话题。

(2)根据所处的环境来选择话题。与人初次接触，如果冒昧地提出太深入或太特别的话题的话，可能会引起对方的反感，不利于社交活动的进行。这个时候宜从平淡处开口，最简单的就是谈当时的天气，或从当时的环境中寻找话题。比如："今天的天气不错"、"这儿您以前来过吗"、"你今天显得真精神"等话题。

(3)选择常用的话题。对于话题的选择，中国人有一种惯用的老方法：询问对方籍贯，引导对方讲述其家乡的风土人情。这种话题，往往可以引起对方内心对于家乡的那种自豪感，从而放松心情，有利于双方交往的顺利进行。

2. 选择话题应注意以下几个方面

(1)选择的话题格调要高雅，不能谈论一些黄色等庸俗的话题。人际交往中，与他人交谈时应多选择一些历史性、哲学性的话题，这些话题既可以反映一个人的知识结构，又可以体现出交谈者对周边事物的关注，同时还可以在交谈过程中了解对方的信息，展现自己的才能。

(2)选择一些轻松愉悦的话题。在社交活动中，良好的交际话题可以使谈话双方交谈顺利，有利于创造轻松愉悦的谈话环境，有利于社交活动的进行，同时还可以使交谈者的个人形象得到提升。

(3)多选择对方擅长的话题，让对方表现的同时，也可以展现自己的谦

虚谨慎。在社交活动中,与人交谈时先可以通过一些简单的话语来打探对方的真实情况,如爱好或特长等。然后根据对方所擅长的知识来选择话题,让对方在交谈的过程中充分地表现自己,给对方一个表达自己的机会。这样一来,既可以显示出自己的谦虚,虚心学习,又可以避免因为自己的不懂而出现失误的机会。

在社交活动中,用于社交场合上的话题十分广泛,除了以上几种以外,还可以选择一些全球性的问题来讨论,如全球变暖、环境保护、科技发展等,这些都可以成为女性朋友们在社交场上选择的话题。但是需要注意,女性朋友们,无论选择什么样的话题,自己都必须先有所了解。否则的话,可能会适得其反,给他人带来不佳的印象。

有错就要改,还要学会道歉

古人云:人非圣贤,孰能无过,知错能改,善莫大焉。社交活动中,女性朋友们可能会有言行失礼之处,或是有妨碍、打扰、麻烦别人的地方,这个时候最明智、最得体的做法就是及时地向对方表达自己的歉意。只有这样才能获得对方的谅解,与周围的人建立起良好的人际关系。

也许有些女性朋友们会认为道歉是一种软弱的表现,其实并不是这样。人际交往中,出现言行过失,如果能够真心实意地向对方表达自己的歉意,不仅有利于矛盾的化解,同时还可以体现出女性良好的风度与教养,是一种文明礼貌的体现。

在社交活动中,道歉的作用在于消解双方的冲突,缓和矛盾,从而使双方相互谅解,而不是让矛盾升级,造成双方的尴尬。真诚的道歉可以使原本矛盾的双方冰释前嫌,为自己争取更多的朋友与伙伴。道歉看似简单,其实在这一过程中也应注意道歉的技巧与礼仪。

1.道歉时间的选择

作为一个有教养懂礼仪的女性,在人际交往中,如果与他人产生矛盾且自己有错误的话,你一定要及时道歉。否则,时间拖得越久越容易引起对方的误解,加深双方之间的矛盾,不利于你与周围的人建立良好的人际关系。

2.注意自己道歉的用语，使其文明规范

当女性朋友向他人道歉的时候，不能不分原因胡乱使用道歉语言，那样只会让对方觉得你的心不诚，既影响他人对你的评价，又会造成对方无法原谅你的后果。因而，作为一个有修养的女性一定要明白哪些地方应该用哪些道歉用语。

道歉用语使用情况如下：

(1)社交活动中，如果有愧于他人的话，应用“深感愧疚”、“非常惭愧”等道歉的话语。

(2)社交活动中，因自己的言语失当，希望得到他人谅解时，可以用“多多包涵”、“请您原谅”等话语。

(3)在社交活动中，如果需要麻烦别人的话，可以用“打扰了”、“真是不好意思，麻烦你了”等表示歉意的话。

(4)一般情况下，如果要表达歉意，可以用“对不起”、“失礼了”、“很抱歉”等。

3.道歉时的态度

社交活动中，如果需要向他人道歉，一定要注意自己的态度。对于一个有修养的女人来说，懂得向他人道歉并非软弱的表现；相反，更能体现自己知错能改的优良品质。因此，道歉的时候，没有必要遮遮掩掩，应当大大方方，堂堂正正地向对方承认自己的过失，获得对方的谅解。然而，也不能一味征求对方的谅解而过分贬低自己，那样只会让对方从内心看不起你，或是被人得寸进尺，故意提出一些难题。

4.选择正确的道歉方式

道歉的方式有很多种，为了能够让效果更好，要根据具体的情况选择适当的道歉方式。道歉方式一般有以下几种：

(1)直接道歉：道歉者直接向对方开诚布公地承认自己的过失，以获得对方的谅解。

(2)书面道歉：在某些情况下，女性朋友们会觉得有些道歉的话当面难以开口，可以借助书信的形式，向对方表达自己的歉意。这种方式可以避免尴尬的场面。

(3)第三方转达道歉：某些情况下，当事人不好意思直接向对方表达自己的歉意，可以借助双方都熟悉的第三人代为转达自己的歉意。

(4)借助某些物品来转达歉意：有些时候，可以适当地送上小的礼品来表达自己的歉意，以求双方和解。在西方国家，最好的表达歉意的方式就是送上一束鲜花等物品，用一些“物语”往往能够有很好的效果。

在社交活动中，无论采用什么样的道歉方式，其最终目的就是为了获得对方的谅解，双方最终能够和解。因而，最重要的是看你此后的所作所为是否有所改进，不要言行不一，依然故我。如果仅仅是把道歉流于一种形式的话，只会让他人对你的为人产生怀疑，影响到你的形象。

礼尚往来，送礼的礼仪有哪些

随着经济的发展，人与人之间的接触越来越多，一些迎来送往及喜庆宴贺的活动也越来越多，彼此之间送礼的机会也就多了起来。古人云：“礼尚往来，往而不来，非礼也；来而不往，亦非礼也。”送礼也是一门艺术，如果处理不当的话，可能令送礼者感到尴尬。人际交往中，女性朋友如果掌握了送礼的礼仪，不仅可以避免上述情况的发生，还可增进彼此的感情。

人际交往中，如何送礼也是一门学问。那么，要掌握这门学问，女性朋友就要了解一些送礼的注意事项。

1.选择礼物时应根据具体情况而定

探望病人送礼，则应送一些有利于病人康复的礼品，也可以选择鲜花、水果作为礼物。

结婚送礼，应选择一些有意义、表达祝福和爱情的礼物。

给长辈祝寿送礼，可以多选择一些礼物，可以是衣物或含有健康长寿意义的物品或设计精美的生日蛋糕。

习俗送礼，若是对方家境一般的话，送礼则应以实惠为准；对于富裕家庭则应选择精美的礼物；若是情人之间，则应选择纪念性礼物为佳；若是送老人，最好选择实用性较强的礼物；送儿童选择益智玩具最好。

2.选择礼物的轻重也要适当，最好以对方的喜好为准

社交场上，我们送礼表达的是一份心意，有时送给别人的礼物并不一定要多么昂贵。只要能够表达你的一份心意，哪怕是亲手制作的，也可以得到对方的欣赏。社交场上，为了能够使你的礼物达到最佳的效果，选择礼物前一定要考虑对方的爱好与兴趣，但不宜选非常贵重的东西；否则的话，会在对方的心里产生人情负担，不利于事情的发展。

3.送礼也要讲究时机和方式

女性朋友在社交活动中，如果需要给他人送礼物，一定要把握好送礼的时机与方式。多数情况下，选择的礼物应当面送给别人，但是如果有特殊情况的话，也可以提前送去。对于一些节日的礼物，也可以派人送去，或是通过邮局寄送。切记不能当着他人的面，在公共场合下把礼物送给他人，那样可能会显得失礼。

4.掌握送礼的禁忌

(1)社交场上，想要通过礼物增加彼此的友谊，就应明白选择礼物要以对方的喜好为准，如果是一份自己都不喜欢的礼物，送给别人肯定是不合适的。

(2)不能把别人送给自己的礼物转送他人或丢掉，如果那样的话，既是对别人的不尊重，也是一种失礼的行为。

5.作为收到礼物的人，也应注意一些细节问题

作为一个有修养有风度的女性，你在收到他人的礼物时，无论自己喜欢与否都应先表达自己送礼人的感谢之情。并且要重视别人给予自己的礼物，对别人的赠送要表现出真心喜欢的样子来；同时还应对对方所选择的礼物作一番称赞，让对方觉得你是真的喜欢这件礼物，从内心感到由衷的喜悦。当然如果出于某些原因，你无法接受这件礼物时也一定要及时婉拒对方，但是还应感谢对方送礼这一举动；当然，如果送礼者是不怀好意的人，则只需要直接拒绝即可。

人际交往中，赠送礼物可以加深双方的感情，但是如果不懂得送礼的礼仪的话，有时反而会弄巧成拙，引起他人的反感。因而，如果想让自己成为一个懂礼仪、有修养的女人，那么就应该掌握这些送礼的基本礼仪，只有这样才能让礼物发挥最大的作用，与周围的人保持良好的关系。

第六章※有仪有态，女人将优雅演绎得恰到好处

当今社会，女人的交际圈子越来越广，作为现代女性需要出入各种社交场合。不同的场合，有不同的礼仪要求。在这些社交场所，一个懂得礼仪的女人既可以向他人展现出自己的魅力与修养，又可以和他人建立起良好的人际关系。然而，如果女人不懂得各种礼仪的话，就可能会引起周围人的反感，使人际关系产生困扰。如果你也想成为一位社交达人的话，那么在各种场合下都要注意自己的言行举止。

※ 要尽兴也要有礼，你就是舞会上的焦点

现代女性与外界的接触越来越多，出于交际的需要会参加各种各样的活动，舞会便是其中一个场所。舞会是一种较为普遍的社交场合，它可以促进人们彼此之间的交流，加深双方的友谊。当然，无论是国际的或是国内的舞会，都是一个讲究礼仪的场所，如果女性朋友只顾自己尽兴，而不能够遵守种种礼节要求的话，则可能引起他人的反感，影响到女性人际关系的建立。

参加舞会是女人树立形象、进行社交的重要机会，女人只有在各个方面都遵循礼仪要求，才能向他人展现出自己高尚的舞德和良好的风度。那么，想要成为舞会上的魅力女性，你都应遵守哪些礼仪规范呢？

1.参加舞会要求着装整齐，仪态端庄

(1)参加舞会的着装要求。参加舞会时，女性得体的穿着和端庄的仪态可以展现出自己良好的个人形象，因而女性在参加舞会前一定要先明确自己所参加舞会的性质，然后依此来选择自己的服装。一般来说，出席一些家庭性的舞会，可以选择一些得体漂亮的服装。如果是大型的舞会，通常在请柬备注中会有着装要求。大型的舞会要求女性的服装统一为礼服。同时还可以配上精致的配饰，以突显自己的优点。同时还应注意面部妆容应与服饰搭配相协调。

(2)舞会上的仪态要端庄。在舞会上，作为女性，无论举手投足都应做到姿态优美，给人一种高雅的感觉。对于女性来说，无论是跳舞，还是喝水都应做到动作轻缓。无论舞会上的音乐是多么动听，都不能让身体的某个部位跟着节奏抖动，这些都是一个高雅的女人不会做的事情。

2. 舞会上的交际礼仪

(1)舞会上礼貌对待他人邀请。交际舞的特点就是男女共舞，通常情况下，邀请舞伴是男士的任务。对于来自他人的邀请，无论你是否愿意都应保持自然。如果你实在不愿意同对方一同跳舞的话，一定要婉言相拒，不能蛮横无理或是面露轻视。在同一首舞曲中，如果你拒绝来自某位男士的邀请，

那么在这首舞曲没放完前，不能接受其他人的邀请；否则的话，就会是一种失礼的行为。

（2）注意自己的舞姿。在舞会上，与男士共舞的时候一定要注意自己的舞姿。在舞会进行中不能因为音乐、气氛的感染而表现得太过放肆。尤其要注意的是，与男性跳舞时不要闭上眼睛，更不能将自己的身体紧贴对方的身体，或把面颊靠在对方的肩膀上面。

（3）退场时也要讲究礼仪。如果想要离开舞池，无论你有多么重要的事情，也不能在音乐还没结束前提前离场。你可以选择在一曲结束之后，轻声向他人打一声招呼，千万不能影响到他人的兴致，这也是一个有修养的女人应该懂得的礼仪常识。

对于女性朋友来说，参加舞会时应注意的礼仪细节还有很多，如出门前应先做好自己的清洁工作以及不能食用一些带有刺激性气味的食品等。这些细节问题看似繁琐，但是只要用心去掌握，无论谁都能成为一个舞会上懂礼仪、识风情的魅力女性。如果你也想成为其中一员，那么还在等待什么呢？

乘坐飞机，该注意哪些礼仪

飞机是现代化的交通工具，近年来乘坐飞机外出工作、探亲访友或参观旅游的人越来越多。飞机是目前最为快捷的交通工具，当然也是对乘客要求最为严格的交通工具。作为现代女性，如果不能够遵守乘坐飞机的规范与要求，一定会影响女人的外在形象与人际关系。

那么，女性朋友们在乘坐飞机时要注意哪些细节呢？

1.登机前应提前到达机场

登机前需要办理各种手续，因而应提前到达机场，留充足的时间办理登机牌和接受安全检查。在接受安全检查时，一定要主动、自觉地配合，切不可以一种事不关己的态度拒绝配合。这些都是不文明的行为，轻者会影响你在周围人心目中的形象，重者可能会给自己带来很多麻烦，引起官司上身。

2.乘机时尊重空乘人员打招呼

在上下飞机时，均有空乘人员站在机舱门口迎接，对于来自空乘人员的热情问候，应给予礼貌的回应，你可以点头致意或致谢，但不宜失礼。乘坐飞机途中，在遇到空乘人员送来食品或饮料时，引导方向时，或接受帮助时都应主动致谢。对于空乘人员的管理，应主动配合，不能有意地向空乘发难，更不能把自己的怨气发泄在空乘人员身上。

3.善待其他的乘客，不与其他乘客发生争执

女性朋友们，登机后，应主动按秩序对号入座，不能有意地抢占他人座位。找到座位后，应将随身携带的物品放在座位上方的行李箱中，不能把行李放在过道上或者是其他人的座位上，占用他人的空间，那样会给他人带来不便。

4.登机后，按照空乘人员的要求去做，主动遵守规章制度

乘坐飞机时，要严格遵守乘机规定。为了安全起见，在飞机起飞或降落时要系好安全带。为了大家的安全一定要关掉自己的通信设备、便携式电脑、游戏机等电子设备以免干扰飞机的飞行系统，发生严重的后果。

5.优雅地享用飞机上提供的饮料与食物

飞机上会为大家提供免费的食物和饮料，在食用这些食品和饮料的时候也要遵守一定的礼仪。在享用食物的时候一定要注意不能影响到周围的人，做到优雅用餐。对于需要饮酒的乘客，可以适当地饮一点，但不能在飞机上酗酒。对于飞机上提供的不限量的免费饮料应合理使用。不能因为是免费的就狂饮饮料，否则可能会因为洗手间有限而发生尴尬的事情。应先要一种饮料，等喝完以后再要，以免饮料洒落。同时，在空乘人员向大家分发饮料的时候，坐在外面的旅客应主动询问里面的旅客需要什么，并帮助空乘人员递进去。

6.自觉爱护飞机上的设施，保持机内卫生

飞机上会给旅客提供一些必要的物品以供使用，作为有修养的女性，你要爱护这些物品不能有意地损坏。对飞机上禁用物品，也不能乱摸乱动，更不能把这些物品据为己有。同时，为了营造良好的机内环境，避免自带一些会制造垃圾的零食。要保持机内卫生，还应注意保持洗手间的卫生，如果需要去洗手间的话，应按次序等候进入。

乘飞机时的礼仪要求，除了上述几点外，还有很多。女人如果想要在飞机上展现自己的优雅与魅力，就不能忽视自己的一举一动。只有这样，才能给周围的人留下良好的印象，成为社交场上魅力四射的女人。

※出席社交晚宴，如何表现优雅气质

无论是参加朋友聚会还是商务宴请，这些场合都是女性在社交活动中经常遇到的。在这些场合，我们既可以和老朋友相聚，又可以结交新的朋友，因而可以说是女性广结朋友的场所。这样的场所也是女性展现自我魅力与气质的地方，但是如果稍不注意的话，也可能成为女性社交失败的场所，因此掌握一些社交晚宴的礼仪对女性来说，也是很有必要的。

那么，社交晚宴上都有哪些礼仪？现在我们一起来学习一下。

1.对于来自他人的邀请，应准时参加

无论参加什么形式的宴会，准时参加是社交礼仪中最基本的礼仪要求。某些女性总喜欢姗姗来迟，其实这是不礼貌的行为，既体现不出对主人的尊重之情，同时对于其他人来说也会留下不好的印象。因而，在参加宴会前一定要留足时间来处理其他的事情，尽可能地提前赶到宴会现场，如果实在无法准时到场的话，要及时用电话通知对方，同时还应把原因说明，并向对方表达自己的歉意。无论是早到还是晚到都不能忘记同其他人打招呼，并向组织者表达谢意。

2.着装得体，适合出席场合的需要

根据出席的场合来选择自己的着装，着装适合场合的需要也是女性所必须掌握的宴会礼仪之一。因而，女人在参加宴会前一定要先了解清楚宴会的性质，要让自己的穿着符合场合的需要；否则的话，在整个宴会当中，你可能会显得格格不入，影响到你的心情。在选择配饰的时候，无论是佩戴的饰品还是你的包包都要与你的服装相协调。一旦落座以后，要将自己的包包放在座位与背部之间。

3.用餐时，应注意保持姿势优美，动作轻缓

在用餐时，女性应该保持优美的姿势，无论是落座还是饮酒都应做到轻盈柔美，不能因为一时的疏忽，而影响他人的兴致。具体要求：落座时，以左侧入座为佳，同时要将椅子向外拉开，然后轻轻走到桌子前面，在身体几乎与桌子碰到的距离站直，等待领位者把椅子推进来到腿弯处，便可座下。坐

下时姿势端正，不能倚靠桌面。在享用食物的时候，要做到缓慢有致，细嚼慢咽，尽量不发出任何声响，以展现淑女风范。若没有特殊情况，中途最好不要离席，如确有需要须先与同桌人打招呼后方能离去。

4.饮酒也须讲究礼仪

中国人自古就有热情好客的传统，这点在酒席上更是体现得淋漓尽致。无论是宴会的组织者还是被邀请者，用餐时都应讲究礼仪。对于宴请者来说，做到文明敬请，真心诚意地表达自己的意思就可以了，如果对方实在不胜酒力的话，也无须勉强。对于敬酒者则要求双手持酒杯，上身挺直，双腿得站稳，热情大方地邀对方饮酒，只有待对方饮完酒以后，方能跟着饮酒。作为被敬酒者如果实在不胜酒力的话，可以主动要求以果汁代替，或是让对方在自己杯中稍许斟一些酒，然后以手轻轻推开。不能为了躲避主人的热情而把酒杯藏起来，或是倒翻过来，甚至把所敬的酒悄悄倒在地上。

总之，在社交晚宴上，女性在自己的举手投足间都要展现出自己应有的魅力。也许有的女性正为此而担心，其实只要用心学习，相信你也可以成为餐桌上的礼仪达人。

打高尔夫球的礼仪

随着社会经济的发展，越来越多的年轻女性喜欢上了高尔夫球这项运动。与其他运动相比，高尔夫球运动的要求要严格得多。高尔夫又被称之为“绅士运动”，它包含有许多的仪礼常识。因此，女性朋友们如果想在高尔夫球场上展现自己的修养与魅力的话，那就不能忽略了高尔夫礼仪的常识。

1. 高尔夫球场上的基本礼仪

(1)确保安全第一，按照预约时间准时到达球场。因高尔夫运动的特殊性，所以在运动时一定要强调安全性，充分认识到高尔夫球和球杆的坚硬程度可能会给他人带来伤害。因而在练习挥杆击球的时候一定不要在有人的地方进行，避免身边有人行走时挥杆，也不能挥动着杆子从他人身边走过。去高尔夫球场前一定要事先预约时间，并且按照约定好的时间提前到达等

候开球，

(2)着装得体，对待球友彬彬有礼。高尔夫运动是一项很高雅的运动，它要求参与者都要穿着统一的服装，上身穿着有领有袖的恤衫，棉质休闲长裤，特制的胶底球鞋。同时，它还要求参与者要尊重其他球友，尊重他人，处处体现出绅士风度。在第一洞发球前与球友互致问候，当对方开出好球后应及时地奉上自己的称赞。

2. 高尔夫发球区域的礼仪

高尔夫发球台是每一轮、每个洞打球开始的地方，俗话说，“良好的开始是成功的一半。”由此可见，发球台上的礼仪也是整个高尔夫球运动环节中最重要的部分。发球台上的礼仪要求如下：

(1)替他人着想，远离视线，保持安静。众所周知，球员在发球的时候需要全神贯注，有时稍有一丝响动或是晃动都可能影响击球的质量，因而，当他人发球的时候，一定要保持安静，不能在场上跑来跑去。如果允许的话，可以远离发球人员的视线；需要讲话的时候，也要尽量压低声音，更不能在发球区域接打电话。

(2)根据实际情况选择发球台。高尔夫球场上通常会提供不同的发球台标志，以供不同水平的球友们同组打球。对于女性朋友来说，根据自己的情况选择适当的发球台也是高尔夫礼仪之一。对于初学者来说，通常选择离洞较近的发球台；红色发球台是专供女性球员使用的，而白色发球台则适合于那些水平一般的一球员，如果是富有经验的高手则需要选择蓝色发球台或更靠后的发球台。当然，无论选择哪组发球台，都不能忘记离开时把自己用过的球托捡起来。

(3)控制打球速度，不能影响到他人。打球的时候一定要控制打球的速度，不能延误其他球友的时间，但也不能赶时间。作为一名有修养的女性，你在打球时一定要时刻提醒自己保持合适的球速，这样可以帮助你紧随前一组球员，并确保不会影响后面组的打球。同时还应注意，不能让自己的球与前一组离得太近，因此，可以在前一组所有队员都离开击球距离范围后再开始击球。当然，如果由于自身的原因，还没有准备好或其他因素影响到后面球员的打球时要主动礼让，让对方先行通过，这也是高尔夫礼仪所要求的。

3. 球道及果岭上的打球礼仪

（1）球道打球时要正确地处理削起的断片和打痕。在球道上打球的时候，时常会削起一片草皮，并随着挥杆的动作抛向空中，这是很正常的事情，但是击球完毕后，离开前应将草皮断片捡回放在原处，并用脚轻轻踩一踩，使其重新生长。修复打痕的最佳方法就是把混合了草籽的沙子填在打痕处然后用脚踩平。

（2）果岭草皮应悉心呵护。球员在果岭上行走时一定要轻柔，切忌跑动，行走时双脚拖起，以免在表面留下划痕，更不能将球车或手推车推上果岭。当球下落在果岭上留下凹痕时，球员必须对自己的球造成的球痕进行修复。

在高尔夫球场上运动时，除了需要遵守以上几条规则外，需要掌握的礼仪知识还有很多。总之，女性想要在高尔夫球场上展现自己的修养与品位，就要时刻注意自己的一言一行，不让自己的行为破坏自己的良好形象，做一个高尔夫球场上的翩翩淑女。

送去温暖和关怀，探病有哪些讲究

当亲友、同事、同学患病时，前去探望、慰问，是人之常情。也许有些女性认为，探望病人是一件很简单的事情，只要拿些礼物前去慰问就可以了。其实，并非如此。如果探望病人的礼仪周到，那就会给病人精神上和身体上带来好处。相反，则可能会适得其反。因而，我们说探望病人也是一门学问，对于女性朋友来说，也是必须掌握的礼仪。那么，探望病人时应遵守哪些礼仪？

1.探望病人前，先提前预约，按照安排好的时间准时到达

大多数医院对于亲属探望病人都有明确的规定与时间安排，一些传染病医院及妇产医院的规定更为严格，因此，前往医院前一定要先提前预约，只有了解清楚了探视时间和病人接受治疗的安排情况后才能前去探望。一旦约定好时间，就一定要在规定的时间内去探望病人，避免影响病人的休息和接受治疗；否则的话，不仅会让自己白跑一趟，同时也会让你显得很失礼。

2.选择合适的礼物去探望病人

女性朋友们前去探望病人，通常都会带一些鲜花、水果之类的礼物。探访病人时，选择什么样的礼物没有严格规定，只要能够使病人心情愉快且无害于健康就可以。但是对于一些特殊的病人，则要注意区别对待。因而，在选购礼物之前一定要对其所得的疾病有所了解，然后根据具体情况选择礼物。

3.探望病人时要注意自己的神态表情和言谈

由于特殊的心理状态，人在患病的时候一般内心都比较敏感，因此探望病人时一定要注意自己的神情与话语。在神情上要保持轻松和关切，既不能显得过于担心而表现出紧张的表情，也不能在说话时表现出兴高采烈的样子。最好能够神情自然，语调轻松地询问病人的身体状况及治疗效果。当病人向你讲述病情的时候，一定要细心聆听，不能表现出一幅心不在焉、左顾右盼的样子。

说话时要注意选择合适的话题，探望病人时可以多说一些轻松、宽慰的话，以利于病情的恢复。也可以多回忆一些美好的时光，说一些鼓励的话，淡化病人的苦闷心境，增强病人战胜疾病的信心。总之，要选择一些轻松的话题来与病人交谈。

4.注意探望的时间

因为病人患病期间精神状态不好，需要多休息，因而探望病人的时间不能太长。作为一名有修养、懂礼仪的女性应该从病人的健康角度来考虑，能够适时、婉转地结束探望。探视病人的时间一般控制在十几分钟左右为宜，最好不要超过半小时。这样一方面可以让病人有充足的时间休息，避免因过度疲劳影响身体的恢复；另一方面，可以避免因自己长时间的探望而影响到其他病人的休息。

5.结束探访告别时的礼仪

当结束探访起身告别时，应先询问一下病人是否有什么需要帮助办理的事情，如果需要帮助的话，应尽力帮助。离开前不能忘记了嘱咐病人要好好休息，并祝其早日康复。如果病人提出前往相送的话，应谢绝病人的送行。

6.探望病人的禁忌

(1)注意自己的仪容仪表，不宜穿着过于鲜艳的衣服，更不宜化浓妆。

(2)进入病房前要敲门，征得病人同意后方可进入，在进出病房时要保持安静，以免打扰他人休息。

（3）谈话时要注意病人的忌讳，对于患绝症的病人，不能谈及病人患病的真情。

以上几个方面，是在探望病人时需要注意的礼仪细节，女性朋友们在探望病人时，如果能够严格遵守这些礼仪要求，一定可以给病人的身心都带来好处，有利于病人的康复。如果你也在为如何探望病人而烦恼的话，那么就按照上面的要求做吧，相信结果一定会让你满意。

文明先行，别在乘车时失礼

荀子曰："人无礼则不生，事无礼则不成，国无礼则不宁。"由此可见，礼对社会生活有着重要的作用。女性朋友们在公共场合，不懂得礼就会失礼。不仅如此，就连乘车也是有"礼"可讲的。如果不懂得乘车礼仪，坐错了位置或是坐错了车的话，那么你的完美形象肯定会大打折扣。因此，掌握乘车礼仪对女性朋友们来说也是十分必要的。

那么，乘车时都有哪些礼仪，女性朋友们应该如何做呢？

1.等待车辆到来时的礼仪

外出时，如果是乘坐出租车或公交车，那就需要等待车辆的到来。对于乘坐公交车的乘客，需要在站台上指定的位置排队等候，对身边的老弱病残孕要有所照顾。当然，如果是乘坐出租车的话，既可以预订，也可以在路边出租车乘降点随手拦。打车时一定保持风度有佳，看到出租车司机后不能大喊大叫，也不能大幅度地挥手。等到出租车司机看到时，用手缓缓摆动一到两次就可以了。

2.上下车辆的礼仪

根据乘坐的车辆、同乘的人员不同，上下车辆的礼仪也有所不同。

（1）乘坐公共车辆时，按排队顺序依次上车。上下车的时候，应兼顾一些需要照顾的人群，不能拥挤。上车以后要主动刷卡或买票。如果车门已经关闭，不能强行拍打车门，更不能追在车门处跑。如果看到有需要帮助的人，应主动让座；如需要下车的话，应提前一站做好准备，向指定的下车位置移动。

(2)如果是与客人或一些重要的人物一起乘坐车辆时，则应让领导或客人先上车，自己后上车；上车的时候应主动打开车门，同时左手固定车门，右手护住车门的上沿，防止客人或领导碰到头部。当对方安全上车后，应轻轻关上车门。下车时，礼仪相同。

在特殊情况下，如果对方送出的人较多，则上车的时候应该是其他人先上，留下领导与同车的人陪同道别，等候领导上车以后才能开车离去。如果到达目的地后，对方已派出人来迎接，那么则要等领导下车后，其他人才能下车。如果乘坐的是面包车，则由领导边上的人为其开门，然后再退到后排，为领导下车让道。当然，如果是乘坐轿车的话，对方的人自会上前为领导打开车门。

(3)在其他正式场合，女士、长辈、上司或是嘉宾先上车，最后下车。

3.乘车时的座位礼仪

(1)乘坐公共车辆，应视具体情况，上车以后不能抢座，也不能占座，如果他人需要帮助的话，应主动让座。

(2)独自乘坐出租车时，应坐在后排。如果与男士同乘，则要坐在后排右边。如果是多人同乘的话，则要坐在副驾驶的位置上，以便于付款。

(3)乘坐公家车时，要等待别人为你开门，且上车后要坐在后座。且不能与司机闲谈，到达后向司机表达你的感谢即可。

(4)接待外宾乘车时，通常选用轿车，因档次较高坐起来也比较舒服。或是乘坐吉普车，副驾驶室为上座，后排从右到左由尊而卑。总体来说，乘坐轿车时，副驾位置为尊座，从前到后座位各排依次递减，在每排座位上又讲究右高左低。

在社交活动中，尤其是许多正式场合，无论是上下车的礼仪，还是座位礼仪，不仅仅要认真讲究，而且还要在社交活动中认真遵守。如果女性朋友们能够遵守这些乘车礼仪的话，一定可以在公共场合给他人留下完美的印象，让自己成为社交场上的魅力女人。

小小洗手间，也能展现你的仪态

洗手间是每个人都必须使用的场所之一，家中的卫生间是私密的地方自不必说，而在公司、商场、车站等场所，不可避免地要使用公共卫生间。某种程度而言，女人是否了解和讲究洗手间的使用礼仪，可以从侧面反映出她的个人修养与素质。因而社交场上，女人如果想要给他人留下良好的印象，就应该掌握一些洗手间的使用礼仪。

家中的卫生间作为私密场所，自然都会格外注意。那么，如何使用公共场所的卫生间呢？在使用的时候要注意哪些方面呢？

1. 上卫生间时，如果人多则需先排队

在公共场所，使用卫生间的时候，可能会遇到洗手间被占用的情况，这时后来的你一定要在卫生间的入口处排队等候里面的人出来。这样的话，如果里面有人出来，排在第一位的人就可以首先如厕。

2. 使用卫生间时，要保持干净

在公共场所使用卫生间时，要注意保持卫生间内的卫生。使用时，要按照要求来做，不能踩踏马桶，使用完以后要用清水冲干净。如果使用时不小心弄脏了马桶的边缘也要自行清理干净，这样才不至殃及下一位使用者。还有需要女性朋友们注意的是，个人卫生用品应放在指定的位置上。如果图一时的方便将这些丢入马桶内的话，则可能会造成马桶堵塞。

3. 爱护公共卫生间内的设施及用品，不违规使用

公共场所的卫生间是方便大家的，在使用的时候，要像使用家里卫生间一样爱护里面的设施和用品。对于卫生间内的冲水手把，有的位于马桶后方用手拉，有的设置在地面上用脚踩。相对而言，用脚踩的方式是最符合卫生标准的方式。如果是用手拉或是按的方式，女性朋友在使用的时候，如果害怕冲水时被污水沾上或是把手上面有细菌的话，不妨用卫生纸包住把手，再按冲水。同时，卫生间内提供的卫生纸等用品，虽然是供大家使用的，也不能因为免费便故意浪费，这也是一个有修养讲礼仪的女人所必须知道的。

4. 使用厕所时，要按照要求开关门，以免造成尴尬局面

公共场所的卫生间都在内部设有门锁，尤其是在火车等交通工具上卫生间，如果正确的锁上门后会在外部显示出目前卫生间内有人。进入卫生间，要及时从内部把门关好，并且锁好。以防正在如厕之际，对方不知而推门而入。当然，出去的时候，则应在门上留一条缝隙，这样后来者一眼便可以判断出里面没有人。等待如厕的人要懂得礼仪，进卫生间时要先敲门，判

断里面没人时再进入，以免给双方尴尬。

5. 从洗手间内出来后，在洗手台时也要注意卫生

女性朋友们在洗手时，也应注意自己的一举一动，不能因为细节问题，给他人留下不好的印象。很多洗手台旁边都会放有擦手纸或烘手机；洗完手后，要抽取一些纸张把手擦干净，把使用后的纸丢入纸篓里；然后，再把双手伸到烘手机下吹干。在清洗手的时候，要节约洗手液，不要因为免费使用起来毫无顾忌。

6. 根据指示牌指示，文明使用

在公共场所使用洗手间时，要注意旁边的标示；有时，遇到清洁人员清扫卫生，洗手间暂停使用时，不能坚持使用而影响他人工作，可以稍等片刻或去就近的洗手间。对于一些交通工具上的洗手间会在即将到站前停止使用，也应严格遵守。同时，女性朋友们在使用卫生间时，应避免发出一些怪声响，避免洗手间内外的人都感到尴尬。如果实在情况紧急的话，则应学会用冲水的声音来掩饰。

另外还需注意的是，女性朋友们在走出洗手间前，一定要察看自己的衣装是否整洁，是否有哪些不妥的地方。作为女性，一边整理衣物，一边往外走也是一件很不雅观的行为。

卫生间里的行为举止，是一个人文明素养的最直接展现，因此，女性朋友们在社交场合使用卫生间的时候，要注意自己的行为举止，避免一些不文明的行为发生。只有这样，才能给他人留下良好的印象，让洗手间成为女性展现文明素养的“舞台”。

留个好印象，电梯里也该礼让

现代社会生活节奏越来越快，在高楼林立的楼宇中，电梯成了人们基本的代步工具。在狭窄的电梯空间中，往往最能体现一个人的修养与素质。因而，女性朋友如果想在公共场所给他人留下好的印象，那就应该掌握一些乘坐电梯的礼仪常识。

1. 使用电梯应遵守的基本礼仪

(1)等候电梯时遵守的礼仪。早晚上下班高峰期,用电梯的人很多,许多人都站立在电梯门口处等候,眼看着停止的数字,个别女性会急得在旁边直跺脚,甚至走来走去或者不停地按压电梯指示按钮。一旦电梯门打开,许多人会争先恐后地走进去,其实这就是不文明的现象。一个真正有修养的女性会依次排队等候电梯,当电梯到来时,先请里面的人下来后,方可按次序进入电梯。

(2)进出电梯应有秩序,主动为他人提供帮助。进入电梯后,先进电梯的人要按着“开门”的按钮到大家都进去后再放开。出电梯时,站在电梯门口的人应先出来,如果自己的后面有需要出电梯的人应主动让出位置,节省大家的时间。

(3)进出电梯时应注意安全问题,不强行进出电梯。为安全起见,当电梯门关闭时,不能强行进入。当你已进入电梯时,要耐心等候身后的即将快步到达者。如果电梯出现超载时,也不能心存侥幸,强行进入。如果电梯在升降过程中出现故障,要耐心等候维修人员到来,切不可冒险攀行。

2. 与他人同乘电梯时的礼仪

通常情况下,经常出入于社交场所的女性会遇到与自己的上司或客户共同乘坐电梯的情况。根据不同的情况,所要遵守的礼仪也是不同的。

(1)与上司共乘电梯时,作为下属应站在电梯口开关处,这样的话可以在开关电梯时为上司服务。进电梯时要主动请上司先行进入,自己随后进去。因为电梯的空间狭小,所以讲话最好不要有肢体语言。

(2)若与客户共乘电梯,等待电梯打开时要先行进入电梯内,然后一只手按住“开门” 按钮,另一只手按住电梯侧门,并礼貌地说“请进”,然后按下客户所要到达的楼层。在电梯内站立的时候要保持侧身面对客户。到达目的楼层后要一只手按住“开门”按钮,另一只手做出请出的动作,同时还可以说:“到了,您先请。”

3. 日常乘电梯禁忌

(1)进出电梯时,不站在接近门口的位置。

(2)电梯内禁止吸烟,并尽量避免交谈。

(3)不能在电梯内对着镜子化妆,更不能整理自己的衣装。

(4)电梯空间狭小,女性朋友应避免过度使用香水,以免影响他人。

（5）电梯内部越靠内，位置越尊贵，因而乘坐电梯时要把这个位置留给一些地位、身份高的人。

（6）如果在使用电梯过程中遇到老弱病残者，要主动帮助他们上下电梯。

作为一位有修养、有魅力的女性，无论是在公开的场合还是在电梯这样狭小的空间，你都要严格要求自己。如果你能够做好以上这几点，相信你很快就可以成为大家眼中的“淑女”。那么，你还在等待什么，马上行动起来吧。

第七章※国际礼仪，走出国门时女人更要尽显仪态

随着时代的进步与社会的发展，许多女性的社交圈子越来越广，甚至有些女性已参与到国际交往中来。女性朋友们应该意识到与外国人交往时，你的形象代表的是国家的形象，民族的形象。因而，女性朋友与外国人交往时为了维护自身的形象和国家的形象，必须遵守涉外交际礼仪，给外国人留下一个完美的印象。

涉外礼仪有哪些基本原则

随着社会的进步，女性的社交活动范围越来越大，已经走向国际化舞台。在涉外交际中，女人的礼仪修养已经从仅仅代表个人形象，更多地扩展为代表国家的形象和尊严。在对外社交活动中，女性不仅要懂得国内的礼仪要求，也要懂得一些国外的礼仪细节。只有这样，才能避免在对外交往中出现差错，影响个人和国家的形象。

涉外礼仪的基本原则如下。

1.个人的仪容、仪表和仪态礼仪

无论在哪个国家，个人的仪容、仪表和仪态礼仪都是所有礼仪中最基本的礼仪。对于女性来说，想要在涉外交际中展现自己的魅力与修养，不仅仅需要拥有良好的仪容和完美的仪表，更需要保持优雅的体态。只有这样，才能在交际中给他人留下美好的印象。具体要求有：仪容礼仪要求面容干净，且化着精致的妆容。仪表要求女性的服饰得体，且能凸显个人的品位。仪态要求女性的言行举止都能展现出女人的温柔、高雅、自信和美丽。

2.注重说话礼仪

除聋哑人外，虽然每个女人都会说话，却并不是所有的人都能把话说好。作为一个有修养、懂礼仪的女人，你要懂得注重自己的说话礼仪。具体要求有：所说的话不仅要与身份相协调，还应注意说话时的神态表情。一个有修养的女人说话，不但要神情矜持和蔼，语速适中，语调适当，给人一种优美的视听享受，而且要注意说话的内容，懂得说话的艺术与技巧。

3.做人信守承诺，守约遵时

人际交往中，信守承诺、遵时守约是极为重要的礼仪。无论在什么场合下，答应他人的事情，就要讲信用，按时做好。与他人约好时间就应准时到达，无论是过早到达，还是姗姗来迟都是一种失礼的行为。即使要因事迟到，也应该尽早地通知对方，并向对方表示歉意。在国际交往中，失约和超时都是一种极不礼貌的行为。

4.讲礼貌,尊重他人

在国际交际礼仪中,说话讲礼貌是一个人讲礼仪的表现,这样可以使说话的人受到尊重。因而,在对外交际中,要把“您好”、“谢谢”、“对不起”等礼貌用语常挂嘴边,既可以体现出说话者的修养,又可以体现出对他人的尊重。

5.尊重他人的隐私

在国际交往中,尊重他人的隐私也是很重要的礼仪规范之一。尊重他人隐私体现在:不过分关心他人的事情;在交谈中,要回避一些涉及个人隐私的话题,如年龄、婚姻、收入、财产状况等。尊重他人的隐私还包括不擅自进入他人的领域,如果要拜访他人,应提前预约,在进入他人房间前请先敲门征求意见。

6.女士第一

“Ladies first”即女士第一或女士优先,这个原则是国际礼仪中很重要的原则。这一原则要求,在任何时间、任何场合、任何情况下,女士都必须在各个方面受到尊重、照顾、被帮助和保护。因而,若与男士在一起的话,女士一定要给予男士表现的机会。

7.交际双方地位平等,交往中要保持人格平等

在国际交际中,两国之间的地位是平等的。因此,当与外国人交涉时要保持人格平等,不卑不亢,这也是国际礼仪的重要原则。在双方交往中,要据实说话,既不能过于自卑、谦虚,也不能过分骄傲,甚至虚张声势。

除了以上礼仪原则之外,在国际礼仪中还有入乡随俗的礼仪原则,这些综合起来构成了涉外礼仪的基本原则。在国际交往中,学习和了解这些原则有助于女性更好地掌握涉外礼仪,在对外交往中展现女性良好的修养,树立完美的形象,从而维护国家的美好形象。

与外宾见面,要掌握哪些礼仪

对于一个人来说,礼仪是一个人思想道德水平、文化修养、交际能力等方面综合素质的反映。女性朋友们在与外国人见面的时候,如果想给对方留下美的印象,展示出个人的魅力与修养,那就必须懂得一些涉外见面礼

仪。那么,涉外见面礼仪的讲究有哪些?女性朋友应该如何做呢?

1.见面介绍礼仪

女性朋友们在与外国人交往中过程中,如果在交际场上结识朋友的话,需要向熟悉的人进行介绍。这种介绍既可以通过第三者进行介绍,也可以是自我介绍进行认识。当女性进行介绍的时候,要做到大方自然,并且在介绍他人时,还要有礼貌地以手示意。在为他人介绍时,一定要记得尊重他人的意见,先看双方是否有结识的愿望。

在涉外介绍礼仪中,当向他人作介绍时也应遵守长幼之序、男女之别。通常情况下,应先把身份低、年纪轻的人介绍给身份高、年纪大的人;把男士介绍给女士。同时,在介绍的时候,除了妇女和长者,其他人应起立以示尊重。如果在宴会桌、会议上进行介绍的话,被介绍者只要向对方点头微笑示意即可。

2.见面握手礼仪

在大多数国家双方见面时都会握手,这在社交场合也是很普遍的事情。通常情况下,两个互相陌生的人,见面后会握手。如果是关系亲近的两人则可以边握手边问候;如果双方是朋友关系的话,则会先打招呼,然后相互握手并寒暄致意。握手时间的长短可以根据两人之间的关系来定,如果是关系亲近的人可以长时间地紧握在一起。一般情况下,只需要轻握一下就可以了。

同时,在社交活动中,那些年长者、身份高者和妇女应先伸手,对方则应等待前者伸出手才能握。握手时,应注意用目光注视对方的眼睛,同时还应面带微笑地向对方致意。

3.双方见面时应致意

与外国人交往时,如果在公众场合遇到熟人的话,要举起右手打招呼并同时点头致意。在有些国家,双方见面时,如果男士戴帽子的话,还会行脱帽礼,等到离别的时候再把帽子戴上。如果有一面之交或是不相识者在社交场上相遇的话,只要目光对视或点头微笑致意即可。

4.一些特殊的见面礼节

在西方的一些国家,还有一些见面拥抱、亲脸、贴面颊等礼节,这些礼节根据不同的对象也有所区别。例如,拥抱亲吻的礼仪通常在夫妻之间进行,而父母和子女之间则往往是亲脸或额头。如果在公共场合，一些关系亲近的妇女之间都是亲脸，男女之间可以贴面颊。有时在一些欢迎宾客、祝贺、感谢的隆重场合，也会有拥抱的礼节。

5.与身份高的领导见面的礼节

女性朋友们在社交场上，如果遇到身份较高的领导时，不能主动上前握手问候，可以先向对方礼貌地点头致意；对方主动伸出手相握时，要及时地伸出自己的双手与之相握。在社交场上，即使遇到身份地位高的熟人，也不能径直走上前去问候，要先看准时机，只有等到对方在休息时间时才能前去问候。

以上这些都是女性朋友们在与外国人见面时应注意的一些礼节，有时国别不同，见面时的礼节也会有所不同。因而，女性朋友在与外国人交际之前，最好能够先对交际对象有深入了解，只有这样才能确保在见面时不会因为一些无知而造成尴尬，确保在与他人交往时留下完美的印象。

与外国人谈话要遵循的礼仪

在社交活动中，女性朋友与外国人交往时，不仅要在见面时给对方留下完美的印象，更要在以后的交往中，保持良好的形象。那么，女性朋友们在外国人谈话时应注意哪些礼仪呢？

1.注意谈话时的表情、语气及表达方式

女性朋友们在与外国人谈话时一定要让自己的表情自然，语气亲切、平和，不能刻意讽刺、挖苦对方。谈话过程中，要目光注视对方，以示专心。对方发言的时候要细心聆听，集中精力，既不能左顾右盼，也不能做一些无聊的事情或是做出漫不经心的动作。如果需要做手势的时候，可以适当地做出一些手势，但是要注意动作幅度不能过大，更不能在社交场上手舞足蹈。与对方说话时应注意双方之间保持距离适中，不能离得太近，但也不宜太远。说话的时候要表达得体，通常情况下首选通用的语言进行交流。

2.交谈中要给他人表达的机会，照顾到全场的所有人

与外国人谈话时，要给予他人说话的机会，不能只顾着自己。如果别人

说话时,要适时地发表意见,可以等到对方表达完自己的观点时,再发表自己的看法,不要轻易打断别人的发言。如果在场谈话人数超过三人的话,应和在场的所有人攀谈,不能冷落他人,不能只和其中一人交谈,让第三者受到冷落。

如果他人谈话时,想要插话进去的话,要先向对方打招呼,征得他人的同意。如果对方在谈论一些私事的话,则要避开,不能上前旁听,等到对方说完以后再前去打招呼。在社交场合,有人与自己主动说话时,要以握手、点头或微笑表示欢迎。在谈话中,如果因事需要打断或暂时需要离开的话,要先向对方打招呼,表示自己的歉意。

3.注意谈话内容,找准合适的话题,某些情况下慎重发表自己的看法

与外国人谈话时,谈话的内容不要涉及疾病、死亡等不愉快的事情,更不能谈一些荒诞离奇、耸人听闻的事情。同时还应注意谈话内容不涉及年龄、收入、财产等个人隐私。对于对方不愿意回答的问题,要学会适可而止。当然,如果对方向你问及一些不方便谈论的事情,要谨慎对待不能轻易表态,可以巧妙地转移话题。

4.注意自己的言辞,不要恶语伤人

社交场合,女性朋友在与外国人交谈时一定要注意自己的言语,多使用一些礼貌用语,见面时应多问候别人。同时谈话过程中,对于对方不愿谈及的话题,不能过多纠缠,更不能在情绪激动的时候恶语伤人。如果在谈话过程中双方出现争执,则要平静对待,既不能高声辩论,也不能指责对方,辱骂对方;谈话结束时,双方还须握手告别。

社交场上,女性朋友们在与外国人谈话的时候,想要给对方留下完美的印象,就应遵守这些谈话礼仪。否则的话,会影响对方对我们国家的评价,影响对我们个人的评价。这些礼节看似繁琐,其实只要用心,相信每一位女性朋友都可以成为涉外谈话中的魅力女性,为自己树立良好的外交形象。

拜访外国人的礼仪

中华民族素有"文明古国"、"礼仪之邦"之称。我们不仅要在中国人之

间交往时讲礼仪,更要在与外国人交涉时遵守礼仪规范。女性朋友们如果决定要去拜访外国人,最好能够先了解一下有关拜访外国人的礼仪常识,这样才不至于出现任何失礼之处。那么,在拜访外国人时应遵守哪些礼仪规范呢?

1.拜访外国人前要事先预约

如果打算去拜访某位外国人,一定要事先征求对方意见,提前预约。未经约定不邀而至或未经允许就前往其私人居所进行拜访都是失礼的行为。在商定预约时间时,一定要避开节假日,用餐时间,早晚时间,以及对方不便的一些时间。通常情况下,拜访的时间宜选择在上午十时或下午四时,尽量预约这个时间段的时间。如因急事或事先并无约定,但又必须前往的话,则应尽量避免在深夜时分前去打搅。如果万不得已的话,则见面后应先表示歉意,说声"对不起",并说明打搅的原因。

2.按照约定时间,准时到达

如果一旦约定时间,那么届时一定要按照双方约定的时间前往拜访。这不仅仅可以体现出女性朋友遵约守时的优良品德,更可以体现出对对方的尊重之情。在国外,无论是迟到还是早到都是一种不礼貌的行为。如果到时因故不能前往的话,一定要及时通知对方,并向对方表达自己的歉意。如果有必要的话,可以更改拜访日期。

3.到达后,须先通报,后进入

到达目的地后,如果还没有见到拜访对象或任何前来迎接的人员,那么应先向对方通报一下,告诉对方已经到达指定地方,遵从对方的安排。切忌没有经过对方允许直接进入对方的办公室或私人居所的正门。

4.进门时的礼仪

若门口无人相迎,进入时需要先敲门,主人开门相迎时,要主动向对方打招呼问好,互行见面礼。若对方人数众多时,要按照先尊后卑或由近及远的顺序一一行礼。然后,跟随主人的引导,进入指定的房间,不能擅自闯入其他地方。

5.拜访时要举止文雅,谈吐有度

在拜访外国友人时一定要注意自己的言行举止,时刻不忘以礼待人。无论是说话做事都要遵守礼仪,不说有失礼仪的话,不做唐突的事情。在主人家里既不能不拘小节,随便地脱衣、脱鞋、脱袜,更不能随便乱动主人的东西。如果主人提供一些小吃和饮料的话，最好不要拒绝；如果实在不习惯的话，也不必勉强。未经主人同意，客人不能要求参观主人的居所，即便是得到主人的邀请参观居所，也不能随意动触动室内的陈设及个人物品。

6.具有时间观念，把握停留时间

在拜访友人时，要注意在对方的办公室或私人居所停留的时间。避免因长时间的停留而打扰对方既定的其他日程安排。通常情况下，礼节性的拜访控制在半个小时以内，最长不能超过两小时。离开时，则要有礼貌地向主人告别，并感谢主人的盛情款待。如果提出告别，对于主人出于礼貌性的挽留，也要表示自己的感谢，请主人留步；如果主人表现出厌恶之情要学会当机立断，主动提出告退。

以上这些都是拜访外国人的一些礼仪，女性朋友们如果能够掌握这些礼仪常识，并把这些规范运用到实践中去，相信一定会在拜访外国友人时，给对方留下美好的社交印象，从而与外国友人建立起良好的交际关系，维护国家的形象。

陪同外宾，要了解的注意事项

在社交场上，女性朋友们可能会作为接待人员接待外国来宾。在整个接待的过程中，免不了会陪同外国来宾进行一些活动。因而，掌握一些陪同外宾的礼仪对女性来说也是必不可少的。那么，女性在陪同外国来宾时应注意哪些方面？

1. 双方见面时的礼仪

（1）相互介绍。初次见到外宾时，陪同人员应首先进行自我介绍，将自己介绍给对方的同时，双手送上自己的名片。然后，可以进行简单的寒暄或是问候。在某些特定的情况下，如果同行的中外双方人士需要作介绍的话，要按照我国的习惯做法先把己方介绍给外宾，然后介绍外宾。

（2）表情自然，热情大方。作为陪同人员接待外宾时，你的形象代表着公司的形象，甚至是国家的形象，因而与外宾交流时一定要表情自然，接待外宾时要热情大方，让对方感受到我们的真诚与尊重。同时，作为陪同人员，你的一言一行一定要端庄、大方，向对方展示出你的修养与气质，给对方留下美好的形象。

2. 行进过程中的礼仪

(1)在道路行进中的礼仪。当陪同人员与外宾一起前行时，可以是并排行进，也可以是单行前进，每种行进方法都有相应的礼仪要求。至于采用什么样的行进方法，可以视具体情况而定，但无论采用哪种行进方法，都应遵照相对应的礼仪要求。

并排行进时，就行走位置以“右为上”或“居中为上”，因而，陪同人员应把上位留给外宾，自己走外侧或是两侧。单行行进时，讲究“居前为上”，这时，陪同人员则需要请陪同对象行进在前。但通常情况下，往往是陪同人员在前方引导对方，作为道路引导者的陪同人员需要侧身面对被引导者，如果遇到路况改变或是特殊情况，还应提醒对方“脚下留神”。

(2)乘坐交通工具时的礼仪。根据乘坐的交通工具不同，礼仪的要求并不完全相同，但基本礼仪大致相同。通常情况下，如果是私家车辆的话，则要请外宾先上车，陪同人员后上。等到达目的地后，陪同人员则要先下车为外宾打开车门，外宾后下车。当然，如果要是乘坐公共交通工具，上车顺序相同，下车时，则要外宾先下，陪同人员应居其后。如果遇到特殊情况，陪同人员应先行一步为外宾引导。

(3)出入建筑时的礼仪。陪同人员在陪同外宾出入电梯或房门时，也需要注意一些细节。进入电梯时，陪同人员应帮助外宾按电梯门，然后进入电梯。若电梯无人驾驶，陪同人员应先行进入负责开动电梯。若有人驾驶，陪同人员应后进电递。离开时，陪同人员后出，或陪同人员位于门口可以先出，然后站在侧边等候外宾出来。

进入房间时，陪同人员需负责打开房门。若门向外开，陪同人员应拉开门后请外宾先进入。若门向内开的话，陪同人员应先进入门内，请外宾进入。离开时，陪同人员仍需要负责打开房门。若门外开，陪同人员先出门，后请外宾出；若内开，请外宾先出。

3. 其他礼仪方面的细节

(1)餐桌上的入座起座、点餐用餐礼仪。陪同人员同外宾一起吃饭时，可以不分身份同起同座，但是若请外宾先入座起座的话，则可以表示对对方的尊重。餐桌上若需要点餐时，应先请外宾点餐。上菜、上酒也应以外宾为先。

(2)外宾的行程及活动。陪同人员只是负责对外宾的活动进行全程陪护，并没有什么变更的权利，如若外宾对其行动提出要求的话，陪同人员也只能向上级报告，且执行上级决定。若外宾对其参加的业余活动提出共同参与的愿望，陪同人员可在综合各方面的因素情况下，热情、积极、主动地参与。

在对外交际中，个人的礼仪修养不仅影响着个人的形象，企业的形象，更会涉及国家的尊严。因此，作为陪同人员，你在与外宾的交际中只有掌握了这些陪同礼仪，才能在对外交往中，展示出自己的修养与魅力，同时体现出对对方的尊重之情。

◎职◎场◎篇◎

礼仪是女人职场大受欢迎的资本

第八章※面试要讲礼仪，让你获得更高的面试分

面试是求职者的综合素质在短时间内的一次集中展示，它不仅是对求职者知识、能力、道德的考验，同样也是对求职者社交能力和修养的大考验。因而，面试过程中，女人如果想要给面试官留下深刻的印象，除了要展现自己的能力外，还应该注重面试的礼仪。只有这样，才能获得面试官的认可，获得心仪的工作机会。

❀ 仪容美丽，为你的成绩加分

你即将去参加面试，也许你正为此愁眉不展，总觉得自己不够自信，害怕在面试中出现失误，功亏一篑。为了让这次面试能够成功，你已经做了充分准备，无论是专业知识，还是重要技能，你都有着十足的把握。可是看着镜中的自己，你对自己的相貌缺乏自信。其实，你不必为此过于担心。想要给面试官留下一个好的印象，只要给自己化一个清新、淡雅、精神饱满的妆容，就能为你的面试成绩增添不少分数。

女人想要在面试中获得成功，给自己化一个面试妆是很有必要的。化妆可以让你的面孔更加精致，精神饱满。

面试中，为了能够取得更好的效果，浓妆重彩是千万不能要的，爽洁、大方、清新的淡妆是你最佳的选择。当然，因为每个人的肤色、应聘的职位不同，对淡妆的要求也就不同。总体上来说，一个成功的面试妆容具体要求如下。

1.展现干净、不泛油光的肌肤

女人想要让自己的妆容，给他人留下完美的印象，首先要注意自己肌肤问题。夏季，如果你顶着满面的油光去参加面试的话，那场面一定会令人尴尬；同时可能会给面试官留下不好的印象。如果想让你的肌肤完美无瑕，粉底的选择很重要，你可以选择一些控油、持久、不泛油光的粉底液来遮盖面部，颜色当然是要选择与自己肤色接近的自然色。当然，如果你的肤色偏红的话，你还可以用一些淡绿色的蜜粉来修饰一下。对于肤色偏黄的女士，粉紫色的蜜粉是你的最佳选择。值得注意的是，在对面部进行修饰的时候，要让脸部的颜色与耳朵脖子的色调保持一致。

2.让线条富有立体感，打造完美的轮廓

女人想要让自己的五官看上去更加生动，可以选择通过妆容来塑造脸部的立体感，使你的轮廓看上去更加完美。首先，需要突出眼部的光彩。你可以在眼窝处适当地画上自然色的眼影，为了达到画龙点睛的效果，可以带点淡淡的珠光色泽。在给眼部化妆的时候，一定要根据自己情况进行；例如，你属于单眼皮的话，那么尽量不要选择暖色的眼影。

3.让色彩突显你的气质

想要在面试中获得成功，既要把自己朝气和干练的一面表达出来，同样也要显示出自沉稳专业的一面。想要给他人留下完美的印象就要注意妆容色彩的使用，既不能使用太多的颜色，也不宜使用一些过于浓重的色彩，这些都将直接影响对方对你的评价。对于妆容色彩的选择以淡雅自然的彩色为宜，如清爽的粉色、橙色系列都可以。

4.发型要与整体气质相协调

头发是女人一个富诱惑性的外露部分，女人选择不同的发型可以给人带来不同的感觉。女人想要让自己外在的形象更美好，可以通过发型的变化来体现自己的整体精神面貌。在面试过程中，对于求职者来说，发型的修饰最重要的就是要整洁、规范、长度适中，且能够保持头发的服贴和恰到好处。如果是长发的话，不能让头发遮住眼睛，刘海不要超过眉毛。总之，发型要最大限度地把自己的优点表达出来。

总之，在面试的过程中，女性要用淡雅自然的妆容塑造出自己的良好形象与气质。给他人留下美好的“第一印象”，最终获得面试的成功。

穿戴得体，给面试官留下好形象

想要在面试中，给他人留下良好的第一印象，着装很重要。成功的穿着所留给他人的第一印象，是考察你能否胜任所应聘职位的重要因素。如果能够掌握一些小的诀窍，你也可以让衣着成为你面试成功的秘密武器。那么，女人应该如何利用穿着给自己的成功加分？

第一，穿着要体现职业和干练，别让不适的服装破坏你的形象。女性的求职着装虽然没有什么特定的模式，但是想要让服装体现个人的能力与气质，那就不能马虎对待。面试过程中，如果想给面试官留下良好的印象，那么你的穿着就要符合面试场合的要求。

女性最好能够选择正装，这样可以为人所接受，且能表达女性气质，同时还可以给人一种端庄稳重的感觉。一些过于时髦和落后的衣服，或者穿起来太紧太露的服装都不利于你的形象建立。

第二，你的着装要符合行业的要求。面试过程中，你的简历可以告诉对方你的有效信息，其实，你的穿着同样可以更直观地反映出你的性格、爱好、品位等多方面的信息。因而，想要让自己的形象给面试官留下“肯定”、“深刻”的印象，就必须让自己的穿着符合面试官的眼光。由于行业不同，因而对面试人员的要求不同，想要让自己的服装符合面试官的意愿，那就先了解一下各行业的具体要求吧。

1.政府或一些企业

想要让自己的着装入这类行业面试官的法眼，你的着装一定要得体，讲究分寸。不能让自己穿着过于艳丽的服装，毁掉自己的形象。

面试着装要点：

（1）最好选择西装或套裙类服装，这是女性应聘职位时最为通用、稳妥的着装。既可以体现出自己的端庄与稳重，又可以体现出女人干练的一面。

（2）色彩上应以一些较深沉的颜色为主，可以选择米色、灰色、黑色、深蓝等优雅而稳重的色彩。避免使用粉红、嫩绿等过于鲜艳的颜色。

（3）如果下身选择套裙的话，一定要搭配上丝袜和款式简洁的中跟皮鞋。在选择套裙的时候一定要保持裙摆的长度盖住大腿，这样的搭配既可以体现女人的稳重大方，又可以表现职业女性的完美气质。

2.时尚行业

能够去一些时尚行业的公司任职，是许多女性的梦想。然而，如何让自己的服装体现自己的时尚感，打动面试官的心，才是最重要的。穿着时尚并不是要你把自己从头到脚都用最流行的服饰包装起来，其实，只要在某个小细节凸显你的时尚即可。

（1）服装以简洁大方为宜，你的穿着应避免追求时尚而流入街头潮流搭配。你需要在服装的色彩和款式上下工夫。

（2）通过巧妙的搭配改变服装的整体效果。想要给面试官留下良好的印象，就要从小处着手，从细节吸引对方的注意力。

3.创意行业

这个行业追求的是天马行空的想法和层出不穷的创意，因而，不会过多约束一个人的思维。当然，在着装方面也不会对应试者有什么要求，你只要穿着一些符合个性的服装即可,但是想要让自己的服装符合面试官的要求,肯定得符合大众的审美要求,一些奇装异服肯定是行不通的。

总体上,既要让你的穿着体现个人的风格,表达个人的品位,同时还要注意不能让自己的穿着过于张扬,给人一种不稳重的感觉。

想要让自己的穿着符合面试官的审美品位,既要让着装符合大众化的审美要求,又要让你的服装符合行业的要求。只有这样,才能让穿着成为你的又一个简历,帮助你取得面试成功。

彬彬有礼,更易打动面试官的内心

随着社会的发展,人口的增多,人们之间的竞争变得越来越激烈。如何能在人才济济的社会中获得一席生存之地,是许多人苦苦思索的问题。只要能够把握机会,取得面试的成功,你也就可以得到心仪的工作。那么,想要获得面试的成功,除了要注意自己的外表外,还应注意一些基本礼仪,让你的彬彬有礼打动面试官的内心。

在面试中想要给面试官留下好的印象,不仅要做足表面的文章,还应注意礼貌问题。那么,女人在面试过程中,想要顺利地通过面试,应注意哪些礼貌问题?

1.等待面试时的表现不容忽视

为了能够作好充足的准备,你可能会提前到达指定的地方,然而,看着排在自己前面的人群,你应该如何打发接下来的时间呢?不要以为这又不是在面试场上,可以不注意自己的形象,大声喧哗或高声攀谈,这些都是不文明的行为。走进这个环境,你身边的某些人可能就是决定你命运的人,你的一言一行可能都会落在他的眼中,因而,你现在可以做的就是看一下公司的情况,或者重温一下所掌握的知识。

2.进门时的礼貌

漫长的等待时间已经过去,现在你就要走过那间办公室了。面对着关上的门,当然不能直接开门进去,你要表现出自己的礼貌,先在门上敲几下,得到许可后,你可以轻轻地打开门走进去。然后,转身再把门关上。这一系列的动作中，都不能带出很响的声音，一定要表现出自己的轻盈、温柔。

3.谈话中的礼貌问题

现在面试官就在你的面前了，那么，现在就先打一声招呼吧。你可以说一句“上午好”、“下午好”等之类的礼貌用语。在你打招呼的同时，别忘了让你的面部表情生动起来，相信你的真诚微笑一定可以给对方留下深刻的印象。同时，在面试过程中，对于面试官所提出的问题，要做到详尽回答。在回答的过程中，务求做到吐字清晰，态度恭敬。如果遇到自己不能回答上来的问题，请先表达自己的歉意，然后说明缘由。

4.面试最后时刻要做到有礼有节

面试结束了，对于面试官抽出时间在你的身上，无论结果怎样，你都要表达自己的谢意。如果对方伸出手来与你相握的话，那么你也应及时主动地伸出你的手与之相握。握手时，应让双手坚实有力，富有感染力，同时要与对方的目光进行交流。离座时也要与入座时一样，动作要优雅大方。

5.等待面试结果期间表达对对方的谢意

为了加深对方的印象，增加求职成功的概率，面试后两天内，你可以以致电或致信形式向面试人员表示谢意。在这个过程中，你也应在介绍自己以后，表达打扰对方的歉意；最后，再把自己的意图表达一遍。这样一来，可以加深招聘人员对你的印象，增加面试成功的可能性。

面试过程中，良好的礼仪可以体现女人的个人修养与素质，这样不仅可以展现女性的个人魅力，同时还可以体现出对对方的尊重之情，有利于给对方留下良好的印象，无形之中，可以为自己的面试成绩加分，增加成功的可能性。如果你也想让你的面试成功的话，那么一定要记得让你的一举一动都能做到彬彬有礼！

谈吐优雅，助你取得面试的成功

语言是一门艺术，包含着丰富的内涵。人际交往中，通过一个人的语言可以了解一个人的知识、文化及修养与内涵。面试，其实就是一种说服，在很短的时间内，说服面试官做出有效决定给你工作的机会。在这个过程中，你的沟通方式会直接决定你的面试的成功与否。一个善于运用语言的人，可以用简短的话语成功地打动对方的心。因而，女人想要取得面试的成功，就要学会用你的谈吐来打动面试官的内心。

如果说外部形象是女人面试时的第一张名片，那么谈吐就是女人的第二张名片。如何发挥好这第二张名片的功能，取得面试的成功，恐怕是许多人都想知道的问题。女人如果想要取得面试的成功，那就不得不掌握一些语言表达的技巧。

1.用恰当的称呼拉近双方的距离

面试时，如果能够以恰当的称呼来称呼对方的话，容易使对方产生相容心理，气氛也就比较融洽。相反，如果称呼错了的话，就可能给对方心理带来不愉快的体验。

2.语言文明、表达清楚

在面试过程中，女人想要表达自己的能力和修养，就要注意自己的用语。在表达时，多用一些文明的语言或礼节性的语言来体现自己的修养，避免情急之下说出一些不文明的话。如果被问到你以前的工作时，一定要注意自己的语言。即使再让人内心郁闷，也不能使用一些不当的语言加以评论。同时，表述的时候，还应注意自己的表达方式，要把自己的立场表达清楚。在回答问题时，最好能够做到语言简洁、有力，不要拖泥带水，轻重不分。如果过多地使用重复的语言，只会让面试人员内心产生厌烦情绪。实践证明，一个思想混乱、表达不清自身立场的人，肯定不能取得面试成功。

3.在用词用语的选择上也要留意

面试的过程中，当你对自己的专业问题进行表述时，也应注意语言的表达。有些人张口闭口都是专业术语，只会给他人一种故弄玄虚的感觉。当然，如果不使用专业术语的话，效果也不好。因而，在面试过程中，应注意专业术语的使用量，尽量做到适当。

4.让自我介绍出众的要点

在许多面试中，往往一上来，对方都会要求你先作一下自我介绍。这个过程也是你表现自我的一个重要环节。如果能够把握这个过程，给考官留下良好印象的话，也有利于面试的成功。自我介绍的表达应把握以下几个要点。

（1）以突出个人的优点和特长为主，并且内容要有可信度。当你向面试人员介绍自己时，要着重介绍自己的优势和特长，为了能够让你的表达更具说服力，你可以列举一些具体的事例来佐证你的陈述。在表述的时候，语言一定要简短、有力，具有很强的概括能力。让你的优势给面试官留下深刻的印象。

（2）说话有理有据，不使用一些夸张的语气来描述自己。当你在向对方介绍时，要做到实事求是，不能企图使用一些夸张的语言来描述自己。当你过于夸大自己时，一些词语的使用会让对方觉得失真。这无疑是在告诉别人你是一个不诚实的人，最终只能让你被排除在外。因而，想要让自己的语言赢得面试官的青睐，那就必须保证以事实说话，尽量少用虚词和叹词。

当然，面试中女人想要让自己的谈吐发挥最大的优势，除了注意上面的细节问题外，还应注意说话的态度、速度及声音的运用。只有这样才能让你在面试时受到欢迎，让你动人的语言打动对方的内心，最终获得成功。

别忽视面试时的身体语言

加州大学洛杉矶分校的一项研究表明，人际交往中，一个人给他人留下印象的因素中，7%取决于言辞，38%取决于音质，而55%取决于非语言的交流。由此可见，人际交往中，非语言的交流对于一个人的评价占有很大的比重。因而，女性朋友们，如果想在面试中给面试人员留下深刻的印象，就不能忽略了非语言交流的技巧。恰当地使用非语言进行交流，一定会为你带来事半功倍的效果。

无声的语言主要是通过一个人的仪表、姿态、神情、动作来传递信息的。有时一个眼神或是微笑都将影响到整体的评分，因此，身体语言对于女人取得面试的成功起着关键的作用。既然如此，面试过程中，女人应该如何用好自己的身体语言呢？

1.优雅自信的坐姿，让你更显精神

在面试过程中，想让自己的坐姿为自己加分，并不难，只要掌握了优雅坐姿的技巧，你也可以轻松地为自己争取到分数。

（1）坐的时机要把握好。面试时，如果未经他人允许就坐在座位上，是一种不礼貌的行为。正确的做法是，听到考官的“请坐”后，再坐下。同时，坐下时还应对其表达谢意。在坐下时，也不能带动椅子发出声音。

(2)保持完美的坐姿。面试过程中，要想给面试官留下深刻的印象，一定要注意就坐的姿势。坐的位置应处于椅子的满三分之二处，且上身保持挺直。如果想让自己的姿势轻松自如的话，可以让身体适当地前倾，自然地将腰伸直，双膝保持并拢状态，把手放在双膝上面。同时，手部也不能做其他的动作，以免给对方留下不好的印象。

2.恰当的眼神交流，让你更显自信

眼睛是心灵的窗户，如果想让自己在面试过程中表现得信心满满，那么眼神的交流也是必不可少的。面试过程中，如何让眼神为你加分呢？

(1)注意目光的位置。在整个面试的过程中，应保持全神贯注，把目光聚焦在面试人员身上，这样既可以体现出你的自信，又可以表示出你的尊敬之情。正确的做法是，礼貌地正视对方，把目光放在面试官鼻眼三角区处。让自己的目光保持平视。

(2)注意目光的转动。在整个面试过程中，肯定不能眼睛一动不动地盯着对方。如果面试人员很多的话，在说话的时候要运用目光扫视一下全场。在思考问题时，可以把目光暂时地放在前方远处，但是时间不能太长。

3.亲切的微笑，增添你的个人魅力

面试的过程中，微笑既可以消除当前的紧张心理，表现对他人的尊重，又可以体现女人的自信。因而，女人在面试时，想要给面试人员留下好的印象，要学会运用亲切的微笑。对于微笑的要求很简单，只要能够做到真诚、自然，就可以达到效果。

身体语言还包括很多，比如仪表、服饰等。人际交往中，这些都可以向对方传递有效的信息。女人如果想让面试取得成功，可以通过改变自己的形象，吸引面试人员的注意力，增强自己的求职竞争能力。

小小握手礼能表达态度、展现修养

握手是一种礼仪，是见面时最常见的礼仪。在商务活动中，双方见面时都会示以礼节性的握手。行握手礼表面看来是一件非常简单的事情,然而作为细节性的礼仪动作,如果细节问题处理不当的话,则可能会为接下来的交往带来负面影响。由此可见,对于商务人士来说,掌握握手礼仪是十分必要的。

那么,从事商业活动的女性来说,在行握手礼的时候应注意哪些要求呢?

1.想要掌握握手礼仪,必须先了解正确的握手方法

当需要与对方握手时,应行至距握手对象一米外,然后保持双腿立正,上身略向前方倾斜。同时伸出右手,且保持四指并拢,拇指张开与对方相握。握手时应保持力度适中,既不能太用力,也不能太无力。双手紧握在一起后,上下稍晃动三四次,随即松开手,恢复原状。行握手礼时,不仅要注意手部动作,还应注意面部表情。当与人握手时,神态要做到专注、热情、自然、友好,且面部保持微笑,目光注视对方的双眼,同时应向对方问候。

2.把握好握手的时机

在商务活动中,想要保证手握得正确,还要看握手的时机是否合适。在商务活动中,握手时机如下:

(1)偶遇久未谋面的熟人或与相识之人道别时。

(2)迎送客人或者向客户辞行时。

(3)与不相识者初次见面被介绍时。

(4)自己向他人或他人向自己表示祝贺、恭喜、感谢时。

(5)在颁发奖品时,颁奖者和受奖者之间。

以上这些情况下都适合行握手礼。当然如果有特殊情况发生的话,则不宜行握手礼。特殊情况如:对方的手部受伤或正提着较重的东西;对方正忙于一些事情时;离自己的距离较远等。在这些情况下,都不适宜行握手礼。

3.行握手礼的一些注意事项

(1)握手的先后次序。握手时,要根据双方的性别、年龄、身份、地位来决定握手顺序。具体要求有:男女之间,男方只能等女方伸手,才能伸手相握。宾主之间,主人应向客人先伸手,以示欢迎。长幼之间、上下级之间,年长者先伸手相握,下级要等上级伸手才可以伸手相握。

(2)握手时的表情。与他人握手时要做到目光专注,面带微笑,精神集中,方能体出对对方的尊重之情。

(3)握手力度也应适中。在商务活动中,行握手礼主要为表达热情,因而握手时应稍许带些力,但具体力度要视情况而定。如果只是普通的见面,握手时可不必太用力,如果是异性之间的握手亦不能握太紧。在西方国家,和女性握手时,只握手指部分。

(4)握手时间长短也要把握好。对于握手时间的控制要视具体情况而定,若是初次见面,3 秒钟左右即可,与异性握手时间不宜太长。

第九章 ※ 懂礼仪，女人要优雅地迈步职场

职场礼仪，是指人们在职业场所中应当遵守的一系列礼仪规范。它包含的范围很广，从一个人的穿衣打扮到言行举止，甚至还包括同事之间的相处。在工作中，了解、掌握并恰当地运用职场礼仪是不可或缺的，它既可以提高女性的职业形象，与周围的人建立良好的人际关系，又可以帮助你在工作中左右逢源，使你的事业蒸蒸日上。由此可见，学习职场礼仪对职场女性有着重大的意义。

❊新人要懂礼，能迅速融入新环境

古人云：“敬人者，人恒敬之。”人与人之间，只有相互尊重，才能建立起和睦融洽的关系。对于职场新人来说，尤其如此。初入职场的女性，如果能够熟悉并掌握一些职场礼仪，一定可以帮助自己迅速融入新的团体中，从而获得发展的机会。因而，女性朋友们，如果想要在办公室里左右逢源的话，那就必须掌握一些礼仪细节。

初入职场，对于新环境的人事关系还不熟悉，过分地表现自己，很容易引起同事们的敌对心理，从而让自己处于孤立无援的困境中。对于职场新女性来说，想要尽快地融入新的环境，就要先把周围的状况搞清楚才行；盲目地行动，将会给自己带来很多难题。

新人刚进职场，由于环境发生改变，周围的许多人事关系都发生了改变。面对新的环境，工作开展不顺利、同事不太友善、专业与工作不对口等，都可能成为职场新人苦恼的问题。其实，对于职场新人来说，想要快速地融入新环境并不难。那么，职场新女性，怎么做才能迈好第一步呢？答案很简单，只要掌握其中诀窍，你就可以轻松搞定所有难题。那么，作为职场新女性，应该注意哪些细节问题呢？

1.用心观察，不能急于表现自己

对于初入职场的女性来说，对工作的环境还不太熟悉，如果想要快速地进入工作，就得先让自己融入新的团体当中去。只有让同事接纳自己，才能得到大家的帮助，尽快地走向自己的角色。那么，你所能做的，就是静下心来，认真观察周围的情形，做出正确的判断。遇到意见不统一时，要先观察别人怎么做，然后再着手。不能急于表现，让自己在工作中陷入被动局面。

2.谦虚谨慎，虚心向前辈学习

初入职场，工作中有不明白的地方，要学会向身边那些前辈们请教。只要你态度诚恳，有礼貌，相信他们会乐意帮助你的。刚进入新的环境，无论什么时候都应谦虚谨慎，不能骄傲自大，总觉得自己比别人都有能力，有才华，这样并不利于你更快地进入角色。

3.与同事之间建立良好的合作关系

如果你一开始就想表现自己，只会招来同事们的反感，势必会让自己落入孤立无援的境地。对于职场新人来说，一定要培养团队精神和合作意识，主动与同事交流，寻求帮助，这样才能更快地熟悉和了解新环境，从而快速融入新的环境中。因此，对于初入职场的女性而言，先把自己的人缘建好才是最关键的。

对于初入职场的女性来说，最重要的是在新的环境中人际关系的建立。如何能够让自己融入环境是目前的首要任务，只要能够遵守以上几个方面的要求，相信每一位女性都可以在办公室里左右逢源，建立起自己的人际关系网络，最终成为办公室的资深员工。

职场女人着装要有个性，更要适合办公环境

爱美之心，人皆有之。在这个注重美、追求美的年代，每个人都希望自己仪表堂堂、风度翩翩，尤其是女性。爱美是女人的天性，但是对于职业女性来说，并非所有的服装都适合穿进工作场所。女人让服装体现出自身魅力的同时，还应符合工作场所的要求。想要做到这一点，必须掌握办公室着装礼仪，只有这样才能保证明你的穿着不触犯禁忌或成为别人的笑料。

罗雪，杂志社的记者，曾经她认为穿衣不必要过于讲究，怎么舒服、方便就怎么穿。但是一次采访的经历，让她改变了之前的想法。刚进报社不久，领导安排她去采访一位民营企业的老总，老总是女性。去之前她就听说，老总是一个既能干又极有魅力的女性。工作上她一丝不苟，但生活上却又极会享受。无论工作再忙，她也不会忽略掉身边美好的事物，尤其是对时尚的东西非常敏感，对自己的衣着和礼仪要求极高。为了能够顺利完成这次任务，罗雪提前作了精心的准备。但是采访当天，她却为穿什么样的衣服发愁。采访一位有魅力、懂礼仪、追求时尚的女人，罗雪认为自己也不能穿得太落伍了。最后，她选择吊带装紧身热裤的搭配。可是当她赶到目的地时，

看到了公司前台小姐眼神中露出的不屑，她有些后悔选择这样的装扮了。采访中，她看到女老总高挑的身材得体合适的穿着时，她突然觉得自己像是一个小丑。女老总的穿着打扮就像优雅高贵的花朵，而自己就像是一株杂草一样，她觉得自己越来越无法正视眼前这个漂亮的女人。因此，采访一结束，她便逃似地离开了对方的办公室。

案例中的罗雪想通过服装把自己打扮的时尚点，也好给对方留下深刻的印象。殊不知，她的时尚造型与对方相比较，让自己更像是一个乡下丫头一般，而非专业记者。办公室礼仪中，衣着占有相当重要的地位。一个人的穿衣风格，可以看出她的内涵、品位、修养与做人态度。虽然一些流行的服饰的确能够衬托出女性完美的身材，让自己看上去更加年轻、可爱，但对于职业女性来说，这些并不见得是最好的选择。

想要让你的穿着适合工作场所，就要懂得一些职业女性的穿衣要领。

1.服装要保持干净整洁

女人想要在工作环境中给他人留下好的印象，就要注意自己的穿着。你的衣服可以不高档华贵，但是一定要保持清洁，并且熨烫得平整。这样的衣服穿在身上才能大方得体，显得精神焕发。干净整洁的衣服既可以给人一种积极向上的感觉，又可以表达你对他人的尊重之情。

2.服装的颜色也要搭配得当

不同的色彩会给人带来不同的感受，职业女性在选择服装时，一定要做到服装色彩相协调且服装色彩与办公环境相协调，要根据工作单位的性质与特点来选择自己的装束。

3.与服装相配套的鞋袜等也要相互搭配

职业女性想要拥有完美的形象，不仅需要在衣服上下功夫，还应注意与服装相配套的鞋和袜子的选择。例如，当你选择裙装时，脚上应该穿上长的丝袜。如果是选择套装的话，脚上最好配上黑色的包头皮鞋等。

办公室着装礼仪越来越被人们所重视，作为一名职业女性，你所选择的服装风格，既要体现出你的个性，还应融入到企业文化和办公环境。职场中人，如果想在事业上有所发展的话，那就应该在着装上多下些功夫。如果你也想做一个充满魅力的职场女性，那么从现在开始起，关注你的穿着吧。

❉职场女人言行举止要落落大方

办公室是个很特别的地方，职业女性想要予人内外皆美的印象，单凭拥有良好的仪表是不够的。想要向他人展现你的优雅得体的内涵，还要注意自己的形体礼仪，务必要做到举止大方，举手投足间都能流露出优雅的姿态，给他人留下良好的印象。那么，从现在起，如果你身处办公场所的话，务必请注意以下几种姿势。

1.赏心悦目的站姿

站立是人体最基本的姿势，能体现出一种静态的美。优美而文雅的站姿，是不同质感动态美的起点和基础。也许你认为弯腰驼背、左右摇晃的站立姿势可以让你更舒服一些，但是如果你自己能够看到你的姿势的话，相信你一定会改变你的看法。那样的站立姿势会让你整个人看上去无精打采，给人一种懒散、轻浮的感觉。这对于身处职场的人来说，是绝不允许的。那么，从现在起，跟这些不良的站姿说“再见”吧。

工作场所，如果想让你的站姿看起来优美且精神饱满的话，你可以尝试着在站立的时候，把上身稍微向侧面偏一些，前脚的脚尖伸前，后脚与前脚呈 45 度角站立。为了能使你的身材更挺拔，站立的时候要挺胸抬头，保持腰部的直立状态。同时，双手也要自然地下垂，为了能使你的形象更加完美，可以试着做收腹和提臀的动作。

2.优美的走姿

无论你是一个多么要强的女人，你的工作有多繁忙，如果走起路来总是大步流星的话，让人看起来肯定不像是一个优雅的女人。因而，工作场所想要给他人留下完美的印象，就应时刻注意自己的行走姿势，让你的步伐从容一些。

工作场所，优美的走姿应该是，保持双臂的自然摆动，既不故意夹紧双臂，也不毫无顾忌地双臂乱舞。在双臂配合下，身体的重心应随着脚步的不断向前过渡，而不断向前。职业女性在行走的时候，要做到昂首挺胸，收腹直腰，双目平视前方，如此才能给人一种自信和生机。

3.高雅的坐姿

坐姿体现的是一种静态美，端庄优美的坐姿会给人以文雅、稳重、自然、大方的美感。因而，职场女性，想要给他人留下完美的印象，就得掌握好办公室的坐姿礼仪。正确的坐姿应该是：保持腰部的挺直状态，双肩放松，双膝并拢并向左或向右放，也可以一条腿搭在另一条腿上，保持双腿自然下垂。但是一定要注意，不能让两腿叉开，更不能让双腿高高地放在椅子上，这样只会让你像个小丑一样成为别人取笑的对象。

女人优雅的形体是一种无声的语言，也是女人内心世界的外在表现，无时无刻不在影响着别人对你的看法。正所谓于无声处见精神，女人想要时刻给他人留下完美的印象，不能只是满足于自己高雅的谈吐，而对自己的形体礼仪弃之不顾。如果你也想做一个被人喜欢、受人尊重的办公室女性，那么从今天开始，一定要重视自己的形体礼仪。

谈吐有度，不做办公室的长舌妇

每天处在办公室这个小小的空间，看似乎忙碌或平静，每个人见面也总是笑脸相对，但是总会存在或多或少的潜在矛盾。俗话说："三个女人一台戏。"办公室自然少不了女人的存在，那么女人多了，也就自然而然地会出现很多问题。有时，女性稍不注意就可能流于"长舌妇"之列。职场中，女人要如何发挥自己的语言才能，避免流于长舌妇之列，这其中也是有很多细节需要注意的。

《伊索寓言》里早就阐述了这样一个道理，世界上最好的东西是人的舌头，因为它能言善辩。世界上最坏的东西也是人的舌头，因为事情往往总是祸从口出。因此，对于职场中人的女性来说，想要让自己远离办公室的纷争，与同事之间和睦相处，就要管好自己的舌头，注意以下几个方面的细节问题。

1.不做流言的制造者，平常心对待周围的人和事

身处职场，我们身边可能总有或多或少的矛盾存在。即便你是一个心直口快的女人，如果将工作上的意见或是他人私人生活上的事四处宣传的

话，也会影响到你与周围同事的关系的处理，甚至还会破坏你与同事在他人心目中的形象。因而，想要做一个谈吐有度的女人，就要学会理性地对待周围的人与事。对与自己要好的同事，也要注意不能随便评论一些与自己没有关系的事情。因而，想要做一个拥有良好办公室人缘的女性，说话做事之前就要先考虑对方的感受，对于周围的人与事要怀抱一颗平常心对待。

2.抵制流言的传播，理性地面对流言飞语

身处职场，在你的周围肯定会有一些“长舌妇”存在，这些“长舌妇”天性爱说好动，总喜欢在背后评论一些与他人有关的事情，这种人天生对他人的事情敏感。当别人和你谈论其他同事，你面对这样的情形时，一定要谨慎处理。对于那些喜欢制造谣言的人，如果能够避免的话，应尽量减少与其见面的次数。当然，如果实在躲不开的话，只要表面上装出倾听的样子即可，对于对方所说的话，你是没有必要放在心上的，更没有必要去为此评论一番或是争个你高我低，这些都是不明智的做法。

一个真正聪明的职场女性，不会因为与某人的疏密关系而采取不同的态度对待。对于身边的“长舌妇”只要你能够保持较远的距离，不要把她所说的话继续传播下去，也就能够避免让自己流于“长舌妇”之列了。

3.保持良好的职场心态，与周围同事相处之时应注意自己的语言

身处职场，可能我们身边的确会存在这样那样不公平或是不平等的现象。作为职场女性，想要让自己拥有良好的人缘，就要拥有良好的职场心态。对于那些我们无法改变的事情，要么接受，要么努力把自己的成绩做好，以成绩为自己说话。不要因为一时糊涂，而做出一些故意诋毁他人或背地里做一些不光彩的事来陷害他人。同时，与同事相处时，也不能过分地关注他人的隐私，那样只会让他人觉得你无聊，对于他人所评论的事情，如果你不了解情况或没有真凭实据的话，最好不要随便参与进来，或是随口附和。

办公室是大家工作的地方，女人多了，避免不了这样那样的问题发生。但是女性也应该注意自己在办公室的形象，不能因为一时的疏忽，而做出自毁形象的事情。因此，作为职场女性，如果想要拥有良好的人气，就要学会管好自己的舌头，不让自己成为他人心中的“长舌妇”。

❀ 谈话有分寸,办公室聊天也不能高谈阔论

男人聚在一起爱“侃”,女人如果聚在一起那就避免不了“聊”,这一点就是在办公室里也是不能避免的。办公室里,同事之间只是隔着一扇小小的“屏风”,再加上工作的单调无聊,聊天是一件极平常的事情。聊天,本是休闲,无可厚非,但是在办公室聊天如果不掌握分寸的话,后果也是严重的,毕竟办公室里不是女人随意倾诉心声的“聊吧”。

陈微是一家会服公司的职员,最近她很苦恼,因为她与同事聊天时将自己失恋的事情说了出来。让她万万没有想到的是,这件事后来又传到了老板的耳朵里,最终还给她的职场生活带来了影响。事情很简单,半个月前,陈微的男朋友和别的女孩子好上了,最后就把她给甩了。她一时觉得自己很委屈,心情很低落。一天,她与公司的同事聊天时,伤心之余,就把这件事告诉了同事,原本她只是想博得他人的一些同情罢了。谁成想,后来老板竟然在开会时说:“有些人连自己的男朋友都摆不平,公司的事还怎么能放心地交给她处理呢?连自己的隐私都四处宣扬的人,公司又怎么敢放心把公司的秘密交给她呢?”就这样,陈微不久就被公司内调到其他部门,当然工资待遇也比以前少了很多。现在回想起来,她就觉得同事太可恨,可是自己却没有什么办法,要怪只能怪自己太单纯,不懂得办公室生存之道。

在上面案例中,陈微就是因为没有防备之心,把自己的隐私告诉了别人,最终让他人有机可乘,给自己带来损失。身处职场,每个人都可能成为你的对手,就算今天他可能还是你的好朋友,他日也有可能会因为利益关系突然反过脸来攻击你。因此,想要让自己不受伤害,就要懂得保护自己的隐私,不让他人伤害到你。由此可见,办公室里的闲聊也是有讲究的,一定要掌握分寸。

职场女性要做办公室里的有心人,在闲聊的时候也要注意一些禁忌。

1.避开薪水问题,以免因为差距带来双方不愉快

现在很多单位都执行同岗不同酬,有的公司还严格规定不能向他人打听薪水,这是老板常用的手段。现实生活中,总有一些女人特别喜欢打听同

事这个月发多少工资。如果你比她工资高会引起她内心不平衡，甚至会在背后做一些小动作来报复你；相反，如果你薪水没她高，表面上她会假装同情你，其实心里却在暗自得意，同时对于你自己内心肯定也会觉得郁闷，既然这样，那就索性绕开这个敏感的话题。

2.个人或他人的隐私不能放在办公室讨论，以免为他人伤害你提供机会

职场上风云变幻，环境险恶，虽然你不会害人，但是也不得不提防他人，想要在职场上安全地生存下来，就要懂得保护自己的隐私，这也是职场压力下女性自我保护的一种方式。同时，做一个优秀的职场女性也应该懂得尊重他人的隐私，不能过分地打听或询问他人的隐私。

3.办公场所，不要过分炫耀自己，否则只会招来他人敌视

办公室里也有一些女性特别喜欢炫耀自己的东西，比如自己新买的首饰、服装以及别墅之类。其实，有些事情没必要拿到办公室里炫耀，这样只会招来他人的妒忌和算计。有时候低姿态地做人更能给自己带来良好的人缘。

身处职场的女性，也并不是说什么都不可以聊，只是聊天的时候一定要分清场合，掌握好分寸。如果想要调节气氛，可以围绕当前的新闻热点及影视作品来共同讨论，避开一些比较敏感的话题，只有这样才能确保与周围同事之间相处无碍，不会因为损害某些人的利益而让自己陷入被动局面。

职场使用手机要注意不能影响别人

随着社会的发展，手机的使用已成为人们日常生活的重要组成部分。手机改变了人们的生活方式，改变了人们的交际方式，带给人们极大的沟通便利和办事效率，但由此带来的种种与文明礼仪相悖的现象，也严重影响着人们的生活与工作。在商务交际中，如果忽略了手机使用礼仪，则可能给周围的人工作和生活带来极大的困扰。

那么，作为女性，在商务交际中，使用手机的时候应注意哪些方面呢？

1.手机放置位置的礼仪

公共场合下，手机没有使用的时候，一定要把它放在合乎礼仪的位置。手机没有使用的时候，不能把它放在手里或是挂在口袋外，更不能把它放在桌子上或是放在正对着对面正在聊天的客户。合乎礼仪的位置有：随身携带的包里，上衣的口袋或其他不起眼的地方。

2.手机设置状态的礼仪

手机一般可以设置为开机、关机、振动三种状态。具体选择哪种状态，要根据所处的场所来决定。在会议、洽谈、图书馆等安静场所，可以开机，但是要调整到振动状态，以免影响他人，这样既可以体现出对对方的尊重，又不会影响对方的思路。在飞机上或医院里或加油站，要保持关机状态。

3.接打手机时的礼仪

（1）手机的接听场所礼仪。不在公共场所接听电话，在开车中、飞机上、剧场里、图书馆里或医院里接打电话都是不礼貌的行为，同样在公交车上大声地接打电话也是失礼的。

（2）手机接打时的用语礼仪。在通话过程中要使用礼貌用语，多说一些文明用语。

（3）手机使用时通话音量的设置。在公共场合下，用手机接打电话时要注意通话音量的控制。不能在电梯、公交车等地方，旁若无人地使用手机，在通话时应尽量把自己的声音压低一些，更不能使用扩音器。在电影院或剧院，如果实在有事要打电话，可以采用静音方式发送短信。

4.使用手机发短信的礼仪

手机既可以打电话，也可以发短信。除了打电话要遵守礼仪外，发短信同样也需要遵守礼仪。首先，发短信时要注意语言的文明，不能转发一些不健康的、反动的信息。其次，若对方知道你是谁可以省略问候语和落款，但是尽量避免使用令人困惑的缩略语，同时要使用常用语法拼写和标点，清楚表达自己的意思。再次，如果想要表达自己感谢、悲伤等感情时，短信并不是最好的方式，因为它无法体现出你的诚意。

5.手机铃声使用礼仪

时下许多人都追求个性，个性化的铃声也正走红。这些个性化的铃声在一定程度上给人们的生活增添了色彩，但是如果不注意场合地使用这些个性化的铃声，则可能会严重地影响他人的工作与生活。手机铃声的使用礼仪有：

(1)铃声的内容不能有不文明的内容。这些铃声无论多么幽默好笑，都将直接影响使用者的形象。作为商务人员选取铃声的时候，要与自己的身份相匹配。

(2)设置铃声的音量要适中。无论是什么样的铃声，都不能设置音量过大，以离开座位两米可以听见为宜。如果音量过大，则可能会影响到其他人。

6.手机其他功能的使用礼仪

随着科技的发展，手机的使用功能越来越多，如何正确地使用这些功能，也是手机使用礼仪之一。使用手机播放器和电子书功能的时候，一定要注意场合。不能在会议上听音乐或看电子书，如果在休息的时候想听音乐的话，最好能够带上耳机，不要影响到周围的人。使用手机照相功能时，要征得对方的同意，不能在一些公共场合对行人拍照。更不能不经他人允许把照片放在网络上供人广为传播。

手机给人们的生活和工作带来了方便，但由于缺乏使用礼仪，使得手机的使用已严重地影响到人们的工作和生活。作为一名商务人士，女性不仅要注意其他细节的礼仪，更应该注意手机使用的礼仪，以免在交际活动中，给他人留下不良的印象。在商务场合，如果女性在使用手机的时候都能够严格按照上面这些要求来做，相信每一个女性都可以成为手机使用的文明人。

男女有别，异性相处要把握分寸

职场生活中，很多女性都不可避免地要与男同事或男上司并肩作战，虽说“男女搭配，工作不累”，但毕竟男女有别，如果不能很好地把握之间的分寸，势必会导致工作上的不顺利，有时甚至会给女性带来意想不到的困扰。那么，作为职场丽人，在追求成功的道路上应该掌握哪些与男同事相处的礼仪呢？

1.与男同事相处,要保持适当的距离

职场女性,无法避免地会与男同事一起工作,因为你出色的能力备受男同事的赏识自然是好事,但是需要注意的是男女之间的关系很微妙,有时稍不留意的话,可能就会给自己带来负面影响。因而,在工作中与男同事相处时,要保持一种"亲而不近"的态度,要注意自己的语言和动作,不能做出一些暧昧的举动,引起他人的误解。

2.对于工作之余来自男同事的玩笑话,要学会区别巧妙地对待

在紧张繁忙的工作之余,也会有一些男同事喜欢和女性开玩笑,比如"我想你啊"等等之类的玩笑话。如果你也面临这种情况的话,一定要学会妥善处理,不要因为自己无法接受,而把所有的人都推向对立面,这是职场女性最不明智的做法。

吴雪是一家省级报社的副刊编辑,工作不久,她就与同事策划了一些很有影响的专栏,在工作中可以说大家相处甚欢。但是,最令她头痛的是,同事们之间开玩笑的时候非常随便,让她有些接受不了。比如,紧张的工作之余,男同事会对女同事大献殷勤,像什么"我暗恋你好多年了,给我一次机会嘛"等等。每次听的她都觉得浑身鸡皮疙瘩。更令人接受不了的是,每天中午饭后,几个男同事还会说一些荤段子。刚开始,她也不好发作,只能干咳两声以示反抗。后来,实在无法忍受,她只好摔门而去。可事后不久,她便感觉到有些不妙,因为工作中,当那些男同事们与她交流时,再也不用正眼看她,虽然是公事公办,却不再有以前的那种和谐与默契。有时,工作之余,当他们私下聊得正欢的时候,只要一见到她出现,对方便赶紧打住,她明显地感觉到对方把她当作外人来看,可是这些并不是吴雪想要的工作氛围,她也觉得很郁闷,不知道该如何与这些男同事相处。

其实,工作中,男女之间有时开一些玩笑,并不能真正代表什么。像吴雪这样,因为男同事们的几句玩笑话,就闹到双方翻脸的地步,实在得不偿失。与男同事相处时,不管别人开什么样的玩笑,只要没有开到自己身上,如果自己又没有能力去改变的话,那么,不必理会便罢。如果你一味地斤斤计较,最终只会成为大家孤立的对象,到头来势必会影响到工作的进展。相反,如果有某些男同事和你开这样的玩笑,只要你能够表明自己的态度,相信对方下次一定不会再拿你说事了。

3.面对来自男同事的暗示或友好举动，要学会友善处理

职场中，有些时候也会有一些男同事专门喜欢对一些女同事做出一些过分热情的举动或暗示。遇到这种情况，如果处理不当，会给女性今后的工作带来不必要的麻烦，因而友善地处理是关键。如果遇到这种情况，建议女性可以找一些机会或借口向对方表明自己的态度，也可以多向对方诉说一些与自己配偶之间的甜蜜事情，暗示对方自己现在过得很好，让对方及时主动地打消自己的念头。

办公室里，职场女性与男同事并肩共事，无疑是一门学问。如何做才能与男同事和谐相处呢？其实，答案很简单，既要向对方展现出理性、坚强的一面，还要适时地展现出女人温柔的一面，才能给人留下美好的印象，有利于工作的开展。

办公室用餐，也要顾及形象和礼仪

职场女性想要给他人留下完美的印象，不仅要注意自己的语言礼仪和仪态礼仪，亦不能忽视了用餐礼仪。职场女性，除了在单位食堂就餐以外，也会经常在办公室用餐。当然，与同事之间一起进餐，一边吃着饭，一边讨论着一些话题，肯定会是一件愉快的事情。尽管如此，你也千万不能忽视了用餐礼仪，如果你稍不留意，忽略了一些小节的话，很可能会破坏你在同事心目中的已经树立的良好形象。那么，作为职场女性，在办公室用餐时，你应注意哪些礼仪呢？

1.带进办公室里的食物不能带有强烈的气味

办公室是公共场所，如果你把一些有强烈气味的食品带进去，一方面，会影响到他人的食欲；另一方面，这种强烈的气味会弥散在办公室里很难散去，破坏办公环境而影响到他人的工作。因而，如果想要给他人留下好的形象，尽量不要带一些有强烈气味的食品带进办公室。

2.用餐时，也要注意自己的形象

无论什么时候，也无论你多么饥肠辘辘，也要保持女性应有的吃相。吃饭的时候，要做到细嚼慢咽，不要毫无顾忌地大口吃东西，这样可能会弄得

食物乱溅或吃东西时发出很响的声音。这样不仅会影响他人进餐,同时也会破坏自己的形象。

3.嘴里含着食物时,不要贸然讲话,避免尴尬事情的发生

嘴里正在咀嚼食物时,最好不要发言,一方面满嘴的食物会让对方听不清楚你的话语;另一方面,可能你说话的时候不小心会让嘴里的食物"飞奔"出来,这样也有损你的良好形象。因此,如果实在要发言,一定要等把嘴里的食物咽下去以后再说。当然,选择的话题也要注意,尽量不能说一些让人喷饭的话题,以免到时会出现难堪的情形。

4.用餐时间不能过长,以免给他人带来影响

在办公室用餐,要考虑他人会随时进入工作状态,因而要注意控制自己的用餐时间,不能拖延太长。如果你只顾自己边吃边说,对于想要进入工作状态的人或是突然出现的来访者,都会造成双方的不好意思,因而办公室里用餐一定要注意时间的把握。

5.用餐后,保持面部的清洁卫生

对于职场女性来说,用餐后一定要注意自己的面部清洁卫生。准备好餐巾纸,用完餐后,要及时地用餐巾纸擦去嘴部油腻,不能用手擦拭。如果必要的话,还得去洗手间梳洗一番,保持妆容的完整。

6.对于使用过的"餐桌",要保持干净整洁

用过餐后,要及时地清理一下桌面和地板,如果有食物掉在地板上的话,要马上捡起扔掉。对于桌面也应打扫一遍,及时清理掉一些垃圾,对于开口的饮料罐,也不能长时间地摆在桌子上,这样也有损于办公室的形象。

7.用餐后,要及时清洗自己的餐具

用餐后,对于一次性的餐具要立刻扔掉,不能长时间地摆放在办公室里。当然,如果是自带的餐具也要及时地清洗干净。如果遇到事情耽搁的话,一定得礼貌地请同事代劳一下。

良好的办公室用餐礼仪,不仅可以体现出职场女性的个人修养与魅力,还可以令女性在办公室树立良好的形象,为自己赢得良好的人际关系。因此,职场女性想要让自己成为办公室里的人气女人的话,请注意你的办公室用餐礼仪吧!

整理好你的办公桌，管好自己的领域

职场女性在办公室内，想要生存得更好，一言一行都需要智慧。是不是只要注意到自己的言行举止，女性朋友们便可以高枕无忧了呢？答案是否定的。职场女性想要树立良好的形象，仅仅注意自己的言行是不够的。因为，如果说你的言行举止代表你的形象，办公室里，你那“一亩三分地”——办公桌更是你的长期“形象代言”。

大多数职场女性都会注意自己的穿衣打扮，尽量去融合到办公室的整体氛围中去，可是却很少有人会注意办公桌的形象。其实，办公室中属于个人的桌面是体现一个人个性特征的窗口，它既可以体现办公桌主人的处事作风，办事效率，还可以体现出主人的时间规划的特点。对于职场女性来说，你的办公桌形象会直接影响上司及同事对你的评价，对你今后的工作起到决定性的作用。

孙丽最近很苦恼，因为她发现自从上次老板向她索要一份文件，她在办公桌上找了半天都没有结果后，老板对她的态度再也不像以前那样和蔼了。从那以后，老板每天总会有意无意地盯着她的桌面看一会儿，然后再慢慢走开。以前她在市场部工作，那个时候因为平时工作比较忙乱，办公桌上总会堆着一些乱七八糟的文件、文书，大家也都习以为常了，要找文件的时候往往都是大伙嬉笑着一起找。现在新到这个部门工作，面对着自己的“一亩三分地”，她还是无法改变以前的习惯，她刚刚给老板留下的良好印象，也因为那次“文件风波”给毁了。看到她愁眉不展的样子，身边资深的李姐便好心地指点她几招，经过几天的实践运用，老板再走到她面前时，表情也比以前好多了。对于老板的变化，孙丽很高兴，从那以后，她就更加注重自己的办公桌形象了，争取改变掉在老板心目中的坏印象。

其实，现实生活中，老板或上司确实会悄悄地通过员工的桌面形象来判断职员的处事作风。像孙丽这样，当老板向她索要材料时，而她只能到处乱找，最终却毫无结果，可想而知，这样只会给老板留下一个办事不利、处理问题能力不强的印象，势必会影响老板对她的评价。由此可见，职场女性想要给领导或同事留下完美的印象，一定要注意自己的办公桌形象。

那么，职场女性应该如何做才能让你的办公桌成为良好的形象代言？

1.保持桌面整洁的关键在于，及时清理桌面

办公桌是职场女性的工作平台，不是摆放物品的仓库。因此，那些与工作无关的物品要及时收起来，只有这样才能保持办公桌的整洁。当然，如果是工作时必须用到的物品，一旦工作结束以后，也应收起来。

2.对于经常使用的物品，要有固定的摆放位置

对于职场女性来说，建立固定的工作模式，一定会达到事半功倍的效果。因而，经常使用的物品要保留固定的存放位置，一旦要用它时，你才能够马上找到它。这样一来就可以大大地提高工作效率。

3.对于无法定位的东西，想办法解决掉

职场女性想要做到办公桌干净整洁，一定要避免不属于此类的物品混入其空间，对于那些无法固定的东西，要想办法专门设立一片区域或者把其归属某一类去，放入指定的空间中去。

4.养成良好的习惯，每天花几分钟时间放在“桌面形象”上

职场女性想要时刻保持良好的桌面形象，一定要养成良好的生活习惯。你可以每天下班后，抽出十几分钟时间来将办公桌整理一遍，已经处理过的文件，要送到指定的地方；需要第二天处理的物品，也应放在明显的位置上，要做到心中有数；那些可以暂时缓和一下的文件，也要区别开来，不能任其杂乱无章地堆在眼前。只要每天下班之后都能抽出几分钟来分析一下，一定会大大提高工作效率，改变你在他人心目中的形象。

其实，良好的办公桌形象需要职场女性用心经营，如果你也能够每天用心对待你的办公桌，相信一定会为你的完美办公室形象加分的。那么，从现在开始改变吧。

好聚好散，职场女性转身也要优雅漂亮

多数女性都能在任职时遵守各种礼仪，然而如果决定离职，是否就可以不讲究礼仪与过去的工作及同事一刀两断呢？其实，对于职场女性来说，无

论离职时的情绪多么复杂，离职时仍需要讲究礼仪。因为离职时的姿态，也可以体现一个人的人品，对女性的职业形象的塑造和人脉关系的巩固有着很大的影响。

那么，职场女性在离职时，要如何做才能来个漂亮的转身呢？

1.离职时要提前通知自己的部门领导，让其做准备

无论担任什么性质的工作职位，如果打算离职的话，一定要提前告知自己的领导，不能仓促告别，甚至不辞而别。不辞而别或是匆忙而别都是一种不负责任的行为，这样的做法只会让公司很被动。因为一时找不到合适的人选，也就无法完成工作交接，会让领导处于焦头烂额的局面当中。这种行为，对于想要在职场长远立足的女性而言，无疑是一种自毁前程的行为。

2.和上司约谈，并递交辞呈

即将离开这个公司，你有什么要说的话或是一些具体的事情等都要和老板详谈一下，在谈话前要准备内容，说话要直接、明了。作为优秀的职业人士，离职时，应主动提出帮助进行工作交接。然后，向上司郑重其事递交你的辞职信。一般来讲，你写的辞职信要包括这几个方面：离职原因、离职期限、工作的交接及向公司表达长期以来的感谢；同时，也可以将工作中好的建议和个人意见写进去。在表达自己的意见时，要注意语气和措辞。

3.不做有损于前公司利益的事情

即将离开这家公司，作为一名优秀的职业女性，无论你与公司的关系如何，都不能做出有损于公司利益的事情，因为这些都直接影响你的职业形象与素养。在离职前，切忌以下几点。

（1）顺手牵羊使不得。无论是物品的价格高低，都不能成为你拿走公司物品的理由。这种小偷小摸的行为，看在同事的眼中，只会有损于你的形象。

（2）销毁、转移公司的重要客户信息，另谋高就。某人在离职时，因对某些领导心怀不满，于是对公司的资料大做手脚，将一些重要的信息销毁或全部转移走。这样做也许会让你逞了一时之快，或者会让你在新的公司快速站稳。然而，既然都是在一个行业内工作，终会有被揭穿的一天。

（3）不抱怨他人，不说他人的是非。有些人认为，反正就快要走了，于是便决定把过去自己内心集攒下来的怨气，统统做一个清算。大到人事决定，

小到与公司其他同事的矛盾,都一一发泄出来。这样的做法,其实很不理智,这样不仅会让你过去的忍气吞声变得毫无意义,还会给他人留下不好的印象。

4.顺利地完成交接工作

在工作的交接上,应该把自己未完成的工作事项列出详细的清单,一些资料、文件都要一一归类,做到清楚明白。对于公司新的人员,还可以把本项工作的一些重点及技巧告诉对方,使其能尽早适应新的岗位要求。同时,还可以把自己的联系方式主动地留给新来的人员,表示如果在工作中遇到什么难题的话,自己会尽力帮助。当然,离开前,要把电脑里个人的资料及文件彻底清理干净。

5.和同事做最后的告别

前面已经把离职所要做的工作都做完了,面对周围整天相处的同事,一定得与他们告别一下,感谢他们曾给予过自己的帮助,即使那些曾与你有矛盾的同事,也要做个告别。当然,如果能够在离职时,送点小礼物给大家的话,相信一定会让大家更舍不得你离开。在以后的日子中,当大家看到这个礼物的时候,一定还会记得你的身影。

离职,并不意味着你从今以后就离开这个行业,只是离开这家公司而已,以后你还会在这个行业内生存。想要让自己今后生存得更好,那就应该在业内树立良好的职业形象。因而,聪明的女性在离职时一定要把握机会,即使离职也要做到姿态优雅,为今后打下基础。

第十章※表达敬意,女人要成为上司最得力的助手

在职场生存，得到上司的欣赏是每个职场女性都梦寐以求的事情,但是并不是所有的女人都能够实现这一愿望。只要认真观察就可以发现,那些深得上司器重的女人,不仅有着良好的礼仪修养和内涵,而且懂得与上司相处的艺术。因而,如果你也想做上司眼前的小红人，那么从现在开始学习一些与上司相处的礼仪吧,相信你也可以轻松得到上司的信任。

❊ 与上司打交道，要把握分寸

上司是办公室的核心人物，和上司在同一屋檐下工作，低头不见抬头见，如果跟上司的关系处理不好，将可能影响到你的情绪、表现，甚至还可能会影响你的前途。对于职业女性来说，能够得到上司的欣赏是大家梦寐以求的事情；然而，如果想要保持平静的生活又须提防被上司过度“欣赏”。女性职员与上司交往是一门学问，也是一门艺术。女性员工与上司的关系如何，关键要看她与上司交往的技巧。

其实，想要掌握这门学问，并不难，只要能够掌握其中的技巧，相信每一个女人都可以与自己的上司友好相处，和上司之间建立起良好的人际关系。女性下属如果想要在职业生涯中左右逢源、游刃有余，那就一定要把握好与上司交往的尺度。作为下属，女性与上司交往的要求如下。

1.尊重领导，尽量减少亲密接触的机会

有些女性下属认为，只要和上司像朋友一样相处，自己的前途就一定会很好。其实，恰恰相反，有时正是这种要好的关系，可能成为你升迁的最大障碍。作为上司来讲，他会注意自己在全体员工之间的形象问题，如果提拔一个经常与他走得很近的女下属，很容易被大家误解为有什么不正常的地方。因而，女性下属在与上司交往的过程中，要时刻保持尊重之情，不因与领导私下的交情扰乱正常的工作秩序。工作上的事情，尽量在工作时间解决，私底下也避免过多地与上司交往，以免到时产生不必要的麻烦。

2.与领导交往时应举止得体，不能故意做出一些暗示性的动作

女性下属与上司相处的时候，应注意自己的言行举止。对待上司要像对待普通人一样轻松自如，不能因为上司的名誉和地位就故意曲意逢迎或是大献殷勤，甚至故意献媚，这些都会影响女性良好职业形象的树立。作为女性，在工作中面对来自上司的礼让与关怀，你没有必要忸忸怩怩，应该自然大方地接受。一名优秀的职业女性不会利用上司的尊重之情而提出违背原则的要求，更不会利用自己的职务或是身体语言，给对方产生错觉。这样做只会让领导觉得你这个人没有能力。

3.无论你的上司多么优秀，切忌与上司建立私人感情，应保持纯洁的友谊

每天在同一屋檐下工作，女性下属有很多的时间与上司相处，无论你的上司多么优秀，你也不能把感情寄托在他身上。上司与下属之间的恋情，永远是办公室最引人议论的话题。如果又属于婚外情的话，那就更糟糕。在办公室这样的场所，想要守住这样一个秘密，那绝对是不可能的事情。工作与爱情不能同时兼顾，因而，作为女性下属，如果你还存在这样那样的幻想的话，不妨多想想事情失败后你将会面临的问题吧。

4.与上司交往，公私分明，避免将私生活带到工作中去

作为女性下属，无论你与上司的关系多么友好，也不能将彼此的生活问题与工作上的事情牵扯到一起，这也是职业女性自我保护的一条重要法则。与上司接触多了，彼此之间的了解也就多了，自然会知道上司的一些隐私，而这些隐私往往会成为你和上司继续交往的障碍；因而，职业女性想要在与上司的相处中轻松自如、进退自由的话，就应避免将私生活带入到双方之间。

5.与上司相处时，要知道自己的角色，与上司保持应有的距离

作为下属，无论你的能力如何，也无论你的上司多么器重你，都要懂得牢记自己所扮演的角色。如果下属仗着与上司之间的私密关系，不能摆正自己的位置，做出超越自己角色的事情，势必会遭到同事的排挤和上司的反感，最终只会让你在复杂的职场关系中，被排挤掉，到头来吃亏的还是你自己。一个聪明的女人，一定会在与上司的相处中，扮演好自己的角色，获得上司的认可。

作为女性下属，你不仅仅要认真履行岗位职责，圆满完成工作任务，更要学会处理好与上司之间的关系。与上司的相处之道，看似复杂，其实只要保持关系适度，既不过于疏远也不过于亲近就可以了。如果女性朋友在职场中能够谨记这些，相信每一个人都可以在职业生涯中游刃有余，进退自由。

❊ 任何时候都要给领导留足面子

人际交往中，每个人都好面子，领导也不能勉俗。通常情况下，领导都是通过下属对待自己的态度，来作为评价下属是否尊重自己的重要指标。在某些情况下，如果不给领导面子，轻者会被领导批评或大骂一番，甚至遇到素质不高、心胸狭窄之人则可能会遭到打击报复，从而影响事业发展。由此可见，职场中能否给领导留足面子很重要。作为女性下属，你在与领导相处时一定要发挥女性的优点，既要遵守职业场合的要求，也要充分尊重领导的意见。

下属之所以要给领导留面子是因为领导有权决定下属的升降、去留、奖惩。既然如此，女性下属在职场上应该如何做才能做到尊重、服从领导的同时，又坚持自己的原则呢？

1.尊重领导，服从领导的安排

作为下属应该明白，每个上司都有被尊重的需求。因而，与领导相处时，尤其是公开场合下，要向领导表示尊重。尤其是当你的能力已经超越领导或领导有明显缺陷时，不能因此而瞧不起领导，甚至是不服从领导的安排，故意不配合，不与其合作。作为下属服从领导的安排，本是理所应当的事情；因而下属在工作中要听从领导的教导，服从领导的安排。

2.保全领导的面子，公众场合不纠正领导的错误

领导也是人，难免有犯错的时候，然而若下属不分场合地纠正领导的错误，则是一种很愚蠢的行为。有些下属性格直爽，肚子里放不住话，一旦发现领导的疏漏就沉不住气，也不管是不是在公开场合就马上指出其错误，最后让领导颜面扫地。因而，女性朋友们在与领导相处时，一定要学会保全领导的面子，当领导出现失误或漏洞时，不能当着众人的面纠正。

3.工作上的事情，不能擅自做主，多请示领导

工作中，如果遇到某些大的问题，作为女性下属一定不能不加请示，代替领导作决定。如果那样做的话，只会让领导认为你的眼中根本没有领导的存在，同样也是不给领导面子的一种体现。因而工作上的事情，要学会多请示

领导,既可以规避可能出现的错误,同样也可以体现你对领导的尊重之情。

4.无论受了多大的委屈,也不能当面顶撞领导

工作中,可能你已经努力去完成某件事情了,但结果却总是不尽如人意。面对来自领导的批评与指责,你觉得自己很委屈。这个时候,一定要注意保持平静的心态,不能逞一时之快而与领导发生争执,那样做只会让领导更愤怒,只会让形势更严重。当然,也不能在领导批评时,当众进行解释或争辩;否则无论结果怎么样,都会让领导认为你不懂得尊重他。一名优秀的职业女性,在面对领导的批评或指责时,不会因为领导的态度不好而当场顶撞。如果领导的批评确实有误的话,你可以选择在事后领导的心情平静下来以后,再进行探讨。

5.给领导提意见和建议时要注意自己的方式与措辞

古语讲:"尺有所短,寸有所长。"无论是能力再怎么高超的领导,也肯定有他的短处和劣势。女性下属与领导相处时,如果发现领导有错误,当然有义务提出正确的建议和意见。然而,如何向领导提建议和意见也是一门学问。如果不讲技巧地直接讲明,则会让领导觉得很没面子,肯定不可能从心里面接受。当然,如果能够不着痕迹地给出自己的建议和意见,则不仅能使上司改正其错误,同样还可以让上司更加信赖你。

6.无论与领导的关系如何,与领导相处时都不能做出过分的行为

领导与下属之间,是上下级关系,因而作为下属女性要严格遵守与上司相处的礼仪。既不能因为与领导关系要好就做出一些随便开玩笑、不分主次,抑或是随便替领导作决定的事情,也不能因为与领导关系紧张,就目无领导或故意在领导背后散布谣言。

无论何人,都希望被人尊重、在人前有面子,更不要说是领导。越是权力大的领导,越是希望自己有面子,一旦你让他在人前没面子,那结果肯定可想而知。因而,作为职业女性,你若不想辞职或跳槽,那你无论做什么事情,都要先考虑到领导的面子。只要能够遵照以上几个方面做事,相信你也可以与领导和谐相处,保持良好的关系。

❊职场工作顺风顺水的第一步就是赢得上司信任

作为下属,每个人的事业和前程都掌握在上司的手中。如果能够取得上司的信任,与上司和睦相处,工作起来则会顺利得多。由此可见,能否取得上司的信任对于女性下属来说,也是一件很重要的事情。那么女性下属在与上司相处时,要如何做才能获得上司的信任?

1.做事谦虚、低调,为自己争取好的声誉

当今社会竞争激烈,为了能够表现自己的才能和优势,表现自己是适应社会挑战的必然选择,然而女性下属如果不分场合、不讲方式地表现自己,只会让他人觉得你很虚伪。如果一名下属无论在什么时候总骄傲自大,过分张扬,只会让对方觉得缺少涵养。同样,任何一个上司都不会喜欢自以为是、咄咄逼人的下属。因而,女性下属在上司面前要表现谦逊,只有这样才会给上司留下良好的印象,既可以表现出女性应有的修养与魅力,与周围的人建立起良好的人际关系,又有利于获得上司的信任。

2.在上司面前,要学会把自己的锋芒收起

法国哲学家罗西法古有句名言:“如果想要得到仇人,那就表现得比你的朋友优越吧;如果想要得到朋友,就让你的朋友表现得比你优越。”这句话不仅可以用在同事之间,也可以用在上下级之间。作为下属来讲,如果你在上司面前总是把自己表现得过于优秀,则会遮挡对方的光芒,很容易引起对方内心的不平衡。这对于那些想要获得上司认同的人来说,并不是明智的做法。一个聪明的女人懂得,在上司面前适当地收起自己的锋芒要比表现自己更能得到上司的认同。

3.以优异的成绩说话,获得上司的信任

与上司相处时,如果只重表面的功夫,没有令人信服的能力,谈何能让上司信任于你?作为下属来说,想要博得上司的信任,就要在自己的能力上下功夫。而能力的最直接体现便是成绩,因而,如果想要让上司信任于你,那么就拿出自己的真本事,用自己的成绩说话,相信在事实面前,上司想不承认你的能力都难。

4.与上司相处时，要学会把功劳归功于上司

作为下属，如果想要让上级信任你，依赖你，不仅仅要拥有丰富的知识和技能做出令人引以为豪的成绩，更应该懂得当取得成绩时学会把荣耀归功于你的上司。聪明的下属懂得，自己之所以能够取得好的成绩，这些机会都是上司所给予的，因而当下属取得成绩时，理应有上司的功劳。对于上司来说，如果下属把功劳都归功于自己的话，足可以体现出其对自己的忠诚，这样的下属必定能获得上司的信任。

5.与上司相处，要懂得给彼此留一些空间

作为下属，与上司相处时要明白，无论你们之间的关系有多么密切，都不要试图打探对方不愿意向人诉说的秘密。每个人都生活在一定的人际关系当中，也都有各自的隐私，如果下属总是把目光放在上司的隐私上，会让上司内心产生不安全感，不利于他与下属之间建立信任关系。因而，作为下属，你在与上司相处时，要学会给对方留空间，一些敏感的事情最好不要去碰触。同时也要学会给自己保留空间，也就是不能向对方诉说的事情要保守秘密。这样既可以保护自己，也可以避免今后上司会因为他的一些隐私问题成为你升迁的最大障碍。

获得上司的信任，并不是一朝一夕就可以完成的事情，不仅要求工作结果，更要在工作细节上面下工夫，二者缺一不可。作为下属，既不能只注重工作结果忽略一些细节问题，也不能只抓住细节问题而丢掉工作成绩来要求信任。女性朋友们，如果你也正在为如何与上司建立信任关系而发愁，不妨从以上几个方面尝试一下，相信会给你带来意想不到的收获。

职场女人要懂得请示上司和汇报工作的礼仪

作为领导来说，判断下属是否尊重自己的一个重要因素，就是下属是否经常向自己请示、汇报工作。然而，作为下属如果为了表示其对上司的尊重之情，事无巨细，统统汇报的话，就有可能因此而挨批评。上司的时间是有限的，每天都在忙着处理大大小小的事务。如何向上司汇报工作，才能不会被上司认为对其不尊重，又不会让上司感到厌烦呢？讲究礼仪技巧很重要。

那么,女性在向上司请示、汇报工作时应注意哪些礼仪?

1.做好请示、汇报前的准备工作

通常情况下,上司要处理的事情很多,时间有限。因而,无论是临时请示汇报还是预约性的请示汇报,向上司请示、汇报前一定要先作好充分的准备。这个准备工作包括:请示的要点及请示时的语言措辞;自己的主张及看法等。有时还需要使用一些事例来补充。在汇报前,最好能够先列出一个提纲,把自己所要表达的内容条理清晰地列出来。这样才能在上司面前表达自如,逻辑清晰,条理分明。作为下属,如果请示、汇报前不作准备的话,非但不能顺利地解决问题,反而会耽误上司的宝贵时间,给领导留下不好的印象,同时也是对领导的不尊重,也是一种失礼的行为。

2.挑选合适的时机

作为下属,你不能只想着自己的工作,而忽略其他。请示、汇报也一样,向上司汇报时,要先考虑上司的日程安排,最好能够了解上司目前的心情,挑选合适的时机,以免因为自己的汇报工作,而打扰了上司的工作。然后,向上司提出汇报的请求征得上司的同意后,才能前往汇报工作。

3.前去汇报工作时的礼仪

已经确定了汇报的时间,作为下属,你在前往上司办公室汇报前也需要注意一些细节问题。

(1)遵守约定,准时到达。作为下属,一旦你与上司约定了汇报时间,届时就必须准时到达,以免让上司等候自己。这也是作为下属必须懂得的基本礼仪。既不能过早,也不能迟到。如果提前到达,可能会影响上司正在进行的工作,同时也会让上司因还没有作好准备而措手不急。如果临时有什么事情发生,无法前去汇报的话,应设法尽快向上司说明原因,请求推迟或另约时间,同时还应表达自己的歉意。

(2)前去汇报时,要检查自己的仪容仪表。作为职业女性,无论什么时候都应保持良好的职业形象,向领导汇报时也一样。要化淡妆,穿着得体,符合职业女性的仪容、仪表要求。

(3)进出上司办公室也应注意礼貌。到达上司的办公室后,要先轻轻敲门,即使门敞开着,也要敲门,这样可以让对方知道自己的到来。听到招呼声以后,才能进门。汇报工作时,应注意自己的言行举止,要优雅大方,彬彬有礼。

4.汇报工作时要注意自己的谈吐

与上司汇报工作时，语言应做到准确、简明、通俗，语气适当，语速适中。与上司交流时，要做到自然大方，既不过分紧张而怯场，也不故易矫揉造作。如果在请示中，因某些问题处理不当被领导否定时，也要保持冷静。在聆听领导的教诲时，如果当中确有一些需要申辩的话，也要先用商量的语气，征得领导的同意后再表达自己的看法。

5.汇报的内容务求实事求是

向上司汇报工作时，要根据实际情况，如实汇报，不能为了讨得上司的欢心，只报喜不报忧。无论什么情况下，把汇报工作当成“邀功请赏”或“大诉苦水”的机会都是不正确的。因而，向上司汇报工作时，要做到如实汇报，不欺不瞒。

6.汇报结束时的礼节

如果汇报工作已经结束，但是领导没有提出结束的话，那么下属是不能提出的。如果上司仍然有兴趣继续谈下去的话，下属应主动配合，以礼相待，不能做出不耐烦和焦急的表情，以免让上司误以为下属对自己的谈话不感兴趣。当领导提出汇报工作结束，下属应起身提出告辞，并向对方表达“不好意思，耽误您这么长时间”。对于领导的起身相送，应请对方留步，并使用“谢谢”等礼貌用语。

向上司请示、汇报注重礼仪，既可以体现女性的修养水平，又可以体现出她对上司的尊重之情。因而，能够在汇报工作时，运用这些礼仪的女性，更容易得到上司的赏识，更容易成为上司眼前的小红人。

与上司之间有矛盾，要态度积极并努力化解

刚从名牌大学毕业的王雪来到一家公司工作，由于她各方面能力都不错，工作上很快就得心应手了，干得非常出色。随着她对公司情况越来越了解，她发现自己的上司业务能力不如她。于是，她从心眼里有些瞧不起自己的上司，有时和上司说话时也会表现出不耐烦的口气。时间一长，上司的心

里自然对她有些意见，但碍于她的业务能力很强，虽然一时拿她没有办法，但是上司会在一些小的事情上故意为难她。这样一来，王雪对她的上司评价更不好了。

前不久，公司新引进一个项目，交王雪所在的组主要负责。在全组项目讨论会上，当王雪提出意见时，马上被上司给驳回了，同时上司还发表一通评论，无非就是暗指王雪的方案根本没有创意，还总仗着自己是名牌大学毕业乱提意见。面对自己的方案被否定以及当众被上司拐弯抹角地骂，王雪心里气愤不过，一时失控与上司争吵起来。当冷静下来以后，王雪也对自己的行为感到后悔，可是面对如此僵局，她不知道自己接下来该怎么做。

许多刚走进社会的大学毕业生，都会像王雪这样内心满怀抱负，拥有着远大的理想。然而，现实确与理想的差距很远，有时会觉得自己的上司根本不如自己。有时，难免会与上司发生一些不愉快的事情，甚至有时会在失控下直接与上司发生冲突。其实，女性下属与上司之间产生矛盾，对其自身与领导的关系极为不利。一个聪明的女人，要会利用巧妙的方式化解与领导之间的矛盾，让自己与领导的关系更加亲密、和谐。

那么，女性下属与上司相处时，如何做才能化解与上司之间的矛盾？

1.尊重领导，主动示好，得罪上司时要及时地补救

与领导相处，作为下属，女性可能会因为工作或其他的事情与领导产生矛盾。作为领导，他掌握有下属升降、去留的权力，如果你又不想辞职的话，那就必须得尽快地化解这个矛盾。如果一旦得罪了自己的上司也要及时地补救，这才是解决问题办法。补救的方法就是寻找合适的机会，开诚布公地与自己的上司沟通，对于自己的错误要勇于承认，主动向上司示好，取得上司的原谅，相信只要真心实意求和，一定可以得到上司的谅解。

2.对于来自上司的批评与指责，要保持冷静，避免因一时之气使双方关系僵化

作为下属，女性在与上司相处时，有时难免也会产生误会，但无论是什么样的误会，如果不想让自己今后的日子更难过的话，面对领导的指责要保持冷静。不能因为失控使事态扩大，如果不冷静的话，最终结果只会让领导更有理由指责你。

3.多和领导进行沟通，消除领导的误会

如果你已经与上司之间存在了一些误会的话，那就要抓紧时间消除误会。消除双方误会的方法有很多，要根据具体的情况选择。

(1)在一些公开的场合，要主动地尊重领导。每一个领导都很注重自己的权威，谁要是想动摇他的权威，让他没有面子，那无疑是自找麻烦。因而，作为女性下属，如果你想要表达自己对领导的尊重之情，那就要在一些公开场合，主动尊重领导，为领导多争取一些面子。这可以让上司把你的尊重记在心里，是排除或淡化敌意的好方法。

(2)背后多表扬领导，切忌因为矛盾，寄希望于他人的理解。与领导之间有误会时，也不能因此向他人诉说你的痛苦，甚至在背后讲领导的坏话，这样对于消除误会没有任何好处。聪明的女人明白背后表扬领导的好处，通过别人的嘴替自己表达真心，更能消除上司的防备心理，有利于误会的消除。

(3)主动向领导表达歉意，请教自己的不足。如果情况允许的话，可以找领导敞开心扉地谈一下，请教一下领导对自己有哪些方面的看法，找到误会的所在，然后进行耐心地解释。相信只要你的态度够诚恳，一定可以博得上司的欢心，化解双方的误会。

作为下属，女人在与上司相处时存在矛盾是在所难免的，但是不能听之任之，甚至故意激化双方的矛盾，这些都是不明智的做法。一个聪明的女人懂得，当双方产生矛盾或误会时，采用积极的态度去对待有利于问题的解决。因而，如果职业女性与领导相处时，能够主动给领导争面子，为领导增添光彩，那么她，一定可以在职场生涯中如鱼得水，进退自如。

与不同类型上司相处要有不同的方法

对于职业女性来说，最小心翼翼的事情莫过于面对自己的上司。能否和上司搞好关系，将直接决定你的工作能否顺利进行。也许，有的女性朋友们认为自己的上司性格太怪异了，实在很难搞定。的确，人有很多种，有的性情温和，平易近人；有的生性暴躁，待人严厉。然而，只要掌握其中的技巧，相信无论什么样的上司都可以友好相处。

想要掌握与不同类型上司的相处之道，就得先了解一些作为下属与上司相处时应注意的基本问题，这样有利于职业女性在工作中与上司更好地相处。

1.保持良好的心态，端正自己的态度

上司也只是一个平凡的人，因为其所在的位置及每天都忙于公务，与普通人相比可能更容易发脾气、犯错误等。所以，职业女性不能把上司过于理想化，不要认为上司就应该像圣人一样通情达理。其实，上司也会把情绪带入工作中去，甚至会把自己的愤怒迁移到他人身上，或是无缘无故地冲下属发火，这些都是很正常的事情。作为女性下属，与上司相处时，你要端正自己的态度，多站在上司的立场上考虑一下问题，保持好自己的心态，这样有利于建立起一种和谐的氛围，有利于良好关系的建立。

2.善于观察上司的言行，说话做事力求符合上司的要求

职业女性如果想要获得上司的认同，必须学会察言观色。事实上，上司的行为习惯都可以从其个性特点及对人对事的态度上观察到。下属只要能够细心观察，就一定会有所收获。对上司有所了解以后，在平时的说话做事时就要调整自己的思路和节奏，以满足上司的要求，这样可以在上司的心目中树立起良好的个人形象。

3.具体情况需要具体对待，学会灵活应变

虽然你已经掌握了上司的一些个性与习惯，但如果凡事都按照这个要求去做的话，也未必就能符合上司的要求，有时需要根据具体的情况灵活对待。这就需要职业女性与上司相处时，要拥有深邃的洞察力，能够准确地判断出上司的意图。

以上这三点适用于所有类型的上司，如果想要把握上司的“脉搏”，与上司之间建立良好的合作关系，单单依靠以上这几个方面还不够。作为职业女性，你还必须掌握与不同性格类型的上司的相处之道。只有这样才能做到准备充分，驾驭好自己的上司。

1.与理智型上司相处

这种类型的上司在职场中并不少见，这类人往往性格平和，说话做事都讲分寸。既不多说，也不会对人过于表露自己的感情，往往很难让下属猜到他们内心的想法。与这种上司相处时，职业女性可以向其提出自己的意见，

然而不能自作主张，凡事还得按照上司的要求去执行。在执行的过程中，要注意细节，不能因为一时的疏忽招来上司的不满，必要时须对过程作详细记载。若遇到难题，要尽力自行解决，方能体现出你的应变能力。

2.与优柔寡断型上司相处

这种类型的人往往做事拿不定主意，有时一个问题可能改来改去好多遍。与这种类型的上司相处时，职业女性要多准备几条意见和建议供其参考。有时，针对上司的性格，下属还应把每种可能性会带来的后果，都讲清楚，以帮助其分清形势，做出最终决定。同时，下属针对上司的性格要时刻作出改变主意的心理准备，凡事未到最后期限都要谨慎执行。

3.与脾气暴躁、冲动型上司相处

这种性格的上司情绪容易失控，有时可能为了一件琐事斥责下属，通过给下属难堪而树立自己的权威。与这种上司相处，做事要细心认真，最好不要惹到他。在他要发火的时候，如果有理由走开，那就赶紧消失在他眼前。如果实在不行的话，那就保持冷静，等到他发泄完了，他可能还会为没能控制好自己的情绪而心怀歉意。

4.与糊涂型上司相处

与这种类型上司相处时，最让人头疼的就是，他自己说过的话，做过的事可能会忘得一干二净，弄得你无所适从。因而，职业女性与这种上司相处时，上司在发言或表达观点时，下属可以装作不懂，多问几遍，也可提出不同看法，通过讨论的办法来加深上司的印象。如果可能的话，对于上司布置的任务或是递交给上司的东西，都要做书面记录，并请上司签字确认，以此作为日后的证据。总之，与这种上司相处时，对于每件事情都应尽量做到有证据，以备不时之需。

总之，无论与哪种上司相处，作为职业女性都要对其个性和习惯做到心中有数。这样一来，与上司相处时只要做到认真细致，极力避免触到上司的禁忌，也就可以保持和谐的关系。针对不同类型的上司，如果职业女性能够按照以上方法区别对待的话，相信一定可以和上司建立良好的关系。

❊职业女性与异性上司相处的法则

职业女性如果不能搞定与上司之间的关系，轻者会为自己的工作和生活带来麻烦，更有甚者可能会影响到自己的事业与前途。与上司的利害关系，不用说，每个职业女性都明白。尤其是与异性上司相处时，如果处理不当的话，女性更容易被人误解。虽然对于职业女性来讲与上司相处是一门学问，需要认真对待，但是也无须把它想得过于艰难，只要掌握了其中的技巧，相信每一个职业女性都可以成为上司身边的小红人。

其实，职业女性与上司相处时只要能够遵循一定的法则，便可以让自己在职业生涯中进退自如，游刃有余。那么，职业女性与上司相处时需要遵守哪些法则呢？

1. 职业女性与女上司的相处法则

（1）与女上司相处时，要注意自己的仪容仪表，不能太富有魅力。同样身为女性，如果你整天把自己打扮得魅力四射地从她身边走过，只会让她觉得自己的风采完全被你给夺去了，那你就别指望能从她那里得到认同，也就更别提与她建立良好的人际关系了。如果你比上司年轻，你可以让自己的服饰体现出纯洁、高尚，但是要学会隐藏自己的锋芒，以免为自己招来妒忌。

（2）与女上司相处时，要选择恰当的话题。虽然，同为女性可能会对一些减肥、美容、烹饪等内容感兴趣，但也要分清场合。试想一下，如果在办公场所，你与你的女上司谈美容心得，只会让对方觉得你根本没有把心思放在工作上，她会站在公司的利益权衡你的行为是否出格。

当然，如果是在工作以外的场合，你可以选择一些大家都感兴趣的话题来探讨，以便加深双方的感情。你也可以尝试邀请女上司一起去参加一些健身运动，这样也可以增加双方的交流，有利于双方良好关系的建立。

（3）不参到女上司的私人生活，永远保持工作的忙碌是最明智的做法。无论你的女上司结婚与否，也无论她现在心情糟糕与否，都不能给予过多的关注。当然，必要的时候，你也可以对对方表达一些劝慰的话，前提是她主动向你倾诉自己的不幸。想要与女上司友好相处，就要做到平静对待她的一切,不要给予太多关注。

2. 与男性上司相处时,职业女性应遵守的法则

(1)注意自己的仪容仪表,避免引起对方的误会。与异性上司相处时,职业女性要注意自己的形象,不仅要注意自己的服饰,更要注意自己的言行举止。与上司相处时,要做到着装端庄大方,符合你的职业需要,不能选择一些过于暴露、不适合工作场所的服装。同时还应注意自己的言谈举止要得体。避免给上司带去错误的信息,引起上司的误会。

(2)保持适度的亲昵,但应把握好分寸。与异性上司相处时,职业女性可以利用自己的条件,与上司保持适度的亲昵,得到上司的怜悯之心,但也要注意适度原则。如果亲昵过度的话,一旦超越正常的男女关系,则可能让自己陷入被动的局面当中。

(3)与异性上司相处时,女性下属要保持自尊自立的个性,保持人格独立。职业女性应该明白,无论什么时候只有保持人格的独立才能不被眼前的利益所诱惑。因此,职业女性与异性上司相处时,不能为一些利益就一味地讨好、顺从上司的安排,只有保持自尊、自立才能抵抗住利益与权力的诱惑,才能避免沦为金钱与权力的牺牲品。

与上司的相处是一门学问,要想熟练地驾驭它,得经过认真的钻研。但是,作为职业女性来讲,无论与什么样的上司相处,你都无须过于担心。只要能够从以上几方面做起,相信任谁都可以成为上司眼前的小红人,得到上司的认同,与上司建立起良好的人际关系。

如何向上司送礼,才不让礼物成为烦恼

当今社会,送礼已成为为人处世、融入社会不可缺少的一种社交方式,也是社交活动的重要手段。然而,面对职场上司,既非亲又非友,该不该给上司准备礼物,又该给上司送什么样的礼物,这是每一个职场女人都会面临的难题。给上司送礼也是一门学问,如果不讲究方式方法,不但不能达到预期的效果,反而可能会遭遇难堪与尴尬。因此,作为一名职场女性,如果想要通过礼物来增进与上司之间的关系,你就必须注意一些细节问题。

1.端正送礼态度

送礼无外乎有两种目的:其一,联络感情,增进双方之间的关系;其二,有求于人,借送礼为自己打通关系。作为职场女性,你在给自己的领导送礼时,一定要端正态度,不能认为给领导送礼就可以让自己得到领导的赏识或是拥有晋升的机会。当然,如果你的领导真是这样的人,那这样的领导肯定不可能会有什么作为,即使能够得到他的提拔,在他的手下也不可能有什么大的作为。因而,职场女性送礼时,要端正态度,摆正送礼心态,才能更好地与上司交往。

2.掌握领导的喜好,选择合适的礼物

身为职场女性,应该选择什么样的礼物送给领导,要因人而异。面对不同的人,要选择不同的礼物,因而,职场女性在选择礼物之前要先对上司有所了解。想要让自己送的礼物被上司喜欢,就要先了解其品位,按照上司的品位去选择礼品。也许有的女性会说,自己不知道领导喜欢什么。其实只要用心,相信每一位女性都能选择出一份打动上司内心的礼品。

3.选准送礼时机

绝大多数人都认为节日是维系关系的最好时机,因而选择在节日送礼,其实,节日并不是送礼的唯一好时机。一个聪明的女人,会把目光放在上司生活中的任何一个变化中,抓住有利的时机向上司送礼。比如,可以选择在生日、生病住院时以一些借口名正言顺地送礼。从具体的时间来说,送礼适宜选在下班之后,这样可以避开办公室的人员,减少他们的猜忌和怀疑。

为了能够给上司送好礼,不少人可谓绞尽脑汁,因为既要考虑到礼品的价格,又要照顾到时尚。如何才能让自己的礼物深得上司的心,是每一个职场女性所必须考虑的问题。其实,只要掌握送上司礼品的原则,相信每一个职场女性都可以让自己的礼物成为最受欢迎的一个。

(1)礼物的选择要注重情义,淡化利益。送礼具有传情达意和利益交换的双重功能,想要让送给上司的礼物深得上司喜爱,那么在选择礼品时就要选择上司喜欢的礼物。礼物的形式可以多种多样,作为员工与上司增进感情的礼物,可以是一张音乐会的门票或是一起去 KTV 唱歌,不必非得选择一些具体值钱的东西。

(2)送礼应注重双方的交流,而非送礼形式。如送礼只是为了表达自己的心意而已，职场女性如果想要增进与上司之间的关系，应把重点放在送礼时与领导的交流上，只有这样才能让领导知道你的存在和能力，而不是仅仅知道你是他的员工而已。如果只是把目光放在礼物的多少上，只会让你时刻担心别人的礼物比自己多，对上司的表达不到位等等，陷入送礼的苦恼当中。

此外，职场女性在给上司送礼的时候，还应注意以下几点：

(1)送给上司的礼物，必须是崭新的物品。因为，无论再好的东西，没有人喜欢收到二手货。

(2)礼物应该是以上司的喜好为主，不能总是把目光放在实用的物品上，这样的礼物会让你显得没有想象力。

(3)最好不要把现金当作礼物赠送，它容易与受贿搭上关系。

(4)送礼前要给礼物来一个漂亮的包装。

(5)无论礼物的价钱是多少，送礼时都要撕掉标价。

送礼是一门学问，职场女性如何才能掌握好这门学问，把礼物顺顺当当地送给上司？只要学习了上面这些内容，相信一定会对你有所帮助。礼物固然在一定程度上可以增进职场女性与上司之间的关系，但是并不能代替员工的能力与才华。对于员工来说，送给上司最好的礼物就是好好工作，靠自己出色的业绩说话，因而，职场女性莫让礼物成为烦恼。

第十一章※注重细节，商务场合展示礼仪修养

由于商务活动中交际的对象往往是一些合作的企业、客户、准客户，因而商务礼仪的要求要比普通的办公室礼仪和社交场合的礼仪更严格。在商务活动中，女性朋友的礼仪水平不仅仅体现的是个人的修养和素质，更多的时候代表的是企业和国家的形象。某些情况下，如果不懂得礼仪可能还会把事情搞砸。由此可见，掌握一些基本的商务礼仪对一些商务人士来说非常必要。

❀ 小小名片传达出你的优雅与风度

名片是现代人的自我介绍信和社交联谊卡,也是商务人士必备的沟通工具。一张精美的名片,可以给人留下深刻的印象。现代生活中,一个不会使用名片的人就是一个没有交际经验的人。名片的作用不小,但是如果使用不当的话,则可能会适得其反,破坏了你在他人心目中的形象。由此可见,名片的使用也是有讲究的。那么,在使用名片时应注意哪些方面呢?

1.关于名片使用和制作的基本要求

名片既是对一个人的介绍,同时也可以体现一个人的风格。因此,在商务活动中,女性朋友要确保自己的名片使用要符合基本的礼仪要求。具体要求是:第一,名片不能涂改。第二,不准提供两个以上的头衔。第三,不能提供私人的联系方式。

除此之外,名片的制作也有严格的要求。对于商务人士来说,首先,名片要符合规格。国际的标准规格是6×10厘米,国内商务通用规格是5.5×9厘米。其次,名片的材料要选择再生纸。再次,用于商务交往的名片宜色彩淡雅,选择单色。再次,商务人士名片上的信息可以有企业的标志、单位的地址,及企业的标志性建筑。最后,商务人士名片上的字体,要用标准的印刷体。

2.名片的递送礼仪

在商务活动中,名片是商务人士自我介绍的重要方式。交际双方在介绍后,需要进行名片互换,此时,递送名片也是有讲究的。当向他人递送名片时,应将名片文字正面向对方,用双手拇指和食指执名片两角奉上。同时,目光要注视对方,且面带微笑,大方地对对方说,“这是我的名片,请多多关照。”当然,在双方还没有经过介绍,尚未弄清对方的身份时不宜急于递送名片。

在双方进行名片交换时应注意交换顺序,通常情况下先客后主。当然,如果对方人数较多时,则应按照职位的高低顺序或是所处的位置,依次进行,不能跳跃。

3.名片的接受礼仪

在商务活动中，不仅递送名片要讲礼仪，在接受名片的时候也要讲究礼仪。接受名片时的要求有：首先，要保持身体站立，同时面带微笑地回视对方。其次，接过名片的同时应表示感谢。再次，双手接过名片后，不能马上放下，要微笑着阅读名片上面的内容，阅读时可将对方的姓名职衔念出声来，并抬头看对方的脸，让对方感受到重视之情。最后，回敬一张本人的名片。如果话题没有结束的话，不能将对方名片收藏起来。

4.名片的存放礼仪

当接过对方的名片时，既不能随意地摆在桌子上，也不能把它丢进抽屉内，更不能随手塞进口袋或是包内，这些都是不礼貌的行为。正确的做法是：接到他人名片时，如果有名片夹的话，放进名片夹中，或是放在重要的位置，以示对对方的尊重之情。对于那些在从事商务活动的人，名片要及时地整理，不能把这些名片随便丢弃，更不能给予他人。

5.使用名片时的细节问题

（1）对于商务女士来讲，要将自己的名片准备好，整齐地放在名片夹中，不与其他杂物放在一起，防止用时手忙脚乱或掏错名片。

（2）发名片时要找准时机，可以在会前、会后或是谈话前后发，不能在会中、谈话中发送名片。

（3）对于破旧的名片应尽早丢弃，不使用脏污的名片发给他人。

（4）从对方手中接过名片后，礼貌上要回给对方自己的名片，如果是忘带或是不想给的话，要告诉对方用完了或是忘带了。

女性在商务活动中，只有掌握了这些礼仪，才能向他人展现出你的教养与魅力。关于商务活动的礼仪虽然有很多，但是只要用心去学习，女性朋友一样可以成为具备礼仪的商务精英。如果你也想变成活跃在商务领域的一名精英的话，那么从名片礼仪开始学习吧！

商务电话要从“礼”出发

商务的运作离不开电话这一便捷的通讯工具，当接听者的声音通过话筒传给对方时，给他人留下的印象，将影响到一个公司或企业的形象。由此可见，商务电话礼仪在商务活动中起着非常关键的作用。因而，商务人士必须掌握商务电话礼仪知识。

那么，商务电话礼仪都有哪些内容，下面会为大家作出具体分析。

1. 接打商务电话时的基本礼仪

(1)迅速、准确、及时接起电话。现代商务人士业务繁忙，桌子上往往有两三部电话，当听到电话铃响起时，要准确迅速地拿起听筒。接电话最完美的时间，是在电话铃声响第三声时接起来。无论是第一声就接起来，还是长时间无人接听，让对方久等都是很不礼貌的行为。如果电话铃响很久以后才接起，那么首先应该向对方道歉。如果是拨打电话，对方接起后，要及时向对方介绍自己，并说明来意。

(2)接通电话时的声音。当接起电话以后，要注意自己的声音。想要在电话交流中给他人留下良好的形象，首先，要让自己的声音清晰明朗。要做到这一点要保证通话过程中坐姿端正，只有这样才能让你的声音充满活力，而不赖散无力。其次，要保持喜悦的心情。通话中，即使对方看不到你，但也会受到欢快的语调的影响，留下深刻的印象。如果是接电话的话，接起后，应主动地介绍自己或单位。如果是拨打电话，接通后也要主动地介绍自己或单位。

(3)接挂电话要注意细节问题。通话过程中，要想让声音保持完美的话，注意嘴与话筒应保持 4 厘米的距离。当对方正在表达自己的看法时，即使你有不同的意见，也要仔细聆听，不得中途打断对方说话。挂电话前要先向地方告别，然后才能挂电话。通话完毕后，挂电话时要做到轻拿轻放，不能“啪”地一下扔回原处，要等到对方挂了电话以后再挂电话。

2. 接电话时的礼仪

(1)礼貌用语。在商务交往中，接电话时一定要注意自己的言语，应使用礼貌用语。即使对方拨错了电话或电话串了线，也要保持风度，不能乱发脾气，更不能说出一些没有水平的话。如果有可能的话，帮助他查询一下正确的电话号码。

(2)确认对方的信息。对方打来电话时一般会主动介绍，如果在这个过程中你没有听清的话，可主动询问对方，以得到正确的答案。如果对方有某事要代办的话，在通话的过程中，需要做记录，当对方表达完自己的意思后，要再向对方核实一下，看记录的信息是否准确无误。

（3）结束通话的要求。在通话过程中，接电话的一方不宜率先提出中止通话的要求，当然，如果因情况特殊，必须中止通话时，可以向对方告之原因，并告之对方"一有空闲，我马上挂电话给你"？消除对方的误解。如果在通话过程中，遇到那些打起电话来没完没了，抱着电话舍不得放下的人，也要委婉、含蓄地提出，不要让对方难堪。

3. 拨打电话的礼仪

（1）选准打电话的时间，国外电话要留意时差问题。拨打电话时，要先考虑对方现在是否有时间，如非重要的事情，尽量避开他人休息、用餐的时间，节假日也尽量不要打扰对方。如果是要打到国外的电话，还应考虑时差问题，不能让电话打扰对方的休息。即使客户将家中的电话号码告诉于你，也尽量不要往家中打电话。

（2）掌握好通话时间。如果要拨打电话，最好做好准备工作。具体准备工作：想好要讲的内容，如果需要记录某些东西的话，将资料都准备齐全，既不能现想现说，也不能临时去找资料，以便节约通话时间。遵守商务电话中的"3 分钟原则"，即通话时间不超过 3 分钟的原则。

日常生活中，通过电话可以粗略地判断一个人的性格、修养。在商务电话中，女性朋友们如果想要通过电话展现自己的修养与仪礼，就必须懂得一些商务电话礼仪的知识。只要掌握了这些知识，相信每一个女性都可以成为商务电话中的彬彬有礼者。

细心周到，商务交际中座次排列有门道

商务交际中，无论是商务会谈还是商务宴会中，顺序和位次的排列礼节很重要。无论是在国内还是国外，正规场合下，对座次排列的问题都很敏感。对商务人士来讲，座次排列的礼仪至关重要。在商务交际中，能够准确运用座次排列的礼仪，既可以体现出女性朋友的职业素养，同时也可以体现出对商务伙伴的礼遇。

1. 商务交际中座次排列原则

(1)左右位置中以右为尊。左中座次排序中的尊卑问题,要根据具体情况来对待。按照国际惯例,“以右为尊”是普遍适用的次序原则。但从我国来看,“尊右”、“尊左”要分情况而言。如果是一些政务会议、国企内部大型会议,要遵守“左为上”的原则。其他的商务、社交活动则遵从国际惯例。

(2)前后位置以前为上。座次的前后排列中,以前排为上,后排为下,因而前排适宜安排一些更重要的人士。

(3)中间与两边的排序中,居中为上。相比两边的位置而言,位于中间的人讲话更能使两边的人听到,方便与两边的人进行交流,因而以居中为上,两边为下。

(4)面对门与背对门的排序中,以面门为上。相比较而言,面门的位置视野要开阔些,比背对房门位置优越。因而座次排序时,往往以面门位置为上,背对房门的位置为下。

2. 根据人物身份安排座次位置

商务交际中,座次排序时,在遵照基本原则的提前下,要根据人物的身份来安排位置。商务活动中排序时,首先以上下级关系排列;其次以年龄排序,相同级别时,以年长者为先;最后以性别排序,相同级别、年龄情况时,通常以女士优先。

3. 具体商务活动中座次排序礼仪

(1)商务会议座次排列礼仪。设有主席台的会议座次礼仪。采用主席台的会议形式通常用于召开一些内部大型会议或是新闻发布会。因此,安排座次时应前排高于后排,中间高于两边,右边高于左边。台下参会人员要坐于主席台对面,座次排序原则与主席台排序原则相同。

长方形会议桌的座次礼仪。这种会议桌适用于内部会议或双边谈判的现场。若召开内部会议,则公司最高领导者应位于短矩形的一侧,且应面门或远门而坐。若是谈判现场,则双方应分坐桌子两侧,且各方职位最高者应位居居中位置,职位次高者位于前者双侧右边,第三者位其双侧左边。

椭圆形及 U 形会议桌。这两种会议桌,多用于内部会议,在座次排序时,通常职位最高者位于一头,其他参会人员则位于两侧。

(2)特殊情况下的座次礼仪。官方会见时座次礼仪。这种情况下的座次，通常情况下采用宾主并排而坐的方式，客人则坐在右侧。其他随行人员则分坐在双方的两侧，整体呈现 U 字形。

联谊与沟通的茶话会座次安排。这种活动通常不进行具体的商务事宜，主要以联谊与沟通为目的，因此座次安排不必太讲究。通常情况下可将桌椅等围成圆形，随意就座，以利于双方交流。

(3)商务宴会的座次礼仪。正式宴会开始之前的准备工作之一，就是安排席位。对于商务宴会中，座次礼仪的安排也很重要。一些大型的宴会，一般会有很多桌次，每个餐桌上都要放置桌次卡，每个席位上又都要放置席位卡，女性在遇到这种情况时，应如何安排宴会座次？

中式宴会桌次安排。中式宴会通常定为 8~12 人一桌，若人数较多，也可以多分几桌。安排桌次的原则要以实际情况而定。如果分成左右两桌，则以右为上；若在房内并排竖着放两桌，则以远为上；若有多张桌子并列摆放时，遵守居中为上；若桌数过多的话，则应混合各种常规交叉使用。

中式宴会席次的安排。在中式宴会上的席次排列的原则：①以面门为上。宴会的主人面对餐厅正门而坐，居主位越近，则地位越尊。②主宾居右，主宾应选择在主位的右侧。当然，如果有多位主人时，则可以选择主与宾交叉排列。③以双为好。每张餐桌人数最好为双数。④各桌同向，在场的每桌排位应大体相似。

国际惯例规定。按照惯例，对于桌次规定以离主桌位置远近而定，通常右高左低。对于席次的规定，则以离主人座位远近而定。通常情况下，如果夫人出席，则男女分坐两边，即主宾从男主右上方，主宾夫人坐女主右上方。若主宾身份高于主人，则可安排在主人位置。

在商务交际中，座次礼仪很重要，它不仅可以体现出一个人的修养水平，同时还可以体现出对他人的尊重之情。某些情况下，如果不懂得座次礼仪的话，最终可能导致合作关系的破裂。因而，作为商务女性，你必须掌握这些座次礼仪。虽然，座次礼仪很重要，但是也没有必要过于担心，只要能够按照这些方面来做，每一个女性都能在商务场上利用座次礼仪向他人展示自己的修养水平。

❊ 商务谈判中与对手较量也要讲“礼”

随着经济的发展,商务交往活动日益频繁。商务谈判贯穿于一系列的商务活动中。在商务谈判中,如果能够做到以礼待人,不仅能体现谈判者自身的修养与素质,还可以给谈判对手留下良好的印象,从而影响最终的谈判结果。相反,如果有失礼仪的话,可能直接导致商务谈判的失败。对于商务谈判人员来说,了解并掌握一些谈判的礼仪显得十分必要。

1.商务谈判人员的选定与仪容仪表礼仪

通常情况下,谈判队伍由主谈人、助手、专家和其他谈判人员组成。作为谈判的一方,如果想在这场谈判中取得成功,必须注重谈判人员的选定。选定谈判人员时,要考虑身份与职务,应该与对方相当。同时,作为谈判人员与席谈判时,应注重个人的形象。在商务谈判时,服装穿着要求庄重、高雅。对于男士来说,可以穿深颜色的西服套装和中山装套装,配白色衬衫和黑色皮鞋,同时系单色领带,以示庄重。对于女士而言,职业套装是最佳选择,且要注意不能佩戴过多的配饰。

2.谈判时间、地点的选择及会场的布置

谈判时间的选择要经过双方协商以后才能确定下来,不能单方面确定。原则上,要选择对自己最有利的时间进行谈判。选择谈判地点的时候,也应首先考虑自己熟悉的环境内。如果实在无法争取到的话,也应考虑双方都不熟悉的场所;如果需要进行多次谈判的话,谈判的地点也应依次互换,以示双方公平对等。谈判地点选定以后,要对会场进行布置,可以选用长方形或椭圆形的桌子作为谈判桌,应横放于室内,同时放置坐椅,且注意谈判时的座次礼仪,如果是多边谈判的话,最好能在座位上摆放座位牌。

3.谈判初期的见面礼仪

当谈判各方见面时,见面礼仪也不能忽视。作为谈判各方,在谈判初期见面时,要进行介绍,介绍的时候应遵照礼仪顺序,先尊后卑,先长后幼。介绍到某人时,应起立向对方微笑示意,并使用礼貌用语跟对方打招呼。同时,还应注意目光礼仪及举止礼仪。

4.谈判中的座次礼仪

商务谈判可分为双边谈判和多边谈判。如果是双边谈判的话，则宜采用长方形桌子，宾主各坐一边，客人坐在上方，双方负责人则坐于中间，其余的人员则遵照顺序依次坐下。如果是多边谈判的话，则宜采用主席台形式。室内主席台的位置应正对正门，其他各方则正对主席台分别就座，采用代表轮流上台发言的形式。在谈判人员入座时，应派引导人员进行座位引导，以免坐错位置。

5.谈判中的洽谈礼仪

商务谈判的过程就是谈判各方洽谈的过程，任何成功的谈判都是各方洽谈的结果。而任何洽谈都应遵守一定的礼仪。因而，在商务谈判中，如果想要取得谈判成功的话，就必须遵守洽谈礼仪。

(1)语言礼仪。在商务谈判中，作为谈判人员，要做到语言既恰当又礼貌。在谈判过程中，首先要确保语言文明，不说粗话、脏话，更不能说侮辱人格的话。当双方意见不一致时，要注意说话的语气，注意保持风度，说话时应心平气和，求大同，存小异。谈话内容要围绕着谈判目标进行。在表达看法时，要多使用委婉的语言，避免言辞过于激烈或追问不休，但如果是原则上的问题，则应据理力争。遇到特殊情况，反应要灵活，根据谈判需要，谈判内容该明确时要明确，该模糊时就要模糊。

(2)非语言礼仪。非语言礼仪包括目光礼仪、面部表情礼仪、手势礼仪及身体礼仪。在谈判过程中，遇到困难时，要学会用一些非语言的礼仪及其他手段来处理问题。如表示赞同的时候用点头或微笑，未听懂时则显示出困惑的表情等。在使用身体语言时，应注意地域的区别，以免造成对方误解。

(3)谈判中要多听少说，给他人说话的权力。在谈判过程中，要学会倾听对方，这样一来，既可以体现出对对方的尊重之情，又可以从倾听他人说话中获取有效信息，了解对方意图，找到解决问题的办法。

6.谈判后的场下礼仪

商务谈判有时并不仅仅局限于谈判桌上，越重要越困难的谈判，则越重视私下的交流。通过私下的交流，可以增加双方的感情，可以对谈判的成败产生影响。通常情况下，可以为谈判对手安排一些酒会、舞会等活动。作为谈判主方可以通过这些私下的活动与对手多接触一些，充分利用这些活动向对方展示公司的形象，加深对方的印象，有助于谈判成功。

商务谈判早已成为常用的社交活动之一，商务谈判的成功建立在平等友好和互利的基础上。作为商务谈判人员，女性如果违背了谈判礼仪的话，会给双方合作带来不必要的麻烦。因而，女性如果想要在商务谈判场合应付自如，获得谈判成功，就必须掌握商务谈判中的这些礼仪。

商务签约中做好最后一步，做到善始善终

在商务交际中，双方经过谈判，针对合同上的条款最终达成共识后，会举行正式的签约仪式，那么，在商务签约的时候，女性应注意哪些礼仪呢？

1.签字厅的布置要合乎礼仪要求

在商务交际中，用于双方签约的签字厅可以是专用的，也可以临时用会议厅或会客室代替，但是在布置选择的时候要遵守礼仪规范。室内应铺满地毯，除了签字用桌椅以外，其他一切陈设都不需要。签字桌横放于室内，可在桌子两侧摆放适量坐椅。坐椅的数量可根据具体情况来改变。签字人在就座的时候，通常情况下应面对正门。

2.签字桌的物品摆设及座位的次序

签字桌通常情况下应选择长桌，桌面上应铺上深绿色的台面。在签字桌上同时要放上待签的合同文本及签字笔、吸墨器等其他文具。当然，如果是涉外签约的话，还应在双方桌面上插上各自国家的国旗，但应注意摆放的位置顺序，必须按照礼宾的序列而行。

3.参与签字仪式人员的服饰礼仪

签字仪式是一件非常庄重、严肃的事情。因而，按照规定，无论是签字人员，还是助签人员及随员都应注重服饰礼仪。所有人员都应穿着礼服性质的服装。如女士穿着深色套裙，男士则应选择一些深色西装套装或中山装套装，且配白色衬衫与深色皮鞋，男士还应系单色领带，以示正规。同时，即使只是在签字仪式上露面的礼仪人员，也应注意自己的服饰礼仪，可以穿工作制服，也可以穿旗袍一类的礼仪性服装。

4.遵守座次礼仪

在正式签署合同时，主方将代为先期安排各方代表的座次，因各方代表对于礼遇问题均非常在意，因而主方在安排座次时应遵循礼仪。具体要求为：请客方签字人员入座时，应在签字桌右侧入座，主方应位于左侧。其他的助签人员则应分立于双方的外侧，对于随行人员，既可以按照顺序入座，也可以站于主签人员的身后。

如果是签署多边性合同，则须轮流上前签字，顺序上则可以按照事先协商好的顺序。助签人员则随着签字人员一同行动。签字时，助签人员按照“右高左低”顺序，站立于签字人的左侧。

5.对于即将待签的合同文本的要求

（1）合同文本不能是一些正在协商或是各方还在为某些细节存在争议的文本。签署合同时，应拟定合同的最终文本，不能再有任何更改。

（2）关于合同文本的定制，应由签合同的主方会同有关各方一道指定专人，共同负责合同的定稿、校对、印刷与装订工作。原则上，需要为即将签字的各方提供待签合同，若需要的话，还应提供一份副本。若是涉外商务合同的话，合同文本应使用有关各方语言或是国际上通行的语言进行撰写。在使用外文撰写合同时，要反复推敲，慎用词汇。

6.签署合同时的礼仪要求

（1）在签字仪式开始，签订合同时，各方先在己方保存的合同文本上签字，然后签署他方保存的合同文本。这样一来，可以使签字各方都可以有机会名列首位，以显示出“机会均等”、“各方平等”。

（2）双方签字完成后，正式交换已经有各方正式签字的合同文本。交换完成以后，作为签字各方应热烈握手，互相祝贺各方建立合作关系。同时，签字人员还应把使用过的签字笔进行交换，以作纪念。届时，全场人员都应以热烈的掌声表示祝贺。

（3）双方交换合同文本完成以后，签约各方需要共饮香槟以示祝贺。按照国际惯例，交换已签的合同文本后，有关人员尤其是签字人员应当场把香槟饮尽，以此来增添喜庆色彩。

商务签约是商务合作关系建立的最后一步，也是最关键的一步。如果在这个环节出现任何差池的话，都可能影响最终的合作关系。因而，作为商务人士的你，想要取得最后的成功，必须重视签约时每一个步骤。商务场合，女性如果能够遵守签约时的这些礼仪规定，一定会促进双方合作关系的建立。

商务剪彩中如何剪出好彩头

在各式各样的开业仪式上，商务剪彩都是一项极其重要、不可或缺的程序。剪彩仪式之所以能够经久不衰，则主要基于它能够给剪彩者带来喜悦的同时，又可以体现剪彩者的修养与成绩。然而，看似热闹喜庆的剪彩仪式，流传至今，也已形成了众多的惯例和规则，需要参与剪彩者遵守，这些惯例和规则就是剪彩礼仪。在商务场合，女性想要在剪彩仪式上展现个人的修养与魅力，剪出好的彩头，那就必须注意剪彩的细节。

1. 剪彩准备工作中的礼仪

作为商务剪彩，表达的是喜庆的意思，因而对剪彩的场地、剪彩人员、剪彩道具都有所要求。具体要求如下：

(1)剪彩场地的要求。作为剪彩的场地，必须经过认真的布置，无论是场地的安排，还是周围的环境卫生，还是灯光及音响设备，都应准备到位，确保剪彩仪式能够顺利进行。在剪彩仪式开始之前，有必要再检查一次，确保万无一失。

(2)剪彩人员的服饰装束礼仪。参加剪彩人员的服装都有统一要求，按照常规，剪彩人员应着套装、套裙或制服，头发梳理整齐。在参与剪彩时，既不能戴帽子，也不能戴墨镜等，更不能穿着便装参加。助剪人员必须身穿深色或单色的套裙或旗袍，配肉色连裤丝袜，脚穿黑色高跟皮鞋。所有助剪人员的穿着打扮必须尽可能地整齐划一，如果需要的话，也可以请一些礼仪小姐。

(3)剪彩活动中的道具准备。在整个剪彩活动中，需要的道具都应准备齐全，且保证都能正常使用。

剪彩中的红色缎带，也就是剪彩仪式中的“彩”。这条红色缎带要求是一整匹未曾使用过的红色绸缎，并在中间结成无数朵花团。这些花团要求要生动、硕大、醒目，且具体的数目要根据剪彩者的人数来决定。比剪彩者数目少一个，或多一个都可以。

剪彩仪式所用的剪刀，都必须是崭新、锋利的，数量与剪彩者人数相同，在剪彩前要检查每把剪刀是否都已开过刃，确保在剪彩时能够一举成功。剪彩仪式结束以后，可以作礼物送给剪彩者纪念。

白色的薄纱手套也是每位剪彩者必须佩戴的，以示郑重其事。手套在确保数量以外，还应注意手套的大小和洁白度。

在剪彩仪式上，这些道具都应放在礼仪小姐手中的托盘中。对于礼仪小姐手中的托盘也有所要求。通常选择银色不锈钢制品，有时也可以在托盘中铺上红色绸缎。托盘的数量没有太多要求，可以是一只托盘逐一向剪彩者提供用品，也可以为每一位剪彩者配置一只专为其服务的托盘。

有时为了提高档次，还会选择在剪彩者站立的地方铺设红色地毯。其长度可以根据实际情况而定，但是其宽度不应低于 1 米。

2. 剪彩人员的选定

在剪彩仪式上，除了主持人以外，最重要的还是剪彩人员，因而，剪彩仪式上剪彩人员的选定也是有讲究的。在选定剪彩人员时应注意以下几方面：

(1)剪彩人员的数量及身份。剪彩仪式档次的高低，与剪彩者的身份密切相关，因而在选定剪彩人员时一定要注意。通常情况下，出席剪彩仪式的人员多为上级领导、合作伙伴、社会知名人士及客户代表。对于剪彩者的数量没有太大要求，可以是一个，也可以是多个，但是一般不超过五个。

(2)邀请剪彩者的礼仪。如果决定邀请某些人担任剪彩者的话，应尽快通知对方，以征求对方意见，不能勉强。若须邀请多人剪彩，应把情况告知给每个人。剪彩者要提前约好，不能在最后时刻才东拼西凑。

(3)剪彩者在剪彩时站立的位置。若只是一人担任剪彩的话，则居中而立即可。若不止一人前去剪彩的话，则应注重位次礼仪。排序的原则是，剪彩者的身份、地位应中间高于两侧，右边高于左边。

3. 剪彩程序有条不紊

通常情况下，剪彩既可以是开业仪式的一项具体程序，也可以作为单独的一项剪彩仪式。作为一项独立仪式，剪彩时安排时间越短越好，在剪彩时按照既定的程序进行即可。剪彩时的具体程序如下：

（1）请来宾就位，宣布仪式开始。在剪彩仪式中，通常会为剪彩者、来宾及单位的负责人安排座席，剪彩开始时，应先请这些人员入座，入座时应遵守座次礼仪。通常情况下，剪彩者应安排在前排，以便于接下来的剪彩活动。当来宾就座以后，主持人便可宣布仪式正式开始，同时应放音乐和鞭炮，以示庆祝，同时全体人员应报以热烈的掌声祝贺。

（2）主持人向大家介绍现场来宾，奏国歌。在真正的剪彩开始前，主持人应向全体人员介绍今天的现场来宾。在介绍来宾的时候，要按照先后顺序，依次进行。当现场放国歌时，全体人员起立，国歌完毕后，方可坐下。

（3）与会代表做简短发言。当奏国歌完毕后，与会代表需要对本次剪彩做一简短的发言。发言时也应遵守秩序。首先发言的是主办单位的代表，接下来是上级主管部门代表、地方政府代表、合作单位代表等。代表发言时应把握好时间，每人发言不超过三分钟。与会代表发言的重点应放在介绍、道谢与致贺三方面。

（4）剪彩者走上前去剪彩时的一些要求。在剪彩开始之前，还应对今天的参与剪彩者进行介绍，然后进行剪彩活动。在剪彩时无论是剪者还是助剪者都要注意自己的举止，要表现得不卑不亢，落落大方。作为助剪者的礼仪小姐要依次走进现场，可以从一边进入，也可以从双侧进。然后按照各自的任务分开行动，接彩者与捧花者站成一行。托盘者站在她们的身后，要分开一米左右，自成一行。引导者应在剪彩者登台之时，行至左前方进行引导。

剪彩者在登台之时应从右侧出场，若剪彩者不止一人的话，应使主剪者走在前，当主持人向全体作介绍时，主剪者应面带微笑地向大家欠身或致意。托盘人员待剪彩者到达位置后，上前行至剪彩者的右后侧，递上剪刀和手套。剪彩者同时向托盘者道谢。

剪彩前，剪彩者还应向其他礼仪小姐示意，让其有所准备，然后集中精神，右手持剪刀将红色绸缎一刀剪断；或剪彩者数目多时，应配合主剪者动作，力争协调一致，同时剪断。

剪彩仪式完成后，剪彩者应举起剪刀示意，然后将剪刀、手套放于托盘中，并举手鼓掌；依次与主人握手道贺，列队由礼仪人员引导下场，退场时也宜从右侧下。待剪彩者退场后，礼仪小姐方可列队由右侧退场。

商务剪彩，在剪彩仪式上有众多的惯例、规则必须遵守，其具体的操作程序亦有一定的要求。在剪彩仪式上，无论是剪彩者还是提供服务的礼仪小姐，他们的举止风采，都将直接影响剪彩仪式的精彩程度。因而如果想要在仪式上剪出好彩头，一定要严格遵守以上礼仪要求。

商务拜访有礼有节，才受人欢迎

拜访和接待是商务活动和社会交际中必不可少的环节，是双方迈出成功合作的第一步。对于商务人士来说，有效的拜访既可以体现拜访者的素质，也可以联络感情，增进双方的友谊。要想让自己的拜访有效果，前去拜访他人时必须讲究礼仪。那么，在商务拜访中需要掌握哪些礼仪呢？

1. 要事先和被访对象约定好时间，按时到达

如果需要对他人进行拜访的话，要首先和对方约定拜访时间，无论什么时候，不告而访都是一种不礼貌的行为。关于拜访时间的选定要适当，不能利用他人的节假日等时间进行，如果一旦和对方约好时间，就应准时赴约。如果中途有什么事情耽误，应立即通知对方，并且要向对方解释清楚并表示歉意。

2.到达目的地后进入屋内的礼仪

前去拜访他人时，要进入他人房门，一定要先敲门，征得对方同意方能进入。且进屋后不能随便就座，应待主人安排座位后，才能入座。如果主人不坐的话，那么自己也不能坐。对于主人的座位安排，要记得表达自己的谢意。如果前去时，对方已有客人在，那么应向先来的客人打声招呼。作为先来客人，见到新进的客人后，要主动站立起来，等待介绍。

3.等待接见时的礼仪

到达目的地后，如果要访的主人有事外出或正忙于其他事情，那么作为来访者需要等待接见的话，应安静地坐着，不能随意与周围的人员进行闲

聊。在等候接见期间，要注意周围环境的要求，尽量不要走来走去或者是表现出自己不耐烦的样子。如果因事不能再等下去时，也要记得和工作人员打完招呼才能离去。即使这次没能拜访成功，也不必表现出郁闷、生气等情绪，可以等以后再另寻机会前来拜访。

4.拜访时要注意自己的行为举止，做到彬彬有礼

（1）见面有礼。如果与所要访问的对象是初次见面，那么要先进行自我介绍；如果双方是熟人的话，则要问候并双方握手致意。

（2）举止优雅，体现女性特有的魅力。作为一名商务人士，女性在商务拜访时的行为举止不仅代表个人形象，更多地代表的是公司或单位的形象。因而，女性在商务拜访时一定要注意自己的行为举止，务求做到得体大方，在举手投足间表现出自己良好的修养与气质。

（3）谈吐得体，进行良好的沟通。双方在谈话时，作为来访者要注意说话的礼仪。说话时要做到吐字清晰，条理分明，紧扣话题。不能高谈阔论，讲起话来滔滔不绝，不给他人表达的机会。想要建立起良好的沟通渠道，跟主人说话时要客气，给对方发言的机会，如果双方之间出现矛盾的话，要做到平心静气地讨论，不能一争到底。

5.掌握来访时间，离开时也应有礼仪

对于来访者要掌握好自己的来访时间，逗留的时间不能太长，如果想要表达的问题已表达清楚，那么就可以向对方提出告辞。当然告辞的时候也应注意遵守礼仪。在起身告辞的时候要向主人表示自己“打扰”的歉意。如果还有其他客人的话，则不能“悄悄”离去，应与其他客人一一道别。离开时，要跟主人说声“再见”，表达自己的感谢之情。出门后，应回身主动与主人握手道别，说“请回”、“请留步”等礼貌话语。待主人留步，向前走出几步后，要再回首跟对方挥手致意。

在商务交际中，拜访是商务活动的一种重要形式，也是商务交际的一种重要手段。通过拜访可以增进双方之间的关系，为今后的双方合作奠定基础。然而想要达到拜访的预期目标，就得给对方留下美好的印象，对商务场上的女性而言，只有遵守这些礼仪规范，才能受到对方的尊重，以良好的礼仪风范为公司或单位争得机会。

❊商务接待中：服务从小细节开始

商务接待是企业在公务交往中与宾客沟通的重要手段，接待是否规范、到位，对来访的宾客会造成很大的影响。对于商务人士来讲，恰到好处地运用商务礼仪，不仅可以给来访客户一种良好的印象，更有助于商务交往的顺利进行。反之，如果接待不到位的话，可能会对企业造成负面影响，更有甚者会阻碍双方合作。因此，对于商务场合的女性而言，必须掌握一些商务接待礼仪。

1.商务人员基本接待礼仪

商务接待人员代表的是企业和单位的形象，因而不仅要求品貌端庄，更要注意服饰礼仪，务必使服装整洁、端庄、得体、高雅。在商务接待场合，商务接待人员既不能佩戴过于夸张的佩饰，更不能化浓妆。同时应注意言行举止，确保举止大方，谈吐优雅。

2.商务接待的迎接礼仪

如果对方前来访问、洽谈业务、参加会议的话，接待人员应先了解对方到达的时间、地点等，必要时要安排相关人员前去迎接。主人如果前往车站或机场相迎，一定要提前到达恭候对方到来，不能让对方等候。如果相应身份的主人无法亲自前往迎接，前去迎接人员一定要做出礼貌的解释。接到客人时，应首先向对方问候一声“一路辛苦了”或“欢迎您到我们公司”等，然后向对方介绍自己，并同对方友好握手。然后帮助对方拿行李，安排住宿等。

3.正确的接引礼仪

客人已经到达目的地，作为接待人员应如何礼貌地把客人带进公司，也是需要注意的。在接引的时候，要注意正确的引导方法和引导姿势。在接引途中，要注意的礼仪如下：

(1)乘车的引导方法。乘坐交通工具时要注意座次问题，具体要求可视乘坐的车辆类型来决定。总之，客人应坐在尊位上，上下车的时候，接待人员都应主动地为其开门；同时还应注意开关门时的细节问题。

（2）道路上的引导方法，可视情况而定，招待人员通常位居右侧或后侧，客人位于居中或前方。有时如果需要引路的话，招待人员也可以走在客人前方，但是通常应保持身体稍侧，用正确的手势请对方行走；同时，若遇到路况变化时，应礼貌地提醒对方。

（3）乘坐电梯时，要先进入电梯内，手按电梯的“开门”键，等客人进入后才能关闭电梯门。到达后，接待人员应跟随在客人后面出电梯。

（4）招待室内的引导方法。进入招待室后，招待人员应用手请客人坐在正确的座位上，看到客人坐下以后，应礼貌问候，为对方提供茶水，让客人稍作休息。如果把客人接到指定的位置后便丢下客人独自去处理事情，也是一种不礼貌的行为。正确的做法是：客人到达指定的位置后，主人应稍作停留陪客人热情交谈。谈话的内容可以是一路上的见闻、当地风土人情、自然景观等话题。总之，要让客人感到满意。因考虑旅途劳累，主人也不宜久留，在把此次活动的计划、日程安排等交给客人后，便可以离去，让客人早些休息。

4.商务接待的礼仪细节

接待人员与客人接触时，要注意自己的一言一行，做到“三到”。即眼到、口到、意到。对客人要做到目光热忱，要正视对方，与对方目光交流的时候，要面带微笑。与对方语言交流时，应保持语言沟通顺畅，说话富有温情，沟通到位。同时，还要注意神态礼仪，做到神态端庄，表情自然大方，行为举止优雅，给客人留下完美的印象，促进双方合作。

迎来送往是商务接待活动中最基本的形式和重要环节，也是表达主人情谊、体现礼貌修养的重要方面。在商务接待中，恰到好处地运用商务礼仪，可以给来访客人留下良好的印象，从而有助于双方合作关系的建立，取得最终的胜利。因而，对于商务场合的女性，如果想要给访客留下深刻印象，获得访客认同的话，那就必须遵守接待访客时的礼仪要求。

❊ 商务宴请中的面面俱到让你财源滚滚

在商品经济和市场经济中，商务往来是司空见惯的事情，有时为了增进双方感情，促成双方合作顺利进行，会进行一些商务宴请活动。在商务宴请中,注重礼仪是一个商务人综合素质的基本表现,也是商务交际成功与否的关键。作为一名商务人士,如果你能够注意宴请时的细节问题,同样可以在觥筹交错间达成合约,获得生意。那么,作为一名商务女性你在宴请时应注意哪些问题呢?

1. 商务宴请的基本礼仪

(1)了解对方的背景、喜好。在商务宴请中,想让你的招待获得对方满意,那么就得先对宴请对象有所了解。事先可以多了解一些对方的背景以及喜好,在宴请安排的时候就可以按照宴请对象所喜欢的风格进行布置。

(2)慎重安排宴请的时间、地点。在商务宴请中,宴请时间的安排应对主客双方都合适。宴请的时间不能选择对方的重大节日、重要的活动或是有禁忌的日子。对于宴请的地点,则应分情况来定,如果是官方正式隆重的活动,则应安排在政府、议会大厦或宾馆内举行。其余的宴请活动则按活动的性质、规模形式来选择相应的地点。

(3)宴请时菜单和用酒的拟订。在宴会上的食品和菜肴的选择应精致可口,可以选择一些有民族特色、各地风味的菜肴。菜肴不仅要美观大方,适合来宾的口味,还要照顾来宾的饮食禁忌。同时,还应根据具体情况,选择在宴请时的用酒。通常情况下,用在餐前的开胃酒有雪利、马西尼、威士忌加冰水等。用在席间的多数为红、白葡萄酒,可以由来宾随意选择。

(4)邀请的礼仪。根据商务礼仪的规定,在商务往来中必须以正式的书面邀请作为主要邀请形式。通常最常用的就是请柬邀约。请柬又称为请帖,使用时应注意格式和行文上的要求。商务活动中所采用的请柬基本上都为横式请柬,封面与内侧多采用红色,内侧也可以是其他颜色,但是通常不用黄色或黑色。在书写时候,要用钢笔或毛笔,墨水可选择黑色或蓝色,按照自左至右,自上而下的顺序书写。请柬的内容应包括活动的形式、时间、地点、要求、联络方式及邀请人等。

2. 参加商务宴会的礼仪要求

(1)准时给予宴会组织者答复,以便其安排。作为宴会的被邀请者,当你接到对方发来的请柬或邀请信时,无论能否出席都应尽早答复对方,以便主人的安排。在答复对方时,可以打电话也可以复以便函。即使已答应对方参加，如若到时因故而不能到场，也应及时通知对方；作为主宾，应尽早向主人解释、道歉。同时，你在参加宴会前，还应对宴请的细节，活动的时间、地点等问题一一核实，以免到时出现差错。

（2）掌握出席宴会的时间。作为参会人员，你应根据宴会的性质和当地的习惯掌握，无论是迟到还是早退，或是逗留时间过短都会被视为一种失礼或有意冷落他人的行为。我国习惯上正点或提前二三分钟或按照主人的要求到达，如果确实有事需要提前离席的话，则应向主人说明后才能离去，或者事先跟主人打好招呼，届时则可自行离席，但是要注意不能影响到其他的人。抵达宴会后，要前往主人迎宾处，主动向主人问好致意，并表达自己的感谢及祝贺。

（3）入座进餐礼仪。应邀参加宴会时，要听从主人的安排就座，不能随意落座。在入座的时候，也要注意自己的姿势，保持完美的坐姿。坐下来后，如果主人已经招呼开始用餐的话，便可以开始进餐。但是进餐的时候，女性要注意一些细节问题。

取东西的时候，每次应不能取得太多，食用完后再取，对于招待员端上的菜，无论喜爱与否都不能拒绝，如果实在不喜欢的话，可以取少量放入食盘中，同时要及时地表达自己的谢意，不能因为自己不喜欢便表现出厌恶之情。

吃东西时要注意自己的形象，保持文雅的吃相很重要。因而女性在餐桌上吃东西的时候，不能一次吃得太多，咀嚼时闭紧嘴巴，尽量不发出声响。太热的菜或汤要等凉了以后再食用，不能不注意形象。更不能在大嚼食物的时候，和某人说话。

（4）用餐后，告辞也得讲礼仪。用完餐后，如果想要离开的话，应向主人提出告辞；同时要表达出对对方盛情邀约的感激之情。对于一些正规的场合，离开时候双方应该握手告别。对方如果提出相送的话，要请对方留步。

在商务活动中，宴请宾客也是一种重要的待客礼仪，也是商务交往的一种形式。随着社会的发展和经济的进步，商务宴请已经变得极其频繁。在商务场上，女性掌握商务宴请礼仪，不仅可以提高自己的礼仪修养，同时还可以在宴请中给他人留下良好的印象，加强双方的合作与交往。

❊ 商务馈赠:小小礼物如何增进感情

赠礼的由来源远流长,我国素有“礼仪之邦”之称,自是重视礼尚往来。在商务交往中,互赠礼物也是一件很常见的事。交际的双方通过互赠礼物,可以增进双方的感情,也是一种很礼貌的行为。不同的礼品传达着不同的意思,赠送礼物时选择什么样的物品也是有讲究的。在商务交际中,如果女性懂得馈赠礼仪的话,不仅可以增进彼此的感情,还可以体现女性良好的职业素养。

那么作为女性,在商务馈赠时应注意哪些礼仪呢?

1.商务礼品的选择与禁忌

商务活动中的馈赠体现的是双方的友好交往,相互关照的意思。那么如何选择适宜的礼品呢?想要让礼品被对方接受,就要懂得礼品选择的一些礼仪。

首先,礼仪的选择因人而异。在商务交往中,馈赠礼物时通常应选择一些有纪念意义的礼品,如果有地域差异的话,可以选择一些本地的特产、特殊产品作为礼物。同时还可以根据对方的性别、年龄、身份来选择礼物。如送给女士的礼物可以是香水、鲜花、发饰等。送给男士的礼物也要投其所好,可以是香烟、酒类、茶叶、打火机、手表等物品。

其次,在选择礼物时也要注意一些禁忌。在商务交际中,双方通过互赠礼物可以增进彼此的感情,加强双方的合作。然而如果选错礼物的话,则可能会适得其反,因而对于商务人士来说,对馈赠禁忌亦应有所了解。

(1)你所馈赠的礼物首先得自己喜欢,如果连自己都不喜欢,更别提对方会喜欢了。

(2)不能拿别人送来的礼物转赠他人。

(3)不能赠送一些特殊的礼物。第一类是谐音类的,如钟和“终”同音,梨和“离”同音。第二类与死亡有关的,如与 4 有关,与白色有关的物品都不能作为礼物送给他人。第三类,有束缚他人意思的,如腰带,项链和戒指等。

(4)涉外馈赠的礼物更是有讲究的。对于涉外馈赠的礼物,不能用药品、保健品和营养品,因为在外国人看来,健康属于个人隐私。也不能赠送现金、有价证券等一些值钱的物品。

(5)馈赠的礼物不能触及各地禁忌。如在意大利人看来,手帕是不能作为礼物送于他人的,因为在他们看来,手帕是亲人离别时擦眼泪的不祥之物。同样在法国人看来,如果送对方餐具的话,则表明与对方断绝关系。在香港人看来,送红木制成的小型棺材摆件,寓意为“升官发财”,这在其他地方,则是无法接受的事情。

2.向他人赠送礼品时的礼仪

在商务交际中,我们向他人馈赠礼物时,不仅要重视礼品的选择,还应注意向他人赠送礼品时的一些细节问题。商务馈赠时的礼仪包括礼品的包装、送礼的时机及途径三个方面。

(1)礼品的包装礼仪。在商务馈赠中,无论礼品贵贱都应包装起来送人,这样可以体现出对受礼者的尊重之情。如果是涉外馈赠的礼物的外包装,要在色彩、图案、形状乃至缎带结法方面尊重受礼人的风俗习惯。

(2)把握送礼时机。在商务馈赠中,因宾主双方关系不同,送礼的目的不同,送礼的具体时机自然也不相同,把握送礼的时机最为关键。通常情况下,馈赠礼品会选在会见或会谈结束告辞时。如果是向对方道贺时,可选在双方见面之初相赠。总之,对于不同的场合应选择适当的时机赠送给对方。

(3)选择正确的途径赠给对方。在商务馈赠时,是采用当面赠给对方,还是他人代转,需要根据不同的情况来决定。但是如果由他人代转,则应在送礼时附上一张送礼人的名片或附带一个写有送礼人姓名的信封在礼品中,内放送礼人的名片并附带一些祝福之类的话。

3.商务受礼时的礼仪要求

在商务馈赠中,不仅送礼者需要讲究礼仪,作为受礼的一方也应遵守礼仪。接受礼物时的礼仪要求如下:

(1)欣然接受对方的礼物,并表达自己的谢意。作为受礼的一方,在接到他人赠送的礼物时,态度要大方,没有必要推来推去,也不必过分地客套。在接受礼物时要站起来,微笑着接过对方手中的礼品,然后和对方握手,并且向对方明确地表达自己的谢意。作为受礼方,无论是面无表情,还是用一只手去接礼物,或接完礼物后不致谢都是失礼的表现。

(2)打开封口,赞赏对方。许多西方人接到对方的礼物后,都会马上打开,认真研究后,适时地赞赏对方几句。这在国内已被越来越多的人所接受,也为一种受礼的礼节。因而,在涉外交际中,如果接到对方的礼物,务必要注意到这点。

(3)事后要正式表示感谢。作为受礼者在接受了对方的礼物后,仅仅在受礼时表达谢意是不够的,还应在事后正式地表达谢意,最好能够在事后与对方见面时向对方倾诉自己非常喜欢这种礼物,再次向对方表达自己的谢意,这样能令送礼者更加愉悦。如果是他人代转的物品更应再打电话去致谢,首先要告知对方,礼物已收到,然后再向对方表达谢意。

在商务交往中,双方互相馈赠礼物原本就是一种礼仪的体现,也是一种感情的传递。随着经济的发展,馈赠已成为商务活动重要的内容之一,得到广泛的使用。作为商务场上的女性,馈赠礼仪已成为商务人士所必备的专业知识之一。在馈赠礼物时,如果能够严格遵守馈赠礼仪,相信一定可以让礼物在商务交往中,发挥最大的作用。

◎生◎活◎篇◎

礼仪是女人家庭幸福的资本

第十二章※举案齐眉，女人要懂的夫妻相处的礼仪

在婚姻爱情当中，两个人相处总会有许多不同意见或是不同习惯的地方，或者就因为对双方太熟悉了而导致说话和一些举动太过随便，不再讲究什么礼仪；也许开始夫妻双方都看不到这种危害，但时间长了，就如温水煮青蛙的道理一般，慢慢地，婚姻的裂缝就这样产生了。

在中华文明的传统美德里，“举案齐眉”、“相敬如宾” 这样的典故已是家喻户晓，妇孺皆知。这些都足以说明，在爱情与婚姻里，礼仪也是必不可少的。和爱人的相处是一种技术，更是一种艺术。婚姻与爱情就犹如一件精美且易碎的陶瓷，需要双方用爱心去精心包装，用礼仪去细心呵护。唯有如此，我们的婚姻和爱情才会经得起漫长岁月的考验，开出幸福的花朵。

❊即使在家也要注意形象，不做邋遢女人

家对我们每个人来说也许都是一个自由自在的地方，因为在这里我们可以随心所欲。的确如此，在自己的家里不用刻意伪装自己，可以去放松，但是这并不意味着在家里可以完全抛弃仪容仪表的修饰。

美丽的都市丽人，穿着精心挑选和搭配好的衣裳，笑容满面地在明亮的写字间内穿行。光彩照人，自信满满，是一道何等亮丽的风景。职场女性美丽的外套就像士兵们的战袍，美固然美，只是难免有些坚硬和笨重。所以，每当女人一进家门，最先做的就是将“战袍”干净利索地脱下，来进行全身彻底的放松，这本无可厚非，但很遗憾，很多女人此时表现得过于粗心：职场上原本艳丽无比的女人此刻就像开败的花朵一样——蓬头的乱发，油烟熏黄的面孔，土里土气的家务装……爱美之心，人皆有之。爱美是人的天性，女人更是不会拒绝美丽，但也有许多女人一旦结了婚，在家庭琐事的拖累下，便会慢慢忽略了自己的外表，每天下班回家，就只顾着做饭洗衣服；衣柜里的衣服好久没有更新，就是有几件最近买的，也是为了实用耐脏而选择的，毫无美感可言；原来那装满了化妆用品的手提包里，也被孩子的课程表或是家庭开支表或是购物清单给取代了……如此，女人把自己所有的精力都投入到了这个家庭之中，相夫教子，伺候公婆，没有一个地方做得不周到的。可是奇怪的是，丈夫对自己早就没有了之前的热情和浪漫，更有甚者已经变了心。这到底是为什么呢？其实，作为聪明的女人，你应该反省一下，自己是否已经许久没有关注自己的形象了？试想，如果一个女人天天蓬头垢面，打扮得像个老太婆，她的老公会怎样想？男性是天生的视觉动物，当养眼的女友成为过去式，当妻子已经无美可审，他们可能就会对婚姻失去信心，婚外恋也就有机可乘了。因此作为女人，你任何时候都要保持自己美丽的形象，这是保证婚姻幸福的一个重要前提。

很多女人对此或许很不服气，认为自己这都是在为家庭做着巨大的贡献：替老公孝敬和照顾年龄日益衰老的公公婆婆；教育和抚养嗷嗷待哺的孩子；伺候工作繁忙的老公；处理家里家外的一堆杂事琐事；为自己的工作而

奔波繁忙……面对如此多的家务和被需要，女人还有时间，还有心思，还有必要去悉心打扮自己吗？当然有必要！刚刚所列举的那一切都只不过是一个大意“懒惰”的女人，给自己找的冠冕堂皇的借口罢了。因为一个精致且真正懂得生活、富有魅力的女人，会时刻注意自己的形象，知道不仅要把家庭打理好，还要把自己打扮得光彩照人。

那么在家务缠身的时候，一个女人怎样才能照样保持自己的魅力呢？这些方法不妨一试：做完饭后先去洗下自己满身的油烟味和脸上掩饰不住的疲倦，然后再去张罗全家人吃饭；周末或是其他不用上班的时候即使是一整天不出门也记得把自己收拾得干净利落，而不要穿着睡衣在家里呆一整天；就算是在家里不必穿得和去工作时一样正式和时髦，但是居家服饰也要选择漂亮一些的，颜色不要太过于随便和灰暗，要给家人留下一个不仅在外面能干，在家也一样美丽、干练的形象；和丈夫一起出去逛街或是拜访很熟悉的朋友时，也要记得精心打扮下自己，穿一些合身的衣服，这样的话丈夫也不会觉得带着你出去有失他的面子……其实，自己的靓丽形象也要在日常生活的细节中处处体现。最重要的是记住一点：不管结婚多少年，不管家里有多少事务需要你去做，不管有多少人需要你去照顾，你都要做到在心里依然重视自己，重视自己的外面形象，一如当年谈恋爱时一般。

聪明的女人都懂得与丈夫保持适当的距离，懂得怎样为自己保留更多的空间，来增加自己在丈夫心目中的“神秘感”，她们都懂得，有神秘感的妻子会赢得丈夫更多的亲吻和拥抱。《史记》记载，汉武帝的宠妃李夫人，生病从来不让汉武帝探望，使得汉武帝自始至终对她都宠爱有佳，她死后更是让武帝魂牵梦萦，并请来方士作法，让李夫人来与他相见，以解思念之苦。

作为一个居家女人，你要时刻记住，不要随着时间的流逝和婚姻的平淡而忽视自己的形象。不管你婚后的家庭生活怎样平淡，你都不要任由自己去平庸。保持好自己的外表形象，照样是你打理家庭生活的艺术，并且是一门很深的艺术。岁月会带走你年轻靓丽的青春容颜，但是它不应该带走你对生活的热爱和对自己形象的重视。一个懂得珍惜自己的女人不妨每年都去拍一些自己满意的照片，有空的时候就拿出来看看，感受一下照片上自己的美丽，并把它与现实生活中的自己作个对比，看看是比照片中的形象更好了还是更差了？以此来时刻鼓励和监督自己在生活中保持清新的形象。甚至碰到一个特殊的日子，比如说结婚纪念日或是丈夫的生日，或是两个人的相识日，改变一下自己一贯的打扮风格，在外表上大大地装饰下自己，给丈夫带来一个大大的惊喜，由此也可以给自己的平淡生活增加点味道。

当然了，我们这里所强调的要保持形象，并不是让女人们都去变成适合摆设的“花瓶”。除了在外表上注意保持好自己的形象，女人也要注意去培养自己的内涵和修养。要永远抓住自己丈夫的注意力，也可以尝试和他培养共同的爱好，比如在世界杯的晚上陪他适当地熬熬夜，和他一起欢呼欢呼，一起看共同喜欢的哪本书，共同探讨某些社会热点话题，耐心且充满兴趣地听他讲讲他单位发生的高兴或是不高兴的事情……如果能做到这一切，加上你永远都保持的从内到外的美好形象，保证你在丈夫的眼里永远都是完美的，他的视线也永远都会追随着你。

女人要懂家居礼仪，让男人想念你的温馨港湾

恋爱的时候总是很甜蜜，双方都在很用心地经营着自己的爱情，但是等到结婚后，好像就真的如大家所说：“婚姻是爱情的坟墓。”尤其是女人，常会感叹婚后生活平淡无奇，男人也不再像以前那样了，甚至变得不愿意回家了。对于男人来说，家应该是一个温馨的港湾，所以女人不仅仅要懂得浪漫，还要知道怎样把自己的家打造成一个温馨的港湾，让自己的丈夫愿意停泊，渴望停泊。如果一个女人家里乱七八糟，一切都将就着过，自诩有美丽的容颜就可以稳住自己的丈夫，这样的女人其实是很蠢的，容颜必将老去，只有一个温馨的港湾才能真正地留住她的丈夫。那到底怎样去做才能让家成为让他感到无限温暖的港湾呢？

1. 永远保持家里的整洁和井然有序

一个家其实不在于它有多大的面积、多豪华的装修，关键在于是否干净整洁。试想，如果你的家杂乱无章，东西堆得到处都是，想找的东西找不到，不需要的东西又扔得到处都是，家具、电器摆得乱七八糟……这样的家，你愿意进来吗？勤劳的女人才漂亮，所以一定要让你勤劳的双手动起来，把你

的家整理的井井有条、干净整洁。

2. 唠叨是和谐家庭的大忌

可能很多女人都喜欢唠叨,但是又有多少男人喜欢听女人的唠叨呢?

唠叨也许是每一个男人都烦恼的,而家里有一个唠叨的女人无疑会成为一个男人的噩梦。试想,当身心俱疲的丈夫在好不容易结束了一天的工作回到家以后,结果迎接他的仍是毫无头绪没完没了的抱怨和唠叨的话,这样无疑是拿一把刀把他从这个家中逼走,而不管你这个唠叨是不是为了他好。哪个男人愿意在辛苦了一天后还回到家中去听数落,而没有一丁点儿的耳根清净呢?

对一个女人来说,要想保持自己的美好形象,不在于买多么名贵的首饰,挑选多么高档的化妆品,最重要的是要管住自己的嘴巴,让它只在适当的时候开口。任何一个男人都不会欣赏终日唠叨不休的女人,也没有哪个年轻人愿意去尊重一个唠唠叨叨的女人的意见。需要女人明白的道理是,即便自己是一个喜欢唠叨的女人也不会喜欢另一个唠叨的女人,因为对一个唠叨的人来说,从来都只知道自己没完没了的唠叨,而根本不想当听众,更不想听另一个人没完没了地唠叨。

因此,我们要时刻提醒自己,女人永远都不要无休止地唠叨。如果想让你的生活更加温馨,那么就不要让自己成为一个唠叨的女人,管住自己的嘴巴,建立健康和谐的夫妻关系。

3. 平淡中也别忘了浪漫

平淡的生活会慢慢磨灭掉生活中很多的激情,也会把浪漫给消磨掉。但是浪漫是保持婚姻生活温馨的重要手段。不过,浪漫并不仅仅只是收到红玫瑰时的欣喜,也不只是两人共享烛光晚餐的甜蜜。真正的浪漫,是能够摘取两人相处时的欢愉时光,哪怕是紧握的一双手,一次劳累后给对方按摩,都会演绎出许多浪漫的情怀。在现实生活中,只要用心去感受,你一定会发现,原来浪漫也可以这般简单,可以以这样的情调来演绎。

(1)幽默感。幽默是生活的调味剂,是健康家庭关系的必需品,具有幽默感的人,无论在怎样的环境里,都是一个受人欢迎的角色。在家庭生活中,一句幽默的话语,能够快速地化解家庭的矛盾,让乌云密布的家庭关系顿时烟消云散、阳光明媚。

（2）拥抱。在对方上下班时，或在对方高兴或不高兴时，给对方一个轻轻但是充满爱意的拥抱，霎时可以消除对方全身的疲倦和烦躁，让对方沉浸在爱的甜蜜港湾。晚上，当他在家里还忙着赶做单位的工作而熬夜加班时，在给他送去一杯热腾腾的咖啡时，别忘了同时给他一个温暖和爱抚的拥抱，这样的拥抱会让他就着咖啡越喝越香醇。

（3）分享共同的兴趣。很多人往往结婚后都没有了共同的兴趣，更没有好好地去彼此分享；因为结婚后，双方可能都忙于一地鸡毛的生活琐事，或者是各顾各地享受自己的兴趣。有了共同的兴趣，才会有共同的话题，共同的兴趣越多，共同的话题就越多，夫妻间的感情也就越来越深了。有些人可能会说：他好动，我好静，我们实在是没有共同的兴趣拿来分享啊！如果你们实在是找不到共同爱好，那为何不试着将就一下对方呢？在一个秋高气爽的周末陪他去看看风景，世界杯的时候陪他狂欢一下，这样的生活该有多么温馨、多么浪漫啊！

（4）适时调情。如果你以为调情是热恋中的情侣专有的特权的话，那你就真的错了。其实对于婚姻中的人来说，调情有了更多理直气壮的理由。怎样在平凡的生活中和他适当地调情呢？不妨试试这个方法：在一个特殊的日子，以一个他想不到的方式邀请他与你共进午餐；一起逛街的时候，牵起他的手或是紧紧地挽着他的胳膊，让你们的婚姻带着情调走进现实，让你们的爱情迅速升温。当他累着了倒在沙发上的时候，紧靠在他的身边，给他按摩一下紧绷的肩膀，并顺势在他身上磨蹭几下，让他适时感觉到你的温柔和热情。

（5）临别时给他一个深情的吻。也许我们在西方的电视或电影中都看到不少这样的镜头，夫妻双方在出门时，都会给爱人或是家人一个吻，或者一个拥抱。如果你未曾这么做，那么你永远都不会体会到这样一个吻或是拥抱对对方的魔力会有多大，它能把对方紧紧拴住，即使是在离开的日子也会感觉到你的爱和温暖，让彼此在分别的整整一天里都沉浸在一种浓浓的甜蜜之中，就如对方从未离开你一般。

（6）惊喜。恋爱的时候是激情洋溢的，而婚姻却可能平静如水，但如果是不动的水，那么婚姻这潭水就会变质发臭，偶尔给对方一个惊喜，在婚姻的湖面上投下一颗石子，让它泛起层层涟漪，让自己的婚姻荡漾在幸福之中。

用心去经营你的婚姻，为你的丈夫打造一个温馨的港湾，更为你自己打造一个幸福的诺亚方舟吧！

❊换位思考，夫妻之间要理解尊重

如果你想知道梨的味道，那么你就亲自品尝一口。爱情对于现在的你我而言，可能都已经历过了，都体味过了爱情生活中的酸甜苦辣。两个人可能也有磕磕碰碰的时候，这是在所难免的，但如果你想让你们的爱情和婚姻更美好，那么就得换个角度考虑问题。在做一个决定前首先为对方考虑一下，站在对方的角度去看待问题，那么问题就自然而然地迎刃而解了。

一个人是为了各种情而生活在这个世界上的。如果没有了情，那么人也就没有了各种关系和思想意识，也全然没有了生活的意义，一个人即使是活着也是徒有空壳。但是感情本身就是一把双刃剑，这把剑伤害的不只是别人，往往还伤害了自己。

大家都知道，真正值得自己去爱的人是很难找的，有时甚至需要花费自己一辈子的时间去找寻。而在寻找这个人的过程中会有忧愁，会有烦恼，会有彷徨，会有失落，其中的辛苦只有冷暖自知了。不过，一旦寻找到这个自己所爱的人之后，很多人却又经常会互相伤害着对方，使得心灵的伤口越来越大，难以愈合，就算是所幸愈合了，也会在自己的心中留下一个大大的疤痕。许多人都在说“前世的五百次回眸，换得今生的一次擦身而过”，是的，两个人的相遇、相识、相知要经历很多的波折。最终能够走到一起是一种缘，也是一种幸福。所以那就要好好用心去经营，将这种爱情维持得更加长久。

人与人之间交往的基础是相互尊重和理解，夫妻之间更是如此。作为妻子，女人应当去理解丈夫的难处，尽量去为丈夫分担一些压力，而不要硬逼着自己的丈夫去求官求财。作为丈夫，男人也不要过分大男子主义，要尊重和理解妻子。每个人都一样，都希望别人能理解和尊重自己，当然更看重自己家里人对自己的尊重和理解。在家里不要过分去讲究谁有理，谁没有理。因为家并不是讲理论辩的地方。尊重并不要求夫妻双方都严格地彬彬有礼，但是需要互相密切和有效地去交流，由此来达到相互理解和尊重。也许你有的时候并不是很赞成对方的个性心理和某些想法或是表现，但是你不能对此一概否定。夫妻双方不一定要行为上完全一致，但要求精神上紧密联系。夫妻之间有时也需要赞美，哪怕是出门时的一句叮嘱，天气突变时的一个电话或是一条信息，对方买了一件新衣服时的美言……这一切都会让对方愉悦万分，心旷神怡。

如果说生活是道菜，那么夫妻双方就好比是一双筷子，一双筷子一样长，才能更好地夹起美味菜肴，夫妻双方只有相敬如宾，互敬互爱，才能品尝到生活的精彩滋味。一份完美的婚姻，是要靠互相尊重和理解来维系的。但人非圣贤，孰能无过？这种残酷的现实总是需要婚姻中的双方经历这样那样的严峻考验，而这种考验并不是口头上的一句"我爱你"就可以解决得了的。在婚姻里，双方都需要勇气和耐心去面对许多意想不到的事情。

"爱过才知情重，醉过才知酒浓"，人往往都会在拥有的时候不去珍惜，等到失去了才后悔。对于感情，在拥有的时候就要懂得珍惜，不管是爱别人还是被别人爱，当转角遇到爱的时候，彼此都要好好珍惜。对于女人来说，可能要得到一份长久的真爱很不容易，在面对爱的选择的时候就更加不容易了。所爱的人并不一定爱她，而爱她的人也不一定会是她所爱的。追求一个所爱的人和拒绝一个自己所不爱的人的追求，作为一个女人，做起来比男人还要难。作为结了婚的女人就更难了，自从结婚后，女人就要开始生孩子，忙工作，忙家务，操心着家里的大大小小的一切事务。为了男人们能安心工作，为了能有一个安逸的家园，女人们也同样在辛苦着，劳累着。

一个真正有爱的男人是不会让一个爱他的女人受伤的，不管这个女人是不是他的最爱。如果你不爱她，那你就不要轻易去接受她，而如果一旦接受她了，就不要轻易去伤害她。不是有歌唱得很好吗？"女人的心思你别猜"，"别用你的爱来伤害我"等等。确实如此，女人的心有时候比针还要细，比海还要深，你永远猜不透她在想什么。爱你的女人既然对你付出了真爱，那时的她的智商几乎为零了，所以请你不要用你的爱去伤害到她的心。

作为男人，在女人理解你们心情的时候，你们该用一颗真诚的心去回报她们的爱！因为好男人是不会让心爱的女人受一点点伤的。

友谊是建立在信任的基础上的，美好的婚姻生活则是建立在理解的基础上的，理解万岁。只有相互理解，婚姻生活才能美满幸福，让人沉醉其中而不能自拔，脸上终日荡漾着幸福的微笑。

❊ 和谐相处，夫妻之间要赞赏不要批评

批评也许在很多夫妻之间是经常发生的事情，然而很多围城中的夫妻经常没有意识到它的危害性。也许批评一次两次并没有太大的影响，但是如果在长期的生活中，两人经常动不动就互相批评，那谁能想象，得到那样的婚姻生活对双方来说该是多大的灾难啊？又何谈对彼此的感情呢？

三个学习绘画的人在学艺途中将自己的得意之作以千元标价出售。

他们的第一位顾客都同样说了一句相同的话："您的画怕是值不了那么多吧？"

其中一位听后只是轻轻地将画撕毁，从此改行，学习雕塑而成为一代宗师。他就是唐代著名雕塑家杨惠之。

另一个人听了后，对自己的画仔细掂量，最终以两千元售出，而他经过后来的刻苦努力，最终成为了著名的画家。他就是16世纪著名画家丁托列托。

第三个呢，认为自己的画或许真的不值那个价，便降低了价格，以500元售出。至今，他也只是一个三流的画匠，以卖画糊口，过着流浪的生活。他一直就生活在我们的身边。

鼓励能将庸才变成天才，而责备则能把天才变成废才，谁都会犯错误，谁都会遭受别人的批评，批评有时候能成为一种动力，让人知耻而后勇，有时却也能将人打入万丈深渊，将天才彻底地"改造"为废才。家庭和婚姻生活需要的更多是支持与鼓励，虽然偶尔的批评，可能是下次改进的动力，但是如果是伴随一辈子的责备，那就算是比泰山还重的真爱，也会被毁得一干

二净。

有一个朋友名校出身，有一份完美的工作，总觉得自己很优秀。他的妻子是个农村的女孩，虽然也跟他一样都是大学毕业，但他总觉得妻子非常幸运，嫁了他这样的丈夫。但突然有一天，他无意中看到《圣经》里这样一句话“人要谦卑，不仅在上帝的面前谦卑，在你的伴侣面前也要谦卑”，对他触动很深，想法也随之改变了，他感觉自己才是真正的幸运，娶到了这样贤惠的妻子，她给自己生了这么好的儿子，让他拥有这样和谐的家庭！

结婚10周年，他发表了结婚感言：“当你看见配偶缺点很多时，实际上是自己缺点很多；当你看到配偶优点很多时，实际上是自己的性格更加完美的结果！”

他常常从自己身上找缺点，从妻子身上找优点，以此作为激励自己的动力。这样的观念提升，成就了他美满的婚姻。婚姻不融洽，往往是因为批评太多。

世界文学巨匠列夫·托尔斯泰，就是受不了妻子每天对他的批评，在一个风雨交加的夜晚离家出走，最后死在小镇火车站的站台上。批评就像是风雨中的沙石，打得人全身不舒服；又像噪音，刺耳尖锐，想躲也躲不了。这是没有修养的行为。经常批评，让周遭的人只有一个想法：躲得越远越好，图个耳根清净。如果你的伴侣躲着你，你们的婚姻还可能幸福吗？

曾有人一针见血地说过：“男人不想回家，是因为家里有个可怕的女人。”如果一个女人成天在家里耍威风，把自己当高高在上的一把手，那么她的婚姻也就快到头了，可惜很多女人都没有意识到这一点，她们还总习惯拿丈夫与他人比较，认为丈夫这一点儿不如别人，那一点儿又不如别人。比较是很伤人的，说了毫无益处，不能解决任何问题，只能伤害伴侣的自尊与感情。

有人以为批评是帮助配偶改正缺点或错误的好方法，其实并非如此。批评别人时，有时会用词很直接。当生气的时候，很多人讲起话来就会不顾对方的感受，甚至是尽量挑难听的话去伤害对方，使得双方都在承受着伤害与痛苦，这种伤害即使是双方心平气和下来又和好了，也很难做到如以前一般。因为伤害就如一面摔碎的镜子，不管怎样精细缝合，其中的裂纹也是遮掩不住的。所以夫妻双方都应当记住，不要让自己养成了批评的陋习，一旦如此,日积月累,终会给自己的婚姻带来深刻的危机。

与人交谈,要有礼貌,要和声和气。对我们的配偶也该如此,没有好话就不说,因为带有挖苦、冷言冷语、中伤、抱怨、论断、责骂语句的批评行为只能筑起夫妻间的隔膜。即使对方真的需要被批评,你也不要直接粗鲁地去责怪对方,不妨先赞美一下对方,然后以一种温柔的语气去转折,让对方惊醒,充分意识到自己的错误。在批评的过程中要切记就事论事,要客观,千万不要做人身攻击。自始至终保持自己的声调,因为温和的声音可以使得对方消除逆反心理。当一方发脾气时,另一方更要保持冷静,不能因为对方有脾气自己的脾气也跟着上去,唯有这样才可以避免火上浇油,也才可以避免将矛盾激化。夫妻双方要宽容大度,懂得谦让,当对方发生一些错误时,要懂得原谅,而不要尖刻地去揭对方的短处,要明白在宽容对方的同时你也是宽容了你自己。如果真的和对方发生了争执,不要大声喊叫,更不要去挑尽可能难听的话伤害对方,因为一旦伤害了对方,那么婚姻就会产生很大的裂缝,不管怎么样努力都很难愈合。而如果是自己做错了事情也要及时向对方坦白,并诚恳地请求对方原谅;如果对方为此批评你,也要虚心接受,并保证下次不再犯类似的错误。另外,不要在发火或是在双方都争执不休的时候做出任何决定,而要等到双方都心平气和了之后再去处理,这样就可以避免在盛怒之下做出让自己后悔的错误决定。夫妻之间在相处的时候最好能培养出一种幽默感来,因为这种幽默感很多时候可以化干戈为玉帛,化腐朽为神奇,可以保持婚姻关系和家庭关系的和谐团结。

批评真的能解决问题吗?如果批评能解决问题,那么伟大的哲学家戴尔·卡耐基的课程就可以结束了。他已经去世了六十余年,但他的课程在全世界七十多个国家风行。其实他并没有发现什么伟大的真理,他只不过发现人类的一个小弱点。这个小弱点用普通话表述出来就是:“任何人都不喜欢批评;同时,批评于事无补。”

“永远不要批评你的朋友,因为批评是没有用的,朋友不会因为你的批评而改正其缺点;只有他自己意识到他自己的缺点是什么并且愿意改正,才能改正。”卡耐基在《人性的弱点》中曾这样教导我们。而把这种朋友之间的相处之道放到婚姻关系中也是同样适用的。要想构建一个和谐的家庭,首先最重要的一点就是要和自己的配偶和谐相处。其实和配偶相处,有的时候也如和朋友相处一样,需要客客气气,需要给对方留足面子,需要原谅对方的一些缺点,需要夸赞对方的一些优点。若人们能做到这些,也许和配偶之间的相处就能和谐融洽得多,让整个家庭一团和气。

时时维护男人的自尊,男人都是爱面子的

对一个男人来说,也许你可以去动他的任何东西,唯独不能动了他的自尊心。男人爱面子也是自尊心的一种外在表现。伤害了男人的自尊是严重的,甚至是致命的,因为这会让他觉得自己抬不起头来,甚至会感觉自卑。男人的自尊心表现在很多方面,很直接的一种就是当他遭遇挫折或是打击的时候,你不要流露出对他的怜悯来,更不要表现出你的成功和优越感来,那对男人来说会是一种更大的打击。其实爱面子的不仅是男人,女人也一样,只是男女有别。女人爱面子会表现为一种虚荣,喜欢听别人赞美自己的话,喜欢别人羡慕自己,甚至更喜欢被嫉妒的感觉。而如果有人一旦伤害了自己,不给自己留面子的话,那肯定会对这个人恨之入骨,深恶痛绝。有的人可能会想尽一切办法去报复对方,以牙还牙。而如果是在公众面前丢失了面子的话,也许很多女性甚至会从此躲着那个地方还有当时在场的所有人,以避免被别人看不起。既然如此,相处的时候那就要设身处地地多为对方想想,多给你的他留足面子。

一个男人,也许考虑问题总是多方面的,在对待面子的问题上,也往往如此。他所顾及的往往不止是别人对自己的看法,在自己的家人面前,他通常需要维护自己的面子。尤其是在自己的妻子面前,也许他对面子上的东西会更看重。一个男人一旦有了面子才会感觉有自信,正是这种自信可以使得他们去为事业拼搏,使得他们可以去承受生活中或工作中的许多痛苦和困难,并且不会表现出一种挫折感来,这也就是一种大男人的高尚情怀。所以,女人要时刻注意去帮助男人维护好他的面子,如果是一些无伤大雅的问题,就不要去点破,以免有损男人的面子。一个女人呵护自己丈夫的面子,更胜于对他其他所有的关爱。

男人要面子其实也是可以理解的,甚至在某种程度上是件值得赞扬的

事情。男人对面子的热爱也容易被他人和社会所理解。因为面子是自尊的一种表现,而一个充满自尊的男人身上更会散发出一种人格上的感染力和亲和力,并且社会也更容易接纳有自尊的男人。在现实的生活中,其实很多没有面子的事情都是女人在做,所以如果一个女人太在乎自己的面子的话,似乎有点不被社会所容忍。女性有自己职业上的困惑,更有许多来自性别上的困扰,像生孩子和做家务等。因为有了这些事情,使得很多女性对男人有了依赖,不过很多女人也不把这看成是一种有失自尊的表现,倒认为依赖男人是天经地义的,更聪明的女人是可以自己去多受点苦和累,但是愿意为自己的男人能够在别人面前有尊严而奉献自己。

很多的女人都喜欢有男子气的男人,殊不知,男子气就是一种自尊的外在表现,而自尊说白了也是一种爱面子的表现。不过,大男人也常会表现出他们小孩子的一面来,也许他不会犯什么大错,但是小错却总是不间断,对此,一个聪明贤惠的妻子要努力去读懂男人的这种大男孩特征,要去理解和包容他。一些成功的男人一般都很少专注于自己的家庭,而给他维系好这一切的就是他背后的那个爱他的女人,为他的衣食住行去操心,为了他能够安心奋斗而在背后默默支持着。由此,对于这样的女人,一句"功勋章里有我的一半也有你的一半"一点都不夸张。

在现实生活中,很多女人却总在无意之中,让男人很没面子。很多女人会对家里的油盐酱醋、交朋结友、家长里短、生活中来自方方面面的生活琐事中,失去理智或者情绪失控。唠唠叨叨,甚至骂骂咧咧,常常一不小心就把一些不该说的话挂在了嘴上,这些都让男人感觉在家里很没面子。她们对男人一回家就进行拷问:"今天又去哪里鬼混去了?"并且怒不可遏,摔碗砸盆,闹得天翻地覆……这样闹来闹去也许女人只是出出气,图个口舌之快,如果是理智的男人的话,也许不会去计较这么多,可是如果一个女人经常说如此一大堆的气话的话,恐怕再理智的男人也难免会有失去理智的一天。如果男人某天失去了理智,毫无疑问,一场家庭战争就会拉开序幕,长期下去,曾经再美好的婚姻也会变得不堪一击,危机四伏。

大家都知道,旧社会的女人在家里是很没有地位的,即使如此,中国也还有"当面教子,背后劝妻"的老话,也体现的是给女人面子。随着社会的进步,男女是平等了,也因此大家更应当去互相尊重和相互理解。男人都要面子，尤其是表现在公众场合的时候，要给他留足面子，但是这并不是说要让妻子一味去迁就丈夫的错误；要批评男人当然不是不可以，只是要注意把握好尺度，分清场合，千万不要让他在众人面前丢失面子，下不了台。你可以在只有两个人在一起的时候，真诚地跟男人谈谈，指出他哪些地方做得不够好，相信他会感激你的。男人非常在意一些来自外界的褒贬，如果是受到些许的不满，他也会想办法去调整和完善自己；但是如果外界的发难和责备让他彻底失去了面子，那么他仅有的理智就会全部变成对抗。因为一般人的逆反心理都是源于对其自尊的侵害，即使有的时候这种所谓侵害也许是善意的。

男人要捧，女人要宠，其中的夫妻相处之道不言自明。

女人要用爱包容男人的性格和习惯

曾经有人这样给婚姻划过境界。说婚姻可以分为三重境界。和自己所爱的人结婚，那是婚姻的第一重境界；和自己所爱的人并和他的习惯结婚就升华为了第二重境界；和自己所爱的人以及他的习惯还有他的背景结婚，那就是婚姻的第三重境界，也就是婚姻的最高境界。

在现代婚姻中，能达到第一重境界的话，婚姻可算是相对稳固，不过如若能上升到第二重境界的话，那么夫妻双方相处就能更加和谐。如果能继续上升到第三重境界的话，那就是完美的结合，可以说这样的婚姻基本可以白头偕老，极少有离婚的。大家都在羡慕那些白头偕老的夫妻们，其实有多少人知道，这些白头偕老的人在一生中都和自己的伴侣结过三次婚。第一次是在酒席上，在大家的祝贺声中和自己所爱的人一起走进婚姻的殿堂。第二次是在两个人的家中，两人在婚后的生活中，经过一段时间的了解和慢慢磨合，互相已经有了更深的了解，也习惯了各自的脾气和习惯，于是就与对方的习惯结了婚。第三次是在对方的整个家族里，因为婚姻不完全是两个人的事，而是两个家族的事，这一次是双方都对对方的家族有所认识和熟悉了，于是和对方的家族结婚。不过后两次婚姻和第一次有很大的不同，没有敲锣打鼓，也没有美酒佳肴和亲友的恭贺祝福，有的只是相互的默契与了解。而发生在最后两次的婚姻才算得上是真正的婚姻。

如今，刚结婚不久就离婚的人很多。究其原因是没把自己的婚姻从第一境界推入第二境界。

大家都知道，沸水可以杀死细菌，而热恋就如沸水，能够杀死相恋的人身上所有的不足和缺点。在热恋之时，白马王子和白雪公主都是完美无缺的，只是进入了婚姻之后，随着爱情的降温，各自了解也更深了，双方所有的缺陷和不足都会暴露无遗，并如细菌般侵蚀着自己的婚姻。面对这些突然袭来的细菌，你必须有足够的勇气和智慧跨入婚姻的第二境界——接受对方的缺陷与不足，并适应和包容对方的习惯。这样，才可以避免你的婚姻因根系过浅而不牢固。

现实生活中也不乏这样的例子，许多原本非常恩爱的人却在走进婚姻的殿堂后没几年就莫名其妙地离婚了，这里一个很重要的原因就是因为他们的婚姻没有进入婚姻的第二重境界。一旦进入婚姻的第二个境界之后，就不会有夫妻把离婚成天挂在嘴上了。因为，他们已经从心底里接受了对方的不足和缺陷，更有的甚至把这种缺陷和不足演变成了一种更为深切的关怀。如果能做到这些，那么婚姻就是最为温馨和甜蜜的。

但是在婚姻关系中，温馨并不表示就一定能长久稳固。你还需要把对对方一个人的爱去升华和扩展，爱对方，并且深爱对方的父母和亲友，并适时地去领悟婚姻的智慧。

你的另一半不仅属于你，还属于他自己，当然还属于他的父母和亲友，属于他生活圈子的很多关系。爱他就要去爱和他相关的一切。你的婚姻如果能够进入到如此境界，那也算是进入到了禅定的状态，当然就不会随便走到分手的地步。

即使是如今这个大家思想都比较开明的时代，也仍有许多男人误认为结婚就是娶一个女人一起过日子而已，却忽略了这个“过日子”里面有多深的含义和哲学。娶一个女人，你娶的除了她本人还有她的自身的追求，她的背景，以及其他一切的关系。也有很多女人误认为嫁给他以后爱他就行了，就可以保持婚姻的甜蜜和稳固，可是却小看了这个“爱”的深度。爱他，还要爱他的一切习惯和性格，爱他背后的整个家族。也正是这种认识上的极大错误，使得许多原本美好的婚姻走向了破碎。那么，要避免婚姻破碎，女人们究竟该怎样去做呢?

1. 夫妻双方都要努力去改掉自己的不良性格

每个人都有自己的性格和个性。如果是单身可能不会很深刻地意识到自己性格上的不足。而一旦两人结合以后,性格的不同可能会导致生活质量的严重下降。所以进入围城的夫妻们切记,如果自己有很不好的脾气,比如爱唠叨,比如脾气暴躁,为了自己大半辈子的幸福,一定要努力去克服这些不好的性格。并要努力和诚心帮助配偶去改掉不好的性格。尽管都说“江山易改,禀性难移”,但相信,在双方的努力之下,一定可以让不好的性格得到改进的。

2. 努力去包容对方的性格

现在步入结婚年龄的年轻人很多都是独生子女,即使不是,也一定都是在父母的呵护之下成长起来的,所以许多人都会有些小脾气,小性子。这个时候夫妻双方都应当用一颗包容的心去理解对方,双方互相包容,吵闹自然就少了,家庭生活也自然更和谐。

3. 戒除不良的生活习惯

单身的时候很多人会为了打发时间和排解寂寞,养成许多不良的生活习惯。比如男性可能会通宵玩游戏,甚至抽烟酗酒,让自己的屋子又脏又乱等;女性可能酷爱聊天,疯狂逛街,坐在床上边看肥皂剧边吃零食等。一旦有这些生活习惯的人结合在一起,总会有一些摩擦的,这时,双方都应当静下心来想一想,自己的这些生活习惯影响对方了吗? 是健康的吗? 认识到不足之处之后,就要痛下决心去戒除一些不良的生活习惯,养成良好健康的生活习惯。

4. 尊重和包容对方的生活习惯

每个人都有自己的生活习惯,如果不是有害健康或违背原则,作为配偶的一方就应当用包容的心去对待和自己不同的生活习惯,而不要想着完全让对方将就自己。

学着去包容对方的性格与生活习惯,这样家庭生活才会和谐而温馨!

❊婚姻也要自由和空间，女人别让爱窒息

结婚前单身男女都可以随心所欲地去做自己想做的事情，拥有自己的个人空间。可是一旦结婚了，步入了所谓的“围城”了，那就不会有那么多的自由空间，两个人的结合很大程度上是两种生活的结合。天天在一起的日子会让双方都没有了自己的空间，这样的感情迟早都会出现一些问题的。

网友“浪漫飘零”在网上发帖说，一次自己在家无聊就登录了老公的邮箱和QQ，翻看了他的信件和一些聊天记录。老公知道后大发雷霆，两人狠狠地吵了一架。楼主觉得很委屈，她说，既然都已经结婚了，就是一家人，两人之间就不该有什么秘密和隐瞒。再说看他的信件可以更好地去了解他。可是楼主的帖子却遭到了很多人的反对。一位网友说：“你们结婚了，可是结婚并不等于把一个人从外到内完全限制住。婚姻生活中更应该给对方留点空间！”

婚后的生活，两人朝夕相对，日日相守，也许对方没有任何事情再瞒着你，你对他的一切包括交际圈都了如指掌，可是这并不等于他不需要自己的空间。你去翻看他的私人东西，他会觉得自己不被信任，会有时刻都被监视的感觉。如果是因为猜忌而去查看对方的信件的话，那更会给婚姻埋下隐患。终有一天会因为一点小事而把它引爆。

而如果是因为觉得深爱对方，害怕失去对方，而把对方看得过紧的话，那也会给对方压力，让对方没有了喘气的机会，更容易使得事情适得其反。

一个即将出嫁的女孩儿，问她母亲：“妈妈，婚后我该怎样把握自己的爱情？”

母亲什么话也没有说，只是顺手抓起一把沙子，那沙子在母亲松松的拳头里一点也没洒落。一会儿，母亲又用力将双手握紧，沙子遍从指缝间滑落下来，母亲张开手，掌中的沙子都变成了僵硬的沙块。

女孩明白了，爱情和婚姻就像手中的沙子，无须刻意地把握它，你越是想紧紧抓牢，它越会被挤压得干瘪，最终离你而去。

是啊，其实婚姻和爱情何尝不是你捏在手中的一把沙子呢？握得太紧，你反倒会扼杀了它。所以要记得掌控爱人的时候一定要把握好一个度。

《庄子·山木》:"且君子之交淡若水,小人之交甘若醴;君子淡以亲,小人甘以绝。"这句话的哲理不仅适用于朋友之间,用在婚姻关系中也同样深有道理。甚至可以说婚姻之中更需要有一定的距离,给互相都留一些私人的空间,因为婚姻是两种生活的结合,是需要求同存异的,而不是霸占或是吞并。也许有时你会去钻牛角尖,你说既然爱我就应当让我知道他的全部。可是你却忽略了对方的感情,爱并不是完全的占有,也不是思想的植入。每个人都有属于自己的一些记忆或是一些喜怒哀乐的感情,而这些是不想让别人来分享的,更不想别人去干涉。因此不管怎么说爱情是自私的,你都要去学会"无私"一点,把对方拥入怀中,放入心中,但是也别忘了给对方足够的信任,给对方留有一定的空间,给彼此之间留有一定的距离。这段距离的长度就需要你去把握了,要既不会远到失去了感觉,也不会近到让对方喘不过气来。

听说现在有大都市出现了一种新型的恋爱方式——周末恋爱。也就是说每个星期只有周末的一两天待在一起,其他时间都不见面,只通过短信、电话来保持联系,彼此感受对方的存在,据说这样的方式能保持恋爱的新鲜感和高度的热情。

从美学的观点上来说,布洛就提出了"审美距离说"。大概意思是说,要从审美主体与审美客体之间的关系中去体验美。在婚姻里,由于天天厮守在一起,天长日久,很容易让对方产生"审美疲劳",所以,在平淡的婚姻中不妨适当地调整一下双方的距离给,对方保留一些属于自己的空间。

也许每个人都喜欢去控制别人,不过作为女人,你的控制欲最好不要过分强烈。因为可以说任何一个人都不喜欢被人控制,更不喜欢被操纵来操纵去,在一种被控制的情况下,很多人都很容易产生逆反心理,也就是你要让他去做的,他偏偏不做,甚至故意向着相反的方向去做。如果在一个家庭中,男人被管得太紧的话,他很可能会对家庭有种厌倦或者恐惧的感觉,有的甚至会想到结婚之前自己的日子平静而自在,由此而逃避婚姻,去寻找婚外的自由自在。

所谓伴侣,应该是让他放松的人,而不是让他紧张的人,更不是一贯约束他让他感觉窒息的人。如果你真爱一个人,你就别抓得太紧。给对方自由是对彼此的尊重,也是最体贴的态度。

在被问到这么多年来为什么还能一直保持自己婚姻生活的甜美和幸福

时，作家兼画家刘墉毫不犹豫地说：“这个秘诀就是夫妻双方都要给对方一些空间。”

是的，给对方一些自由的空间吧，就像一个风筝如要飞上蓝天，就必须敢于放手，舍得放开长线，只是，在放线的同时，别忘了在他心里系上爱和家这根线！

向爱人倾诉你的心事，拉近彼此心灵距离

家庭也是一个小社会，夫妻间的交往尽管可能会随意得多，但是在很多方面也不能忽视一些基本的人际交往原则。在婚姻关系中，也需要有一双善于聆听的耳朵，必须抱着虚怀若谷、海纳百川的心态去倾听爱人的心声。让自己的心灵和对方的心灵能更加接近。

在古希腊神话中，爱情使者丘比特问爱神阿佛洛狄忒：“LOVE 的意义是什么？”阿佛洛狄忒告诉他：“L”代表 Listen（倾听），爱就是要无条件无偏见地倾听对方的要求，并且予以协助。“O”代表 Obligate（感恩），爱需要不断地感恩，付出更多的爱，灌溉爱的禾苗。“V”代表 Valued（尊重），爱就是展现你的尊重，表达体贴，真诚地鼓励，发自内心地赞美。“E”代表 Excuse（宽恕），爱就是仁慈的对待，宽恕对方的缺点和错误，接受对方的全部。

简单的几句话却把爱诠释得如此深刻！这个故事很明确地告诉我们，如果要想走进对方的心里，就要真正用心去倾听对方的心声。对待自己的爱人也要学会感恩和宽容。唯有这样才能真正享受到爱的快乐和幸福，何况尊重和宽容对方也就是尊重和宽容自己。懂得包容，懂得宽恕才能让爱更加持久，也才能达到更高一层的爱的境界。也许作为凡夫俗子，我们很难达到婚姻的至高境界，不过我们可以去努力学习爱的真谛，以便我们的爱能更加长久。

王女士是一个销售组的组长，平时很善于说话，也很喜欢说话。也许是工作习惯的缘故，回到家之后，她还是喜欢说个不停，会一个劲地去说出自己想要说的内容。而当那工科背景出身、本来话就不多也不是很善于表达的老公偶尔想要发表一下自己的看法的时候，却发现自己总是插不进去话。

有时候，自己好不容易有个机会自己开始了一个话题，却在刚开头的时候就被王女士给打断了，然后诉说自己的观点，待说到半天自己说够了之后，回过头却发现老公已经转身进卧室了。久而久之，老公在家几乎都没什么话可以说，更谈不上交流了。两个人的关系也日渐淡了不少。对此王女士深感苦恼。

王女士也希望老公是自己的倾听者，而她却忽略了，倾听也是互相的。你的一味演说和抱怨让对方完全没有了说话的权利，也没有耐心去聆听完对方对她的倾诉，所以才导致了后来的婚姻危机。

每个人的婚姻都不是柏拉图式的，而是实实在在，点点滴滴，非常现实的。每天油盐酱醋，所谓“锅碗瓢盆，总会相碰”，再好的夫妻在一起生活久了也避免不了会产生误解和争吵，更有甚者拍桌摔碗，相互厮打。对待这些我们能怎么做呢？也许我们真的无法避免完全遏制夫妻之间的吵闹，不过我们可以在争吵之后试着去尽快平静下来，并坦诚地去找对方沟通和倾诉一下，当然也要用心去倾听对方的心声。也许在倾听和沟通的过程中，你发现你更加了解了对方，你也知道了怎样去更好地爱对方，更融洽地和对方相处。

一个真正聪明和富有魅力的女人，不会总是滔滔不绝地诉说，而是懂得静心去聆听。一个真正的善听者比起善言者更能感动爱人，也更能让爱人获得爱人对你的亲近感和依赖感。

倾听是如此重要，那么对于一个向来不善于倾听的人来说，该怎样去克服自己喜欢打断别人说话的习惯呢？如果你正有此困惑，可以尝试以下方法：

1. 回到家时，多听对方讲讲这一天发生的事情，开心的和不开心的

如果你没有特别的事情，每天不妨让对方讲讲他一天的经历。在倾诉时，先要学会给对方优先的发言权。这是倾听的开始。

2. 要对对方的诉说表示出你的兴趣

试想一下，如果你自己兴致勃勃地向你的爱人诉说你的心声，对方表现得毫不感兴趣，那你会感觉怎样？所以，即使是对方在长篇大论，你也是真的毫无兴趣，那也不要表现出你的不耐烦。如果非要打断的话，也一定要巧妙，不要让爱人有误解。

3. 适当的时候发表你的意见

所说的倾听当然不是说在听的时候从头听到到尾，一言不发，一声不

吭。在说到适当的时候你可以插进去一些话,问些问题,比如说“后来怎样呢?”或者表达下你的观点,比如“他还挺聪明,知道这样来处理”,来表示你正在兴致勃勃地听着。如果不适合插话,那也应当发出一些如“是”、“对”、“哦”等声音来应答一下,以表示你在认真倾听。

做一个懂得倾听的聪慧且贤惠的女人吧!也许你的一次次静心倾听可以让你们的婚姻关系更加默契与和谐。

第十三章 ※ 言传身教，掌握从“礼”出发的育儿心经

爱是教育的基础与前提，从很大意义上来说，爱就是教育。只有全身心地去爱孩子，才会有千万种方法去教导孩子。寓教于爱，只有把自己爱的情感通过多种形式投射到子女心中，父母与子女之间才能产生心心相印的体验，才能产生感情上的“共鸣”，而这种“共鸣”才是一种真正的教育方式，也才是最有效和最成功的教育方式。

教育是爱的一种形式，因为爱所以会去教育；爱是教育的一种外在表现，通过悉心的教育，那种伟大的父母之爱才得以完美体现。如果能把这两者巧妙结合，那又何愁父母与子女之间的感情不亲密呢？

❋教育要用心，让孩子享受温暖和谐的家庭氛围

一个没有良好家风的家庭，绝对是悲哀的。建立良好的家风，对于夫妻婚姻关系的稳固，婆媳关系的融洽和孩子的健康成长都有很多好处，甚至可以说家风是孩子健康成长的基础。建立良好的家风也是有诀窍的，想成为一个好妻子好母亲的你不妨来学一学。

1. 树立平等思想

长久的婚姻生活中，夫妻双方可以不讲地位，不讲身份，甚至可以不讲权利的平等，但是唯有礼仪需要长存。夫妻是平等的，任何一方都不应该有架子，双方的地位没有谁比谁高。不管妻子还是丈夫在单位和在社会上处于如何高的地位，在家里都要做到绝对的平等。平等才是夫妻礼仪的基础。如果夫妻之间有其中一方抬高架子，那么这个家庭的矛盾常常就会特别严重，而一方架子抬得越高家庭就会越不和谐。所以夫妻双方都应该努力去把自己的姿态放低，一来，是表达平等和尊重；二来也为确保婚姻安全。可是这个放低究竟该怎么做呢？

首先，在说话的语气上，要客气有礼貌，不要因为是一家人就随性子来，说话动辄用命令语气，火冒三丈地。平时多使用些委婉语气。遇事多采用商量的语气，尽量少用反问和指责的语气。比如，在希望对方给自己帮个忙的时候，不要抱着埋怨心理说："看我忙成这样也不知道过来帮下忙！"而不妨这样说："你能过来给我帮个忙吗？我实在是忙不过来了。"也许放下架子，效果会好很多。

其次，对待孩子也别忘了客气点。不要动不动就摆出家长的气势去命令和责备孩子。而要多多去对孩子加以引导。甚至经常要装出一副不如孩子的样子，让孩子有点成就感。和孩子说话的时候，要蹲下身去，和孩子同一个高度。不要总给孩子一种高高在上的感觉。而要让孩子知道，小孩和大人都是平等的。

最后，和公公婆婆说话更要放下自己的姿态。不要表现出一种高于他们之上的优越感。即使公公婆婆是住在你家，你也要记得许多事情要征求

他们的意见,在正确的情况之下,一定要采用他们的意见;即使不正确,在无伤原则的情况下,也尽量不要伤害他们的自尊心,可以在一些小细节上听从一些他们的建议。

2. 孝顺长辈

孝顺是一个家庭的灵魂。好家庭必定有孝顺的传承。如果作为父母,自己都不懂得孝顺老人,那么你的小孩也不会懂得孝顺你,最后就一代比一代坏,生下来的全部都是冤亲债主。因为对小孩的教育不仅要靠语言,更要靠言传身教。父母,尤其是一个母亲对孩子的影响非常之大。身为父母,我们一定要在孩子面前树立孝顺的形象,让后代把这种形象传承下去。作为父母,我们对后代的教育,有一种是讲道理的教育,另一种就是身教。只有自己去做了,孩子才会在潜移默化中形成自己良好的品性。这也是良好家风的传承。

3. 培养积极的家庭精神情趣

关于环境对孩子的影响,“孟母三迁”的故事已是妇孺皆知。从这个典故中,我们足以得出一些启示:作为家长,我们要给孩子一个足够健康的成长环境,而对孩子成长来说,首先的环境就是家庭环境。因此我们要培养一种积极的家庭精神情趣,以此来帮助孩子健康积极成长。

具体点说,可以从这些细小的方面来努力:在自己的家里尽量减少一些不必要的应酬,要给家庭营造一种相对安静且融洽的气氛。不要随便带很多自己的同事或是朋友来家里吵吵闹闹,即使确实需要带人来家里,也要杜绝牌局、打麻将、斗地主或是大声吵闹喝酒劝酒,然后一个个喝得醉醺醺地,胡乱吵闹。作为母亲,你也不要总带自己的一些女性朋友来家里,说东家长,道西家短,漫天八卦……这些都会对自己的孩子成长产生很不好的影响。积极的做法是:在闲暇之时,多陪伴自己的孩子去进行一些有益于身心健康的活动。比如:下棋,打球,画画,郊游,游泳等;因为在这些活动中可以静心地去和孩子进行沟通,及时了解孩子在学校的学习情况,也可以掌握孩子在情感、生活等方面遇到的问题;然后和他们一起分析,帮助他们分清是非,及时解决成长过程中遇到的问题,树立正确的人生观和感情观。

4. 营造浓厚的家庭学习气氛

学习是一辈子的事情,而营造一个浓厚的家庭学习气氛更是非常重要。

不管从事什么样的工作，只有不断加压、充电，才能适应时代的发展。所以应当努力把家庭的学习氛围给提上去。在家庭温馨的气氛里营造的“全家学习”的环境，可以熏陶孩子，久而久之，让孩子主动养成爱学习的好习惯，也有利于自己在事业上的进步与发展，并且能在学习中陶冶和升华自己的情操，也培养了自己的生活情趣，让家风积极良好。

5. 建立民主和谐的家庭关系

团结、民主、和谐的家庭关系，会让家里从老到小的每个人都有深深的归属感和对家庭的热爱之心。遇到事情尽量和家里成员商量，尊重老者的意见，也听从下一辈的声音。让家里的每一个人能够感到自己是这个家庭的主人，而不是都去争着当一家之主，然后去封建统治，要求他人一味遵从自己的安排。作风民主才会让人感到平等，感到家庭的温馨。这样不仅有利用老人安享晚年，中年人幸福生活，也能让孩子养成良好的生活习惯，健康、快乐地成长。

上面提到的这五点也许并不全面，在日常生活中，还可以多留心从更多的方面去努力。只要用心经营，自己的家庭定能家风优良，让你的生活更加愉悦。

积极引导，从生活中培养孩子的行事礼仪

家是孩子的第一所学校，在家庭生活中，孩子将接受最初的也是最具影响力的启蒙教育。可以说孩子是看着父母的身影长大的。因此，要努力去塑造良好的亲子关系，让自己和孩子之间的关系以及自己家庭的和谐气氛都成为引领孩子成长的优秀教师，在这期间也促使孩子养成良好的品质和性格。努力去引导孩子塑造乐观自信、活泼开朗、积极向上的性格。身为母亲，要以身作则，用自己积极、健康、有礼的生活方式去影响孩子，培养好自己的礼仪修养，认真负责地在人生的道路上引导孩子做好自己。

一年暑假，爸爸妈妈带着蒙蒙去湖边玩。正玩得开心的时候，突然发现一个三四岁的小女孩滑进了深水区，正在极力挣扎。蒙蒙爸爸没有丝毫犹豫就冲过去把小女孩抱了出来。小女孩被安全地救了上来，可以说是有惊

无险,可蒙蒙的爸爸此时已经全身湿透了,手上的手表和口袋里的手机也都因浸了水而不能用了。小女孩的父母闻声过来后却似乎没看到蒙蒙爸爸这位"救命恩人"一样,只顾着一味去责怪自己的女儿:"你怎么搞的? 怎么就掉到水里了呢?"一位旁边围观的人说:"你女儿刚刚滑进深水中了,全亏了这位先生把她救了上来。"可是小女孩的父母却连句感谢的话都没说,似乎任何事情都没有发生似的抱着孩子就走了,估计是看见被水浸坏的手机和手表而害怕被要求赔偿吧。

就连 6 岁的蒙蒙看到这个场景都感到失望极了,于是就问妈妈:"妈妈,爸爸是不是不应该去救那个小女孩啊?"妈妈说:"爸爸当然应当去救人了。虽然爸爸的手机和手表都坏了,给我们造成了损失,可是生命是无价的,手机和手表再珍贵都比不上人的生命。只不过呢,以后我们蒙蒙要记住了,做人一定要有礼貌,如果有人帮助了我们,我们一定要去感谢人家,做人要懂得感恩。可千万不能像刚刚小女孩的爸爸妈妈一样,连声谢谢都不说啊!"蒙蒙听了妈妈的一番话后,开心地对着全身湿透的爸爸欢呼起来:"爸爸你现在是个大英雄!"

蒙蒙的爸爸妈妈就是在以自己的实际行动在引导孩子健康成长,同时还教导孩子要同不懂礼仪的现象划清界限。在接受了别人帮助的时候,一定要及时表达自己的谢意,对帮助自己的人应该抱有一颗感恩之心。

中国自古就是一个礼仪之邦,父母更应当对孩子进行正确的引导。在平时多给孩子讲一些有关礼仪的小故事,并且在生活中以身作则,哪怕是最不起眼的地方也要用自己的一言一行去引导孩子。比如,吃饭之前教会孩子自己去拿碗筷,自己盛饭,甚至尽量教会他去主动为全家人盛饭;吃饭的时候,教会孩子基本的餐桌礼仪,比如不要将自己喜欢的菜端到自己的面前,而是应该懂得谦让,应该大家分享;在路上碰到熟悉的甚至是不太熟悉的人,都要学会有礼貌地去打招呼和问候;家里来客人的时候,要对客人有基本的礼貌与热情;上厕所时要确定没有人再进入,进去后随手锁门,用完厕所后要冲厕所;收到家人的礼物或得到别人帮助的时候,要懂得说谢谢;请求别人帮助时,更要教会孩子去说"请,麻烦"之类的礼貌用语。这些看起来似乎都是微不足道的小事,但是这些细节往往就决定了对于孩子的教育是否成功。这些都需要父母在日常生活中一点一滴地向孩子进行传授。总之，对于孩子的教导应该从生活的每一个细微之处着手，教给孩子必备的生活礼仪，才能让他成为一个受大家欢迎的人。

同时，值得提醒父母的是，孩子的成长常常会有反复性的现象，父母特别是母亲要不厌其烦地对孩子进行适当的提醒，给他做正确的示范。许多孩子在开始的时候会按照父母的要求去做，但做了几次之后可能就无法很好地坚持下去了，这时作为母亲的你一定要表现出自己的耐心，千万不要有与其劝导孩子干活不如自己去做了省事的想法。需要清楚一点，你真正的目的并不是在教孩子做好这一件事，而是在教给生活的礼仪和培养他良好的习惯，更是在教给他做人的道理。所以，千万不能有丝毫的怠慢和惰性。

从每一个细节，每一个角落去着手，把你的孩子培养成一个懂得良好生活礼仪的彬彬有礼的人吧！相信在你的精心教养之下，你的孩子一定可以成为一个懂得生活礼仪、深受欢迎、身心健康、品德优秀、博学多才的人才。

做好表率，父母是孩子最好的榜样

家，是我们遮风挡雨的寓所，在家中孕育着我们最初的希望，放飞了最纯真的理想。家，更是孩子认识世界的第一个地方。所以，家庭礼仪教育对孩子以后素养的形成是非常重要的。身为家中的长辈，尤其是母亲对孩子的影响是非常大的，个人平时的行为对孩子一生习惯的养成有着很大的影响，因此母亲应该给孩子做出良好的礼仪表率。

几乎是所有人都喜欢去模仿自己所崇拜或是喜欢的人，这一点在孩子的身上表现得更为明显。因此，父母更要知道自己的言行举止对孩子的影响有多大，因为当孩子尚小的时候，他们的偶像和权威人物一般都是自己的父母。在他们看来父母所做的都是对的，他们的行为标准也是以父母为参考。所以，想象一下，身为父母如果对长者不孝顺、对别人没有最起码的爱心、对自己的行为也不负责任……这给孩子怎样的教导？你又怎样去奢望你的孩子今后多么有教养，多么受到社会尊重呢？现在很多父母都要忙工作，或是因为在大城市工作带着孩子在身边消费压力太大，于是就把孩子留在自己的父母身边，由他们来照看，离得近点也许一两个星期、一两个月才能见上一两面，更有甚者要一年才能见上一面；而有的有父母，即使孩子在身边，也不会全心全意去教导和引领孩子，空闲的时候，他们会看电视、上网或是干家务；也有的对自己的孩子万般疼爱，可是对长辈却总是不闻不问，很少去看望和关心自己的父母，甚至他们住院了都不会在他们身边多陪陪他们；也有的带着孩子出去的时候，碰到乞讨或是捐款就赶快带着孩子走一边，冷漠不理……父母们在做这些的时候只是看到了自己眼前的一些小的得失或利益，却没有想到，你这都是在用一种不负责任的方式教导你的孩子。因为孩子会在潜移默化中受到你的行为的影响，他们看在眼里、记在心里，再以后碰到类似的情况也会以类似的态度去对待，慢慢地就形成了自己的性格。另外，自己今后教导孩子的不好行为时，孩子也会有抵触心埋，会理直气壮地说："你自己都是这么做的，为什么不允许我这么做啊？"这样无形中就给家庭教育带来了很大的阻碍。所以父母要想更好地教育和影响孩子的话，就应该在生活中严以律己，给孩子做出一个好的表率来。

孔子说："其身正，不令而行；其身不正，虽令不从。"孩子模仿最早也是最多的形象当然是自己的父母，这就看出了父母对孩子的教育作用是多么地重要。所以父母应当在孩子小的时候就树立良好的礼仪形象，这就要求父母自身加强礼仪修养。有人说"孩子是父母言行举止的镜子"，是啊，多么形象的一个比喻述啊！通过一个孩子的行为举止完全可以窥视出其父母的行为举止来。如果父母行为良好，那么给孩子树立的就是好的模仿形象，而父母的行为中如果有某些失当之处，那今后很可能会成为孩子为自己开脱错误或推卸责任的借口。孩子往往都习惯于从自己的父母身上去学习，这种学习并不区分优点和缺点。为了让自己的孩子能拥有更多的优点，父母就应当去切实提高自身的礼仪修养，去努力引领好孩子，教会他们文明礼仪，言传身教，让孩子对这些美好的东西能看得见、摸得着，在一种潜移默化中自己也自然形成了这种良好的礼仪和品质。

陈磊原是哈尔滨三中的学生，1996 年她以 630 分的"托福"成绩直接考入美国大学。对于这样的辉煌，很多人都想知道她父母的育子之道。在谈到对孩子进行文明习惯的培养时，她的父母深有感触地说："打陈磊学会说话，能听懂一些简单的指示和要求时起，我们就有意识地在各种场合下，告诉她应该怎样做，并且经常性自己先做示范，比如早晨离开家时，要和家里人说‘再见’，到托儿所要问‘阿姨好’，‘小朋友好’等”，都是我们带头做的，再要求她也去做。在街上，吃剩的果皮和冰棍杆，我们都让她亲手送到垃圾箱里，从不随意往地上乱扔。乘公共汽车，当别人让座时，总要说声谢谢。每当看到环卫工人或园艺工人顶着烈日清扫一路街，美化环境时，都要赞扬他们对城市对社会的贡献，告诉孩子要尊重他们的劳动。”见过陈磊的人都说她气质好，彬彬有礼，落落大方，这都是从小到大逐步养成的……

陈磊的成功不只有她的成绩，更在于她良好的礼仪修养，而这种修养，和她父母有着至关重要的作用。的确，教育是一个由浅入深，由高到低、循序渐进、不断发展的过程。因此，在教育子女的过程中也是不能操之过急的，要在日常的生活中时时刻刻、一点一滴去体现，摸清孩子生理和心理的发展情况，从最基本的事情做起，逐步对孩子进行引导，帮助他们一步步地提高和不断完善。孔子曾经这么说过：“与善人居，如入芝兰之室，久而不闻其香，则与之化矣；与恶人居，如入鲍鱼之肆，久而不闻其臭，则与之化矣。”这句话告诉我们，环境对一个孩子影响非常深远。在环境中，家庭环境或是生活环境是对孩子影响最大的一个环境，因此，良好的环境是教育孩子的最好老师。但是行为远重于言语，环境也重于遗传，几乎可以说孩子身上的许多品格的形成，不管是好或是坏，都多少能从他从小所处的环境中找出原因来。因此，作为父母，我们最应该以身作则，给孩子创造一个彬彬有礼、积极活泼，充满信任、理解和温情以及关爱的健康环境。如此，才有望培养出一个有素养的人才来！

❀ 女人在孩子面前也要注意自己的外在形象

父母塑造好自身的形象，是对子女进行家庭教育的关键所在。父母的一言一行，一举一动，都是孩子模仿的对象。当然除了父母之外，和孩子一起生活的其他人也同样会影响到孩子以后的言行举止。对孩子不要盲目地责备打骂，或是苦口婆心地说教，当意识到孩子存在这样的缺点、那样的毛病时，父母首先应该揽镜自照，看看“病根”是不是在自己的身上，因为父母的形象对孩子的影响是非常大的。

比如家庭生活中的一些日常习惯，父母要求孩子做到的，自己首先应该做到并且做好。对于社会生活中的要求，如交通规则等，家长在与孩子一起出行时要自觉遵守，讲公共道德，守秩序，以自身行为去影响孩子。

有一次，小淘妈妈正在洗衣服，突然有孩子跑来告诉她，她儿子闯了祸，她想都没想，带着两手洗衣粉泡沫立刻就冲了出去，还在大家面前打了小淘。

事后，她问小淘：“疼吗?”

“不!”9 岁的儿子摇头，眼神痴痴地，像在想着什么。过了好一会儿，他才说：“妈妈，你打我时的样子好难看，踢我没踢中，又打我，弄得到处是洗衣粉泡泡，好多人都在看你，弄得我在小朋友面前都挺没面子的。我真替你感到害臊。”

这件事成了小淘记忆中对妈妈的一个深深的烙印，也是小淘妈妈脑海中久久挥之不去的一片阴影。她为此常问自己：因为自己的形象，对儿子长久以来的教育到底打了多少折扣呢?

妈妈们，不要以为自己的儿女就真的不嫌你丑。人是一种追求美的动物，丑了自然就会被人嫌弃，即使那个人是你的孩子也不会例外。要让儿女不嫌你丑，就要真正做到“不丑”，而不是寄希望于儿女的“不嫌”。

作为母亲，你要知道，自己的衣着打扮会在很大程度上表现出自己的个人素养和性格气质，而这种素养和气质是影响孩子的最直接方式。因为父母是和孩子相处最多的人，所以自己的一言一行，一举一动都会直接影响到孩子的审美观和情趣。

琳琳从出生就一直由姥姥带着，快 3 岁的时候才被接回妈妈身边上幼儿园。每天下班后，妈妈都是匆匆忙忙地赶到幼儿园去接琳琳。忙碌了一天的妈妈，下班时已是满脸疲惫，再加上一路风吹日晒，形象不佳自然是难免的。一次，琳琳对妈妈说：“妈妈，你可以把头发梳整齐，把脸弄得白白的再到幼儿园来接我吗?”当时，她心头一惊，那一刻，她终于知道自己在孩子眼中的形象是怎样的了。以后，再去接女儿时，虽然不能如她要求的那样把脸弄白，但至少要在进幼儿园的大门之前理理头发，拍拍身上的尘土，整整衣角。在以后的日常生活中，她虽然不会去刻意打扮自己，但也会把自己弄干净整洁些。女儿也慢慢受到妈妈的影响，总把自己弄得干干净净的才去上学。

由此可见，父母在孩子面前保持好自己的形象不但能在自己的孩子心中留下一个好的形象，还能潜移默化地影响到自己的孩子，让孩子也注意自己的礼仪形象。所以，在孩子面前保持美观整洁、大方得体的外表形象，有助于塑造孩子正确的审美观念，并能给孩子非常具体的关于美的教育，由此也使孩子感到愉悦、舒适，培养了孩子良好的情操。

父母们也许都习惯了用对话的方式来教育孩子，这样不能说没有效果，但是如果以良好的自我形象这种无声的语言来教育孩子的话，可能会取得更好的效果。不过，除了这些自我形象之外，父母在孩子面前也应当注意控制自己的情绪，做到情绪稳定，避免有过激的情绪反应。比如，父母要是在单位遇到了不顺心的事情，回家也不要把气都发在孩子身上，或是对孩子表现得很不耐烦，没有耐性，这都可能使得孩子形成偏执、狭隘的性格，久而久之，甚至会让孩子有自闭倾向。

在平时的说话中，父母也可以附带一些无声的肢体语言，比如手势、步态或是表情等，用肢体语言来传情达意，更容易让孩子理解。也因此，父母要随时注意自己的这些肢体语言，让自己表现得自然大方，讲究得体，给孩子留下稳重且和蔼可亲的好形象。

作为孩子第一任教师也是终身教师的父母要知道，自己的任何一个言行举止都可能对懵懂的孩子产生极为关键的引导，对他们以后的成长和发展产生无法估量的影响，甚至影响着他们的一生。所以不管是在外在形象上还是内在品质上，作为父母，尤其是作为一个好母亲，你就应当以身作则，给孩子做出最好的表率。

亲子沟通要坚持使用礼貌用语，不说粗话脏话

乐乐现在 2 岁半，每当爸爸妈妈或是别人给她买来好吃的东西、好看的衣服，她都会欣喜地道谢。当然，如果她帮助了爸妈，如下班后帮助妈妈拿了拖鞋，妈妈也会对乐乐道谢，同时会教她说“不用谢”。在爸妈的影响下，

乐乐变得很有礼貌，见到小区的阿姨或奶奶会主动问好，每天去幼儿园都会主动跟老师打招呼，周围的人都夸乐乐乖，都很喜欢她。

约翰·洛克曾说过："礼貌是儿童与青年所应该特别小心地养成习惯的第一件大事。"作为平时生活中与孩子交流最多的人，父母应该时时刻刻注意培养自己的孩子懂礼貌，其中重要的一环就是与孩子说话交流时要注意礼貌用语。

现在人们都重视对孩子的教育，而礼貌对人是不分大人和孩子的。大家都是平等的，当孩子帮助我们做了什么事情时，我们应该有礼貌地说声"谢谢宝宝，你真棒"之类的感谢和表扬的话语，这样孩子随着年龄的增长和能力的提高，慢慢得到的表扬也多起来了，而且在家长的鼓励和表扬声中，孩子也能将有些家务劳动做得有模有样，周围的人也会喜欢这样一个有礼貌的孩子的。

父母是孩子的第一任老师，孩子的模仿力很强，他们的行为中往往能够折射出我们家长的影子。在现实生活中，我们希望把孩子培养成为一个讲文明、懂礼貌的孩子。我们在孩子牙牙学语的时候，就应该教孩子说礼貌用语，在以后与孩子交流的过程中更应该礼貌在先。

有一天中午下班后，琪琪的妈妈买来了草莓，洗净后递给了琪琪。琪琪拿着草莓高兴地对妈妈说："谢谢。"妈妈忙于做饭半天没有对她回应。这时，小家伙鼓着小嘴，生气地对妈妈说："妈妈你还没有对我说'不用谢'呢！"看着孩子认真的神情，妈妈忙说了声："宝宝对不起，妈妈只顾忙着做饭了。不用谢啊！"这时，她看着妈妈说："没关系！"边说边又拿了一个草莓问妈妈："妈妈吃不吃？"妈妈笑着摆摆手说："谢谢你，妈妈做饭呢，你吃吧！"

与孩子交流时，运用礼貌用语一定要坚持，不能因为手头工作忙或者时间紧就忽略了礼貌用语，那样对孩子的伤害是很大的。

佳佳上幼儿园了，父母一直很注意孩子的礼貌教育，佳佳也很懂礼貌。一天，她正在聚精会神地看 DVD，妈妈拿过一个橘子递给她，她顾不上就要求妈妈给她剥皮，妈妈答应了，等妈妈剥好递给她的时候，佳佳还在看 DVD，很投入的样子。"佳佳，妈妈递给你橘子，你应该怎么说啊？""啊，我忘记了，哈哈，谢谢妈妈！"这个小家伙还调皮起来了。过了一会儿，佳佳又拿出一个苹果要与妈妈分享，妈妈就随口说了声："谢谢佳佳，真棒！"。话音刚落，小佳佳抛出了一句:“妈妈,咱们是一家人啊,你不用这么客气。”妈妈当时一听就想笑,这个孩子还真是长大了,有思想了,接着就问她:“为什么一家人就不用说谢谢呢,那你在幼儿园别的小朋友和老师帮助你,你说不说谢谢啊?”“当然要说了,因为他们是外人,外人帮忙了,就要感谢。”这个小家伙还真是很有逻辑性呢,说得妈妈一时也没想出要怎样应对她。

看了上面的故事,有的人可能有和小佳佳一样的想法,会说:“自己的孩子,没有必要说礼貌用语!”其实不然,礼貌用语在家中也还是应该使用的,因为只有在家中养成良好的用语习惯,孩子才会在外人面前表现得有礼貌,懂礼节,才会在外边成为一个受欢迎的孩子。我们要理解礼貌用语的真正意义,它不仅仅是简单的词语,更重要的意义是礼貌用语本身可以让人们通过说“谢谢”而学会感恩。通过说“对不起”而学会从心里表达对别人的歉意,即使是家人帮助了自己,也应该要表示感谢,学会感恩;外人帮助了自己就更要表示感谢,表示感恩,做了对不住别人的事更要真诚地说一声“对不起”,从心底表达对别人的歉意。

作为母亲,我们要教育孩子礼貌待人,要让孩子从小学会感恩,对于给别人带来麻烦、伤害而心存歉意。因为这不只是做人的根本,也是孩子长大成人、服务社会的基础!

言传身教,任何时候都不要欺骗孩子

言必信,行必果。——孔子

生命不可能从谎言中开出灿烂的鲜花。——海涅

先相信你自己,然后别人才会相信你。——屠格涅夫

诚实的人必须对自己守信,他的最后靠山就是真诚。——爱默生

说谎话的人所得到的,就只是即使说了真话也没人相信。——伊索

没有谁必须要成为富人或成为伟人,也没有谁必须要成为一个聪明的人,但是,每一个人必须要做一个诚实的人。——本杰明·鲁迪亚德

这些话是一些古今中外的名言,都在告诉我们诚实守信是多么重要。确实,诚信可以说是人类所有优点的基础。在这个世界上,满腹才华者很

多,但可悲的是,很多满腹才华的人是不可以信赖的,因为信赖不是依赖于才华,而是诚信。诚信这种品质比其他任何品质都更能赢得他人的信任,也更能获得社会的尊重和尊敬。它是一个人的立身之本,是人生在世最为宝贵的财产。而在自己的孩子面前保留这种品质,就能帮助自己的孩子挺直脊梁、光明磊落地做人,并受到别人的尊重。

每个父母都希望自己的孩子是诚信的,没有父母喜欢自己的孩子撒谎。面对孩子的撒谎行为,大部分父母都是既生气又着急,对孩子免不了训斥甚至是进行一定的惩罚。但是这样的方法真的管用吗?事实证明,父母的这些做法很有可能会促使孩子更擅长撒谎。其实很多时候一千句教导比不上父母自身的一个行为对孩子的言传身教所起的作用。

曾子是我国古代著名的思想家。有一次,他的妻子要出门,儿子要跟着一起去。她觉得小孩子跟着出门很不方便,想让孩子留在家里,就对儿子说道:"好儿子,你别哭,你在家里等着,妈妈回来杀猪给你炖肉吃。"儿子听到有肉吃,立马就答应了,乖乖留在家里。这时候的曾子暗暗把妻子的话记在了心里。

下午,妻子从外面回来了,看到曾子正在磨刀,就惊讶地问曾子磨刀做什么。曾子说:"杀猪给儿子炖肉吃。"妻子笑了,说:"我那只是说说哄孩子高兴的,你怎么能当真呢?"曾子语重心长地对妻子说:"你要知道,孩子是不能欺骗的。如果作为父母的我们说话都不算数,孩子长大后又怎么会讲信用呢?"于是,曾子与妻子一起把猪杀了,给儿子做了香喷喷的炖肉吃。

曾子的这个故事很明确地告诉我们一个深刻的道理:教育孩子要诚信,父母自己首先要诚信。"人无信不立",为了培养孩子的诚信观念,在日常生活中,父母对待孩子一定要诚信,不要说话不算话。

民间有句话说"上梁不正下梁歪",这句话足以告诉我们一个道理:父母的言行对孩子的影响有多么大。父母自身是否诚信对孩子今后的品质培养也是至关重要的。如果你的孩子经常撒谎或是出现不履行诺言的现象,那么你首先要从自己身上去寻找原因,而不要盲目地去责骂孩子。也许你确实总是在日常的生活中反复教导孩子要诚信,要一言九鼎之类的,可是如果你自己却一再对你的孩子或是对你身边的人食言,从来不把承诺当一回事,那么你就不能指责你的孩子不履行诺言,因为你的孩子都是受你的实际行为的影响。孩子不诚信的行为不是天生的，而是由后天发展来的。天鹅尚有印随的现象，更何况是我们模仿力更强的孩子们呢？孩子的道德意识和道德行为的发展是不可分割的。道德行为决定着道德意识，道德意识又反过来体现着道德行为。所以父母不仅要以身作则，还要有足够的耐心来引导孩子。那么，究竟应该怎样来培养孩子的诚信习惯呢？

1. 时刻给孩子灌输诚信思想

父母对孩子的教育有很多方面，而诚信教育是最重要的教育之一。在孩子小的时候就给孩子灌输这种思想，在孩子成长的过程中也时刻不能忽视，在平时要常教育孩子守信用、负责任。让孩子知道诚信是一个人的立身之本。对于一个言而无信的人，没有任何人会喜欢，也不会有任何真心的朋友，没有人会愿意与他合作或是交往。不过，在对孩子进行诚信教育的时候，父母可以采用适当的方式让孩子爱听，比如可以借助实例或是古今中外的故事来让孩子真正明白诚信到底是什么，到底怎样做才叫诚信。也可以讲一些反面的故事，像撒了谎会长长鼻子等，让孩子心中有恐惧感，知道不诚信是会给自己带来恶果的。

2. 家长要以身作则

前面也都说到了，父母是孩子的第一任教师，孩子小时候总是会以父母的行为作为自己的准则来规范自己的行为。如果作为父母的我们经常言行不一致，不履行自己的承诺的话，那孩子也会受到父母的影响，并去模仿这些不好的行为，而意识不到自己这种行为是不良的，甚至还模仿得理直气壮。所以，在日常的生活中，如果父母向孩子许诺了某些条件让孩子去完成某些任务，而一旦孩子顺利完成了这些任务之后，父母就应当兑现当初许下的所有承诺；否则，会使得孩子希望落空，并有种被欺骗的感觉，并且会让孩子认为欺骗也是被允许的，所以就会跟着父母去学习，慢慢地也就变成了一个言行不一，经常说谎的人。一旦形成了这种不好的习惯，要改正过来都难。

3. 满足孩子的合理需求

对于很多孩子来说，最初的说谎动机往往都是出自于自身的某种需求，不管这种需求是来自于物质的还是精神的。孩子为了得到这种满足就会运用各种方法，说谎是最常见的。要杜绝这种现象，父母就需要多去了解和关心孩子，了解了孩子的这些需求，对于合理的要及时地给予满足，对于不合理的，要耐心引导孩子，争取杜绝孩子因为要满足自己的需求而向别人撒谎的现象。

4. 要相信孩子

孩子都需要被信任，如果父母经常怀疑自己的孩子的话，往往会使得孩子用撒谎来对待。所以要防止孩子有不诚信的念头产生就要去相信自己的孩子。

5. 父母犯错也要敢于承认

有的时候，父母会因为某些特殊情况而对孩子撒谎，或者由于条件限制无法兑现自己曾许诺过的话。碰到这种情况，父母不能给自己找借口或是摆架子，而应当以平等的身份去跟孩子承认错误，请求孩子的原谅，并教导孩子以后不要发生自己那样的情况，要做个诚实守信的人。

父母以身作则才能更好地去教导孩子，培养他们诚信的品质。不过，优良品质的养成是需要漫长的过程的，父母应当有足够的耐心，坚持不懈，始终如一地要求和教导孩子，这样，孩子长大以后才能成为一个光明磊落、大受欢迎的人。

遵循天性，让孩子有行动的自由

孩子的成长和发展需要一个宽松、开放和积极的环境，这是我国著名教育学教陶行知先生所推崇的教育理念。的确，要使一个孩子能自由发展，就应当遵循他们的天性，而不要随意去抹杀他们的创造力，也不要处处去限制我们的孩子。

几千年以来，中国的父母们都有一个共同的心愿，那就是望子成龙，望女成凤。而现在的父母似乎对这个愿望表现得更为急切。很多父母为了让自己的孩子能够更快地成长，会采取许多措施，给他们报各种自以为很有前途的特长班，请各种家教，把他们的时间表排得几乎和国家领导人一样满，却往往忽视了孩子的兴趣，也忽略了一个孩子的成长不仅包括身体增长，更包括语言、精神、气质、思想以及为人处世的能力的提升。

对一个孩子来说，多掌握点知识，就能多掌握点本领，这诚然不是坏事，但问题是不能一厢情愿地给孩子灌输自己的全部思想，也不能视孩子的兴趣而不顾，一味按自己的想法去强迫孩子，这样只能让孩子产生逆反心理和抵触情绪，不仅不会使得孩子有大成就，相反，可能会大大挫伤孩子原有的积极性，最终一无所获。

如果一个孩子的独立意识都是被严格限制在一个模式下，甚至连思想也是被限制在这个模式下，无法越出这个框，那么我们能说这样的孩子是真正意义上的独立吗？这样的孩子或许在幼儿园、学校里常常会成为老师树立的“模范”，但同时也会成为其他孩子攻击的对象。这样的“模范”往往很难融进集体中，更谈不上和其他孩子有很好的关系，在陌生环境下的适应能力。这样的孩子只会每天都围绕着老师和家长的“最高指示”转。在学校里、在家里，头上都顶着光环，严格遵守着父母和老师的温柔规则。这样的孩子随着年龄的增长将会逐步发现自我思想的缺失，迎来的反叛也会比其他的孩子更加强烈。

身为父母，我们应当好好去想想教育的精髓是什么。一个聪明的孩子，一个很努力的孩子，一个很遵守规则的孩子，一个很有知识的孩子。这些都很重要，但是如果没有独立的人格，没有自主的思想，不能把自己的情感和利益融进群体中，会成为一个什么样的人？

不过，不限制孩子的自由不等于从此对孩子不闻不问，任由他自己随着自己的感觉和个性走。而是有一定原则地管制和引导，引导孩子怎样去做人，怎样去处世，怎样去成为一个品德高尚，品质优秀的人。正确去引导孩子健康成长，快速发展。

无论如何，自由发展的空间对于孩子来说是十分必要的。

乐乐 10 岁，是一个聪明且经常有自己独特做法的孩子。比如他写作文就不爱打草稿，做数学题也不喜欢把整个步骤详细地写上，他觉得只要抓住重点了就可以了。在很多人看来这是种偷懒的做法，可是乐乐的父母却认可了他的这种偷懒。就是父母的这种态度使得乐乐的个性在宽松的家庭环境下得到充分的发展，这种个性对他后来的学习、事业和人生都起到了很大的积极作用。

这个事例无非是告诉我们，父母们作为家庭教育的实施者，首先应当树立自己正确的成才观和教育观，并懂得怎样去释放适当的空间给孩子，甚至要学会去宽容孩子的某些“缺点”或是“错误”。对待这些，不要以成人的眼光，急着去纠正或是强迫孩子去改正。这样才能使亲子关系由简单命令向平等交流去发展，使得我们的家庭教育起到真正的作用。

几乎在我们所有的家庭中，父母都会给自己的孩子单独装饰一个房间，这个房间往往是一个家庭中装饰最好的，明亮豪华的照明设备，舒适的桌椅，安静的环境，宽敞的空间，可以说是学习的最佳场所。可奇怪的是，很多孩子却偏偏喜欢在餐厅做功课。这是因为孩子对空间有不同于和父母的认识，他们更需要的是一个能够让他们完全安心地游玩和学习的空间，而不单只是一个单纯意义上的独立房间。

孩子所需要的是父母不要过分“教导”和干涉他们的空间。也只有这样才能让孩子形成良好的自主性。孩子所需要的“空间”不是一个独立的房间，而是可以发泄自我感情，调控自己情绪的自由空间，在这个空间里，他可以形成自己的独立个性，也学会独立思考和创新。所以父母在给孩子全力装饰房间的时候，不妨从很多行为中给孩子留下属于他们自己的一个“角落”，在这个“角落”里，孩子是这个地盘的主人，“我的地盘我做主”，在这个地盘上孩子可以自由地按照自己的喜好放置自己的一些东西，而不受大人审美观或是各方面情绪的限制，孩子可以在自己的地盘上生活得自由自在，自得其乐。

平等与尊重是不限制孩子的最根本原则，在孩子做出任何选择和有某些行为的时候，父母要尽量本着平等和尊重的原则站在孩子的角度来思考，有些时候也要尝试着接受孩子与成年人不一样的事实，接受那些孩子没有投我们所好但是忠于他们自己的选择。

孩子一旦有了思想上的独立，同时还有和父母良好的依恋感，孩子心中就会比较纯净，没有压抑，没有害怕，没有委屈，就不需要发泄，不会突然爆发压抑的情绪。这样的心理状态表现在行为上就会比较主动而不激进，温和而不懦弱，自然地活泼开朗而不是为了引起他人的注意，或者是见风使舵。这样的孩子有自己的意愿同时也善于表达自己的意愿，这将为他们日后遵从本心，倾听自己打下很好的基础。

❀ 多与老师沟通，让你更了解孩子

在学校，老师最了解孩子的情况，家长和老师良好地沟通，是了解自己孩子的一种好途径。爸爸妈妈和老师之间建立和保持良好的交流沟通关系，是保证孩子健康快乐生活的关键。那么怎样和孩子的老师交流才比较得当呢？

在开学初向老师说孩子的情况时，不要带着先入为主的印象，“我家孩子很优秀”、“这孩子和人相处不好”，而应该尽量客观。针对几个常见的问题，我们给妈妈们提出以下建议。

1. 什么时候交流比较好

家长和老师的交流很多情况下都是在接送孩子的时候，如果只是简单地打招呼、简单询问孩子的情况，在这个时候还是比较合适的。但是学校里的孩子一般都比较多，尤其是在上学和放学的时候，老师会显得更加忙乱，无暇跟来接送孩子的父母做过多的交流。这个时候你不妨尝试和老师进行预约，或者是利用电话或手机短信交流，还可以用书面的形式与老师交流，很多学校都有一些网站供家长在上面留言或在线与老师沟通。

所以，只要选择合适的方式与老师联系，了解孩子在学校的情况是很容易的事情。

2. 怎样交流更有效

(1)信任老师：爱护孩子是老师的天职，不爱孩子的老师是很少的。家长首先应该充分地信任老师，把老师当成自己的朋友，在这种相对轻松的气氛下，老师会更加愿意和你进行更多的交流。

(2)坦诚交流：让孩子有良好的发展是家长和老师的共同目标，关于这方面的问题可以和老师进行直接地交流。如果家里出现一些比较重大的事情会对孩子产生影响，也应该及时告诉老师。

(3)换位思考：老师和孩子相处的时光常常不比家长少，尤其是幼儿园的老师每天要照顾孩子的吃喝拉撒，带领孩子游戏学习，劳动量非常大，并且负责的也不只是一个孩子。家长应该尽量体谅老师的辛苦，充分理解老师必须照顾到每一个学生而无法只关照自己的孩子。

(4)从感谢入手:有一天,孩子回到家后闷闷不乐,经过询问他告诉你,他在学校受了委屈,但孩子的表述没有丝毫的重点,你也听不出其中的原委,这时的你该如何向老师进一步了解情况呢?

你可以尝试着先去感谢老师,然后再提一些你的意见,把你的意见夹在厚厚的感谢中,这样老师就更能接受你所提的意见。比如说,你可以这样跟老师说:"某某老师您好,作为某某的家长,我经常听到我的孩子谈到您,谈您独特的教学法,谈您对学生的关心,真的非常感谢您这么认真地教导我的孩子,让他可以得到现在的进步。不过,孩子今天回到家似乎有点委屈,他说在学校里发生了……,针对这件事情,我知道您有多辛苦,以后也还得请您多费心,作为家长,不知道我应当怎样来配合……"然后就可以耐心地去听老师是怎么解释的。

针对上面所提出的方法,下面这些事例的解决也许可以给我们的妈妈们一些更实际的建议。

田太太的儿子刚进校的那段时间,由于比较调皮,常出在学校里状况。儿子回家后说,"老师告我状啦?哼,我们老师就这样,先打电话,然后就是请家长。"

田太太了解到,有的事情的确不是孩子的错。比如学校中午不让孩子随便走动,但田太太觉得吃完饭在学校里走走对孩子身体好,没有阻止他。但另外一些事,比如把作业本搞得乱七八糟、课堂上和同学互扔橘子皮,田太太听了老师的意见,帮孩子改正了。

和老师的数次电话中,田太太先是听老师对孩子情况的看法,感谢老师的辛苦和对孩子的用心,和老师慢慢熟了起来。老师一开始总说孩子在学校有什么问题,后来也提到了孩子的优点,并告诉她一些帮助儿子的方法。

儿子觉得老师"告状"说他的作业写得不好,田太太更正说:"老师说你写字很有潜力,可以写得更好,以后多练练。"儿子不相信,于是田太太发短信给老师说,"孩子不相信您其实很欣赏他的优点,拜托您明天亲自告诉他。"第二天孩子放学回来,很开心地跟田太太说:"今天老师表扬我了。"并且在吃过饭之后,头一次非常主动且非常认真地去做了家庭作业。

总之,不管工作多忙,家长都要多和老师进行沟通,了解孩子在学校里的表现，也让老师了解学生在家里的表现。这样，一旦孩子有什么不良的表现，家长和老师才能及时地想办法去帮助孩子纠正。只有家长和老师共同承担起教育孩子的任务，才能真正地教导好自己的孩子，让孩子健康生活，平稳发展。

❊ 在孩子面前，不要用自己的眼光评价他的朋友

不管是有意还是无意，很多父母都喜欢对子女的同学加以评论。比如："你的A同学看着挺机灵的，怎么成绩就那么差呢？""B同学真不讲卫生，我每次去接你时见到他都脏兮兮的，衣服穿了好几天，都上一年级了还老用手擦鼻涕。""C同学考了全班第二，可是太不讲礼貌了，上次去接你，他乱跑撞了我却连声'对不起'都不知道说。这孩子也不知道家长和老师都怎么教导的。""你们D同学还挺滑稽有趣的。""E同学是不是很贪玩啊？怎么总是跑到咱家来玩呢？"……

以上这样的评论或许很多人都说过，或者都听到过，很多母亲往往对这些评论很感兴趣，丝毫不去注意自己孩子的反应，乐此不疲。

大家都应当明白，有的时候去挑子女同学的毛病而对此妄加评论的话，只会惹来自己子女的反感。家长可以设身处地去想一想，如果是自己的朋友或同事，自己会乐意别人去妄加评论吗？何况一味去挑自己孩子同学的毛病，无形中是在用自己的眼光和趣味帮助孩子排斥和挑选伙伴。如果自己的眼光太过挑剔的话，会导致孩子的审美眼光和与人相处的能力都下降。

从小，家里对我的管教就很严。妈妈说得最多的一句话就是："朋友如镜子，你交什么样的朋友就反映出你是什么样的人。"所以我身边的每一个人都会经过妈妈的千万遍挑剔。

每次，我放学回家，妈妈总会不厌其烦地问我"今天在学校跟什么人一起学习，一起玩了""下课跟谁一起回家的"等等，对于她不熟悉的她会问我一千万遍关于我的玩伴的信息，如果是她熟悉的人，她就会强加干涉，说某某学习不好，说某某不懂礼貌，让我不要跟他们走得太近，免得把我也给带坏了。

因为母亲对我交朋友管得特别严，加上母亲本身是位老师，我有假的时候她也有假，就这样初中毕业上高中，再上大学。我几乎都没有朋友，偶有几个关系好点的，也经常被妈妈放在茶余饭后评论指点。

现在我已经大学毕业，并参加工作好几年了，可是我几乎没有知心的朋友，也没有男朋友，每逢过年过节或是周末的时候，我的手机永远都是死寂着。我也很想去多交往一些知心的朋友，可是我发现我似乎深受妈妈的影响，尽管我特别反感妈妈对我的同学和朋友无休止的批评，可是很多时候我不得不承认，我总在有意无意地挑剔和评价别人，并害怕他们的不足会如一面镜子照得我也"原形毕露"……

以上是一位白领在论坛里所发帖子的部分节选，很多人看了都跟帖说自己也有这样的经历，父母尤其喜欢在餐桌上去评价自己的同学和朋友，弄得自己很是反感，可是有时又惊讶地发现自己在心中也会有意无意地接受了父母的那些看法甚至是偏见。

这是一个很危险的信号，父母在子女面前批评子女的同学，这不仅会引来子女的反感，影响和子女之间的感情，还会影响到子女对同学的态度，影响子女在学校的人际关系。

很多父母对自己的孩子管教很严，除了不让自己的孩子随便交朋友，对于孩子已经交上的朋友或者对孩子的同学也经常会指手画脚地，批评这个批评那个，指指点点。即使孩子的同学确实存在某些方面的问题，作为父母，我们也不应当毫无忌讳地在子女面前诉说着一个个不是，否则子女心里会怎么想呢？对子女的同学限制过多，当然也是一种对子女的暗示，对子女的过多要求。这会在很大程度上限制子女的交际圈，慢慢地让子女不受欢迎。

身为父母，尤其是母亲，更应当改正自己的缺点。不要总喜欢在茶余饭后评点孩子的同学和朋友并去限制他们。因为这样会打消孩子对待生活和学习的积极性，这样会害孩子一生的。我们要引导孩子用包容的心和去发现生活中的真善美，并且让孩子去走近这些美好的事物。

对于有这种喜欢评论别人毛病的父母，该怎样去改正自己的缺点呢？不妨试试以下方法：

(1)害怕子女乱交友是对的，给子女建议也是应该的，但要注意方式，且语气要委婉，即使要去说子女同学的不好，表达你的意见的时候也要注意你的用词。

（2）帮助孩子去发现同学的优点，并鼓励孩子去学习同学的这些优点。

（3）鼓励孩子大胆地去和同学交流，当孩子发现同学有不足之处时，一方面要教会孩子宽容和理解；另一方面，要让孩子去避免那些不足。

（4）多让孩子讲讲和同学相处好玩的事情，让孩子多讲讲同学的优点。以此培养自己孩子正确的价值观，多从积极的方面去教导孩子，能对孩子的人际交往起到很大的作用。

第十四章 ※ 百善孝为先，懂礼仪让父母快乐安康

儒家的经典《礼记》记载："立爱自亲始。"这句话的意思是说，培养仁爱之心要从关爱自己的长辈开始。

《围炉夜话》中又说："百善孝为先。"意思是说孝敬父母是人类各种美好品德中处于第一位的。

敬爱与关心长辈，这是中国几千年以来就提倡的美德。敬爱与关心所体现的当然是一种孝道，源远流长，传承了几千年，使孝道文化在中华儿女的血脉里滚滚流淌。在古代，人们尚且如此重视对长辈的尊敬，作为现代人的我们，更应当从实际的行为之中，从生活的每一个细节中去用心敬爱和关心我们的长辈，让我们中华民族的良好礼仪得以不断传承下去！

尊敬父母，与父母相处要礼仪先行

也许是由于从小就养成的习惯，很多人以为父母是自己最熟悉的人，于是说话的时候就不拘小节，根本不会考虑父母的感受，甚至有的时候使用命令语气。这不但会让自己的父母听着心里难受，即便是旁人听着，心里也不太舒服。尤其是作为媳妇，如果以过于直接的语气对公公婆婆说话，很可能引起很多的误解与矛盾。所以作为儿女的我们在同父母交谈时，一定要注意说话的语气，有时你可能无心随口说出的一句话，却会伤了父母的心。因此在和父母说话时，一定要表现出自己的尊敬之情，你也许有自己的见解，也许父母的意见已经不合时宜，但长辈毕竟是长辈，他们的意见值得我们去参考，哪怕完全没有参考性。父母提出的建议总归是为你好，应该礼貌地听完父母的建议，该听取的听取，该接受的接受，接受不了的可以在父母讲完后委婉地表达一下自己的想法。

对待父母的建议，不管接受与否，都应该表达出自己的尊敬与感谢，可以这样做：

(1)在跟父母交谈时，要带称呼，说话时语气要委婉平和，表达自己的看法也要委婉中肯。

(2)父母年龄大了，有时候可能会唠叨一些，这时我们应该耐心一点，面带微笑，可以适时地点点头，表示你在听，并且很有耐心。当父母讲述一些自认为很好笑的事时，即使你觉得一点都不好笑，也要跟着笑一笑，表示你对他们讲的话很感兴趣。

(3)当遇到问题或困难向父母请教时，要虚心，并且不要隐瞒自己的真实情况。对于父母有用的建议，要尽量去采用，即使父母的解决办法毫无价值，也不能表现出失望来，也要表示感谢。

(4)在和父母一起唠家常时，不要对父母重复叙述的事表示不耐烦，因为反复的回忆也许是营造家庭温馨氛围的一种途径。

(5)听取父母叮嘱时，要注视着父母的眼睛，不要心不在焉。

(6)说话要文明，并且任何时候都不要在父母面前发脾气、说粗话。

(7)对父母要谦和包容。人非圣贤,孰能无过,父母也有犯错的时候,如果错误比较严重,也不要无所顾忌,直接纠正;对父母要有耐性,若错误无伤大雅,一笑置之也就得了。

(8)不要抢父母的风头,要给父母留有余地,并且时刻维护父母的面子。

总之,我们应当时刻注意自己的礼仪,父母是我们最熟悉的人,也是最容易被我们忽略的人,因此我们要时刻尊重父母。你对父母的行为会影响到你的下一代,言传身教之下,你的下一代也会以如此有礼貌的方式对待你,这也是一个很好的礼仪的传承。

别限制父母,他们应该有自己的交际圈

很多子女从小到大一直在抱怨父母对自己交朋友横加干涉,可是过了二三十年之后,事情却反过来了,很多子女开始对父母交朋友指手画脚,万般指责,更有甚至,以为父母就不该交那么多朋友,还经常相约出去。这都是很不正确的做法,身为父母,他们应当有自己的交际圈。尤其是当子女长大后,都纷纷离开自己的身边时,父母更应当去交自己的朋友,一来,在没人陪伴的情况下,可以找个朋友唠唠家常;二来,在有需要的时候可以找朋友来帮帮忙。

张老头随儿子以及儿媳妇一起在城里生活着。平时,儿子和儿媳妇上班,孙子上学,自己一个人在屋里闷着觉得挺没意思的。他在逛公园的时候认识了李老头,两人在一起还聊得挺好。李老头有个嗜好就是爱抽烟,尽管张老头不抽烟,但这不影响两个人的交往。

一天,张老头在家觉得没意思,就给李打电话,李老头正好没事,就来张老头家了。聊到兴奋处,烟是抽了一支又一支,一会儿烟气大了就干脆把窗户都打开了。一下午两人倒过得挺开心。不知不觉儿媳妇回来了,走进屋被呛得眼泪都出来,再看看空调开着,可是窗户和纱窗都没关,蚊虫什么的都飞进来了。顿时气不打一处来,当时就对李老头说:“李大爷,这么晚了,您还不回家吗?”

李老头悻悻地走后。儿媳妇就开始教训公公了:“我说爸,你怎么就交

个这样的朋友？这么大年纪了还嗜烟如命，这么坏的嗜好。以后别老跟他一起了，被动抽烟对您的健康也不利呀！”张老头听着，一句话也没说，只是闷闷地回了自己的房间。第二天，整整一夜未眠的他不顾儿子的万般劝阻，卷着行李回农村老家了。

在现实生活中，像事例中干涉父母交友的子女并不少见。尤其是作为儿媳妇的可能就更不喜欢父母总带一些自己的朋友回家或是去别人家里唠叨。也许和父母干涉子女交友还有个本质的不同点：父母干涉子女交友是站在子女的角度，害怕子女被带坏，害怕子女受欺负之类的，而子女干涉父母交友很多是站在自己的角度，害怕父母所交的朋友给自己添乱，给自己带来麻烦。所以身为子女的经常会对父母的交友活动进行干涉。这样做是极其不符合社会道德的，身为晚辈，我们应当多从父母的精神生活方面去为父母考虑考虑。要鼓励并帮助父母去寻找自己的朋友，让他们的精神生活得到满足。

对于父母有一方已经去世，而父母需要交异性朋友或找老来伴时，子女加以干涉的更不在少数。这是因为虽然现在不少年轻人的尊敬老人的观念增强了很多，但是一些人只认为让父母吃饱穿暖就是孝敬的表现，对于父母精神生活方面的需求却不怎么关心，甚至有一些子女认为父母再婚很丢自己的面子，还为父母的遗产担忧，怕流入“外人”之手。基于这些想法，对于父母的再婚，子女将会更加阻拦，有时甚至是暴力干涉，以不养老送终对父母进行要挟，这都将导致丧偶老人们长期单独生活，孤苦伶仃，无人聊天，几乎生不如死。

“少年夫妻老来伴”，年轻人有权利追求爱情，老年人同样也有。丧偶老人，感情孤独，更需要爱情慰藉，这不是什么丑事，更何况，《中华人民共和国老年人权益保障法》规定：老年人的婚姻自由受法律保护。子女或者其他亲属不得干涉老年人离婚、再婚及婚后的生活。为人子女，不尊重父母的感情，对老人再婚横加干涉，不仅不孝，还违反了法律。

还有些人担心自己的父母老年再婚会吃亏，即便有这层考虑，也不应该去干涉父母的再婚，而应该帮助父母好好考查对方，如果不合适，就去寻找合适的，儿女可以帮助老人把把关，但绝不要去干涉老人的婚姻。

孝敬老人不仅需要有物质上的保障，更要关注老人的精神生活。人一旦老了，就容易感到孤独，也更需要子女的陪伴，所以作为子女或儿媳，我们不应该去干涉自己的父母交友，甚至应主动帮助父母交友，从而丰富父母的晚年生活，让父母有一个真正幸福的晚年。

闲暇时间，多回家与父母共叙天伦

“找点空闲，找点时间

领着孩子常回家看看

带上笑容，带上祝愿

陪同爱人常回家看看

……”

当陈红的这首《常回家看看》唱红大江南北的时候，你是否也有“常回家看看”的冲动？

也许为人子女，为人父母的，常常会对自己的子女更上心，而忽略了年迈的父母其实更需要你的陪伴。

也许很多人都在说，再等等吧，等到我有空了，等到我有钱了，等到我一切都成功了我再好好孝敬和陪伴我的父母。可是你有没有想过你的父母现在就已经不再年轻，常年拼搏在外的你一年见你父母的次数恐怕不会超过两次吧？如此算下来，就算你的父母现在只有50岁，按照80岁的寿命来算，在你父母的有生之年你能见他们的面还有多少次？60次！仅仅也只有60次啊！何况每次都是来去匆匆呢？

想一想这会是多么短暂的时光，而在你父母的晚年多半是在等待你的电话，等待你的问候，等待你的到来的日子中熬过。人一旦年龄大了，就容易孤独，也就越发感觉孤单和寂寞。也许很多时候，你总在说你忙，你这么辛苦工作也是为了让你自己和你父母的生活更加舒适一些，好让你尽些孝心。你的父母也一直在理解和支持着你的工作，你的事业。可是呢？你那么做真的只是为了父母的生活更好一些吗？而你的父母默默忍受着孤独，支持着你的事业，难道是为了让自己的生活更舒适一些吗？

身为父母，经历了一生的风雨坎坷，年老了，却形影相吊，只留下自己孤独的身影，这时除了希望儿女陪伴，子孙绕膝，和自己最亲的人在一起好好地享受天伦之乐之外，他还有什么好奢求的呢？也许很多人会说，我一直在拼搏，一直在辛苦工作，很少回家和打电话只是为了把尽可能多的时间和精力都用在工作上，争取创造出更好的条件，好把父母带过来。

不能抹杀你最初的孝心，你也许曾经为了这份孝心而努力拼搏奋斗着，但最后能将父母带到身边的毕竟是少数；就算在你的努力下，若干年后父母终于来到身边，父母也未必能适应新的生活，作为儿女的我们也未必能尽到真正意义上的孝心。所以不要让孝心来得太迟，也不要为你对父母的忽略找任何的借口。

这样一幅场景大家也许都会遇到，一个老人，蹒跚地搬着小板凳来到门口，一天到晚望着路口，希望那个曾经熟悉而又很久不见的身影突然出现，稀少的路人走过，偶尔搭讪：“大爷，就你一个人住啊，不孤单吗？”老人装作无所谓，苦涩一笑：“习惯了。”习惯孤独？谁会去习惯孤独啊？这也就是一句自我安慰的话罢了。

其实多回家看看，多陪陪父母，尽量减少一些父母的孤独感，这一切并没有那么难。在工作累了的闲暇之时，在喝咖啡的时候，拿起电话，简单地问候一句父母在家做什么，吃饭没有，都足以帮助父母消除一整天的孤独情绪，让他们心中欢喜一整天。睡觉之前，一个几秒钟的电话，叮嘱父母早点睡，一句平常简单的话就可以伴随父母进入甜蜜的梦乡。五一、十一、年假的时候，放弃一下出去旅游的机会回去看看父母，不需要说什么，甚至不需要去做什么，只是静静地坐在灶台边，看着父母高兴地为你忙碌，给你做最爱吃的食物，或者只是围着火炉或是对着电扇，静静地听着父母没完地唠叨身边的事或是询问你在外的情况……这一切对你来说要做到，并不需要你去损失什么，也不会浪费你太多的时间，可是带给父母的却是整个晚年的期盼与幸福。

当我们年少时，把时间留给了那更多想去体验的兴奋事；当我们年轻时，把一颗心扑在了事业上；当我们初为人母时，把全部精力给了下一代。我们总是在想来日方长，报答父母的时间总会有的，可是也许不经意间，父母已经老去 ，当你意识到是时候孝敬父母了，但孝敬的机会也许已经没有了。“树欲静而风不止，子欲养而亲不在”，人生最大的遗憾莫过于此。

为了让父母的晚年更加幸福，为了不留下遗憾和自责，我们应该多去看看和陪陪父母，不要为自己找任何借口。“树高千尺莫忘根，儿行千里莫忘家”，在外奔波的儿女们，不要直到失去了才知道珍惜。平日里，应该多找点时间和空闲，常回家看看吧！

❊呵护父母，与父母分享美好事物

也许一直以来我们都习惯了父母把一切最好的东西都给我们，并把这一切都看成是理所当然。当我们的父母一年比一年年龄大，当你已经走上社会，成为家庭的顶梁柱时，你是否有意识到，此时你的责任也在与日俱增？你的父母对你的依靠也在与日俱增？这时候的你，不再是索取了，而是面临给予和责任的时候，所以你是否想过要高尚一回？在你的父母面前学会谦让，就像你小的时候，你的父母把一切好的东西谦让给你一般？

也许说到对父母的“谦让”是很多年轻的夫妻没有意识到的，即使意识到了似乎也很难做到。年轻的夫妻们总只忙于给自己的宝宝们一切最好，却往往忽视了，这个时候的父母也需要你的关爱。

明朝李时珍在《本草纲目·禽部》中称乌鸦为一种慈鸟，写道，“慈鸟：此鸟初生，母哺六十日，长则反哺六十日，可谓慈孝矣。”乌鸦尚有反哺之情，何况我们高智商的人类呢？仔细想想，从小到大，父母给予你那么多，而长大后的你又能给父母多少呢？

“孔融让梨”的故事大家都不陌生，一个故事教会了我们要学会谦让，其实对父母，我们更应该学一下孔融“让梨”的精神，把最好最大的“梨”让给我们的父母。

小冉是个80后的新媳妇，刚步入婚姻不久。她时尚且前卫，加上性格很是开朗，有些会撒娇，有些时候甚至喜欢对老公乱加指挥。这让一直在农村生活的婆婆看着很是不喜欢，当街坊邻居说到儿媳妇的时候，她甚至都只想埋怨。

一年中秋节，婆婆来到城里看他们。正好老公单位发了一箱葡萄，小冉洗完之后，老公自顾自地尝了个说："还不错，就是有点酸。"这时，小冉就在一堆葡萄里挑了几个圆圆大大、晶莹剔透的，递给婆婆说："妈，你尝尝，这几个都是熟得很好的，肯定不酸。"

婆婆吃了一惊，也许她没想到平时这么不入她法眼的时尚媳妇也有这么细心和有孝心的时候。接过媳妇手中的葡萄，吃下，当媳妇问："妈，是不是，不酸吧？"婆婆想都没想，甚至也没吃出葡萄的味儿来，就开心地说："不酸，很甜。"

从此，这个婆婆对媳妇真是赞赏有加，以往媳妇在她眼里的不是也都变成了优点。回到老家逢人就夸个不停，夸儿媳妇聪明孝顺，甚至看见别的女孩子穿时尚的衣服时，她都会说："我儿媳妇也有这件衣服，穿起来还真挺好看。"

村里人都不知道老太太怎么这么突然来个180度的大转弯，只有老太太心里乐滋滋地知道，是一粒葡萄的甜味甜了她的嘴更甜了她的心。

作为父母，大半辈子的人生路已经走完，那些好吃好喝好用的也不是他们所需要的，他们更需要的只是儿女们的重视和孝心，知道儿女们在关心自己，父母的心里就会感到安慰，寂寞和孤独的情绪也得以排解。也许你一次无心的迁就或者一次无意识的关心，都会让他们心中甜蜜很长一段时间，甚至这份甜蜜也会伴随他们的整个晚年。所以，要学会去呵护你的父母，不需要千言万语，不需要做出多大的牺牲，只是在日常的生活中，满足一下他们老小孩的心态。吃苹果时给她挑个最大的，过年过节首先给她送个喜欢的小礼物……呵护就是如此简单，却可以去宽慰父母的心，可以成就他们幸福的晚年。所以在父母面前，千万不要吝啬你的一点谦让！

❈ 父母阅历丰富，请教父母让我们收获多多

面对狂妄的年轻人，很多老人会用"我吃的盐比你喝的水还多"这句话来证明自己人生阅历的丰富。走过了大半辈子的人生，几乎什么大风大浪都经历过了，对于很多事情，老人有自己的独到见解和处理方法。

出于对子女的爱护，很多父母都十分乐意处理子女面对的难题。虽然有些处理方法也可能不得当或不合时宜，但是为了尊重父母，在我们遇到麻烦时，尤其是大事时，务必记得要和父母商量。商量可以让你学会站在别人角度思考问题，两代人的沟通，最重要的就是相互理解和相互尊重，而实现相互理解、相互尊重的途径就是要学会商量。

相互协商在人与人的交往过程中非常重要，它能让人感受到被尊重的感觉。根据马斯洛的需要层次理论，受尊重的需要是人类较高层次的需要。一旦这种需要无法得到满足，人类就会产生沮丧、失落等负面情绪。

父母也是如此，作为长者的他们更有受尊重的需要，父母也希望得到儿女们的尊重。如果你遇事爱与父母商量，父母就会觉得自己在儿女心中还有地位，自己的价值并没有随年龄的增长而退去，这有利于老年人价值观的建立。反之，如果子女凡事自己做主，从不问父母的意见，也不与父母说半句话，这样只会让父母觉得自己没用了，增加父母的孤寂感，甚至可能认为儿女不孝顺。

父母经历了许多世事，处世经验也比我们丰富，看待问题会更深入和全面。凡事与父母商量总会是有好处的，这些事也许只有等你经历了才会明白。当你回首往事时，你会发现有许多由于年轻时的冲动而作出的决定是多么草率和缺乏周全的考虑，自己也曾经说过“早知道听爸爸妈妈的了”之类的话语。

很多子女独立惯了，喜欢自己拿主意，甚至喜欢对家里的事情做主，突然让他去凡事请教父母，肯定会有些不适应，不过可以根据以下方法，慢慢培养出对父母的尊敬来。

（1）多回忆小时候父母无所不能、无所不懂的高大形象，想想父母帮你解决难题的情景，再次建立对父母的崇拜心理。

（2）不要将事憋在心里，应该经常向父母说一说，不然的话，父母没法理解你，也不知怎么去帮你，从而会令自己产生父母不帮你的误解。

（3）遇事和父母商量解决的方法，不要认为父母总是那样蛮横霸道，依势压人而不愿去协商。其实，那也许是因为对你爱得太深而恨铁不成钢造成的误解。只要你愿意与父母共同解决问题，父母会非常高兴的。

（4）学会理解，要站在父母角度好好想一想，不要只顾埋怨。

（5）要学会宽容。人非圣贤，孰能无过。父母也可能会犯错，但你不要因此就对父母全盘否定。当父母出错时，也要以谦恭的态度去对待父母，不要顶撞，更不要嘲笑。

（6）把父母当成良师益友，敞开心怀，真诚地与父母交友，和父母分享你的快乐和烦恼，充分信任父母。

（7）要学会检讨自己。不要总是认为父母的思想跟不上时代潮流，要扪心自问，父母的闭塞有多大程度是你造成的，再想想自己几十年后也有可能跟不上孩子的思维。多检讨自己，才能更好地理解父母，才不会对父母轻易否定。

总之，只要我们诚心诚意，愿意投入部分时间和精力与父母进行交流、沟通，你会发现小时候印象中父母那高大、光辉和睿智的形象并不会随着岁月的流逝而消失。父母对于很多事情的看法可以算得上是金玉良言，“听君一席话，胜读十年书”，听完父母的建议后，你也许会恍然大悟，他们的生活经历以及他们对社会和人生的认识和见解绝对比你成熟。这些宝贵的财富，也许你走了很多弯路才能获得到，甚至永远都不可能获得到。诚心诚意和父母交流，虚心向父母请教，你会发现，原来父母能给予你的是如此之多。

孝顺父母，就要认真倾听父母的“唠叨”

俗语说得好：“树老根多，人老话多。”当人上了岁数，说话就会比较啰唆，同样一件事或几句话总会翻来覆去地说好几遍。这是老人的一种必然生理现象，作为子女的我们，应该表示充分理解，而不应该厌烦，更不能粗暴地打断老人的唠叨。当父母开始唠叨时，我们要耐心地去听，不要不耐烦地起身离开或不分场合地数落他，即使说错了，也要等他说完再做解释，以免粗鲁的行为使他伤心。

现代社会竞争激烈，年轻人要实现自己的梦想和价值，就要拿出精力去奋斗、去拼搏，因此对父母的关心就会减少。曾经有这样一份专门针对老年人心理孤独感的调查。调查数据显示有将近6%的老年人由于子女不在身边，经常感到孤独；而有高达43%的老年人偶尔会有孤独感。而在调查的原因中，最主要的还是老年人与人沟通的机会少。据调查数据显示，老年人从不与人交流的数据为5%，而很少与人交流的数据高达30%。即使是与人交流的老人中，他们交流的对象也仅仅限于自己的伴侣或是邻居，在这其中与配偶交流的比例为32%，而与邻居交流的占34%。与朋友或是同事间的交流就更少，仅占16%左右。当老人们被问"你感到孤独吗"这一问题时，大多数老人都会笑笑回答说"习惯了"。就连很多孝顺的子女也很少能意识到并顾及年迈的父母的精神状况。很多人都认为，孝顺就是让父母吃饱穿暖，然而对于很多老人来说，再优越的物质生活也无法填补精神的孤寂。

很多父母都能知道现在孩子所要面对的竞争激烈，生存压力大，虽然心里惦记着孩子，但为了不过多"占用"孩子的宝贵时间和精力，只好忍着思念。其实当父母为你日夜牵挂时，你是否也会想到和体会到他们的期盼与等待呢？曾听一位母亲说过："我们对孩子也没有太多的奢望，好吃的好喝的没有必要，只要能经常打个电话回家，报下平安就很满足了。"

工作再忙，总会有一天闲下来，时间再紧，总会有一刻放松，时间就像牙膏，只要你去挤，总会有的。你完全能够挤出些时间拨通家里那熟悉的电话号码，汇报一下自己近况，问候一下老人的身体，哪怕只有寥寥数语，都能让老人满是期待的心灵得到慰藉。工作是很重要，但也不要忘了亲情，我们每个人都属于一个家庭，我们都有长辈、父母和亲人。对于他们，我们有义务尽自己的孝心。

父母年纪大了，他们喜欢跟孩子唠叨一会儿，那是由于他们害怕孤独。当一会儿耐心的听众，就能给父母带来这么多快乐，我们又何必去拒绝呢？现代社会，交通、通讯工具越来越发达，我们就更没有理由让自己和父母日渐疏远。周末有空，就回家看看吧，听听父母的唠叨，尽一点孝道，别让老人的守候落空。

听过这样一个故事：

儿子大学毕业，在城里有了份不错的工作，好不容易回趟家。

在家中的院子里，年迈的老父亲指着树上的鸟问："儿子，那是什么？"

"一只乌鸦。"

"是什么？"年迈的父亲耳朵近来有点背。

"一只乌鸦。"儿子大声说。

"那是什么？"父亲又问。

"乌鸦。"

"是什么？"

"是乌鸦，听到没有，乌——鸦！"有些不耐烦的儿子大声地喊道。

父亲听到儿子的话，没说一句话，转身回屋拿出来一本发黄的笔记。当儿子好奇地看着父亲翻到一页时，只听父亲大声地朗读道："今天，我带着乖儿子在院子里走，忽然儿子看到树上停着的一只鸟，问我：'爸爸，那是什么？'我告诉他，那是乌鸦。过了一会儿，儿子又问我，我说是乌鸦。就这样，儿子问了我 30 次，每次我都耐心地告诉他。我很高兴儿子拥有好奇心，希望他能记住鸟的名字。"

听了父亲的叙述，儿子哭了。

我们对待父母就是如此没有耐性，甚至没有爱心。当我们对父母表达出不耐烦的时候，我们是否想过，爱纠缠的我们曾经是怎么去烦扰父母，而父母却还把那当成快乐的？

好好孝敬自己的父母，不要等到有些东西逝去了才追悔莫及。"树欲静而风不止，子欲养而亲不在"，这将是人世间最痛苦的事情。好好孝敬自己的父母不仅表现在给予他们足够的物质享受，更需要让他们感到精神上的愉悦。在工作之余，抽个空闲，到父母身边，坐下来静心倾听他们唠叨，帮助他们排解一下老年的寂寞。

有一天，我们也会如父母一般慢慢老去，也会和他们一样步履蹒跚，也会和他们一样时时刻刻在孤单寂寞中生活，期待着自己的子女也来静心倾听我们的唠叨。为了我们自己的晚年不会更孤独，所以从现在开始，搬个凳子，坐在父母身边倾听他们的唠叨吧！

❊婆媳之间的相处之道

婆媳之间的磕碰是家庭生活中最常见的事情，婆媳关系自古以来就是一对最难处的关系，目前是80后结婚的高峰期，80后儿媳与50后婆婆又成了这样一对最难处关系的极端案例。

80后儿媳与50后婆婆关系尤为紧张的主要原因有：

第一，代沟的存在。这一对婆媳不仅在年龄上是两代人，思想观念也差异巨大。追求时尚、敢于消费的儿媳遇到了思想保守、崇尚节俭的婆婆，战争自然难以避免。

80后是随着改革开放成长起来的一代，她们喜欢上网玩游戏，也喜欢在日夜的狂欢中打打闹闹，或者毫不吝啬地喝好几十元一杯的苦涩咖啡。可是作为早于自己几十年的婆婆，对电脑也许一窍不通，也习惯了勤俭节约保守封建，很多东西非要等到用坏了再扔掉，因此她们不理解媳妇的各种想法，在和媳妇的交谈和相处时，除了说一些无关紧要的生活琐事外，就再也找不到共同的话题了。

第二，80后的男孩多是家里的独生子，从小就是几代人的核心，因此长大成人后长辈同样会去操心他的事情，尤其是作母亲的，总还在担心自己的儿子得不到最好的照顾，心里甚至会有种儿媳妇抢走了自己辛苦养了二三十年的儿子的感觉。这就导致很多母亲对儿媳妇怎么看都有成见，会去计较在儿子心目中的地位，甚至看见儿媳妇和儿子目中无人过于亲热的时候心里会不舒服。这无疑也给媳妇处理好婆媳关系增加了难度。

婆媳矛盾虽然很多，但也是可以去修补的，作为儿媳，应学习一些基本礼仪，尝试着处理好与婆婆的关系。下面几个方法你可以尝试一下。

1. 把常说的“你妈”改成“咱妈”

也许在很多媳妇看来都有这样的时候：自己的亲妈当然比婆婆对自己更宽容。比如在自己的亲妈面前，多大年龄了都可以撒娇，可是在婆婆面前却是不可以的；犯了错误的时候，自己的亲妈会说一句“真是一个傻孩子”，然后从此不再计较，可是婆婆却不会如此。因此，对于大部分的媳妇来说，把婆婆当成亲妈那几乎不可能，也因为此，在跟老公说起婆婆时，“你妈如何如何”就成了口头语了。但是，事情就是这样奇妙，尽管你的婆婆并没有、且也许以后也永远不会把你当成自己的亲生女儿般来看待，但是当她听到你在背后用“你妈”来称呼她时，多少还是会有些不痛快。毕竟，这个“你妈”已经立场分明地表明了你对她的态度——“这只是你妈，而不是我妈，我根本没有把她当成亲妈来看待”。很多媳妇也许总在莫名其妙地看自己婆婆不悦的脸色而苦苦找不到原因，这时，不妨少区分一下婆婆和亲妈，在人前人后多叫几声“咱妈”，那样，估计婆婆的脸色很容易就由阴转晴了。

2. 把口头语中的“妈，您不懂……”换成“妈，请您指点我一下……”

家庭生活中，年轻媳妇可能会常说“妈，您不懂……”这句话，也许是由于老人不会使用现代化的家电，也许是老人没听过现代化育儿方法，抑或是现代社会中的人情世故让她弄不明白，但是这一切并不代表她没能力、没见识，什么都不懂，更不影响她拥有自己的儿子和孙子。你的一句“您不懂”就完全把她排除在所有事情之外，相当于明明白白地告诉婆婆：“你什么都不知道，家里的事就别掺和了。”为了避免因为这事而让婆婆不舒服或是发生争端，你不妨尝试把那样的口头语改称为“妈，请您指点我一下……”。对你来说也许只是简单的口头语的转变，但是对婆婆来说也许从此对你的态度就来了个大转弯。

3. 把口头语上的“我儿子……”换成“您孙子……”

很多年轻的妈妈常常会不由自主地当着婆婆的面说“我儿子如何如何”、“我的宝宝怎样怎样”，年轻的妈妈在这边叫得甜蜜蜜的，可那边婆婆听了心里却会大大地不以为然，“什么我儿子我儿子的，宝宝还是我家的大孙子呢……”这类带有强烈归属感的“我儿子”的叫法本来是没有什么错的，但是作为媳妇的你却不能不去意识到你的这种做法很容易让婆婆有危机感。这会让你的婆婆觉得，你把她排除在外了，仿佛孩子和爷爷奶奶他们没有任何关系似的，又好像爷爷奶奶带了这么久的孙子都是白带了。所以，这无疑会给自己带来不必要的麻烦，因为你的婆婆很可能会因为这种有强烈指代范围的词而与你发生战争，最轻的也会在心里对你存有不满和意见。所以你不妨把那些话改称为“您孙子”或是“您孙女”。

4. 善于换位思考

如果你希望你的婆婆对你能“视如己出”，视自己为她的亲闺女，那你就要和你的婆婆去换位思考一下，也把她像对待你的亲生母亲一般去对待。当然，要真正这样去做有一定的难度，但是如果你善于去换位思考，并将心比心的话，那么也许你的理解和包容就会更多一些。

5. 懂得谦让和包容

谁都有犯错的时候，尤其是老人年纪大了，对此更是难以避免。如果你的婆婆哪天犯错了，你一定要控制住自己，不要斤斤计较，不要表现不悦，更不要大发雷霆；如果是一些不丧失原则的错误，能放过就放过，不要去提；如果犯的那些错误确实是有失原则的话，也不要发脾气和直接顶撞，要照顾好老人的感情和面子，因为老人一般都比较要面子，感情也比较脆弱。所以在处理老人的错误的时候，你不妨试着先去表扬一下，然后委婉地说出你的看法，含蓄表达出婆婆的做法是错误的。婆婆经历过那么多事情，当然会明白你话中的意思，也会欣赏和感激你的这种方式的，自此以后心里自然也会记得你的包容。

总之，在日常生活中，和婆婆的相处会碰到很多意想不到的问题，作为一个媳妇，你要拿出自己的涵养，表现出自己的包容，以良好的礼仪去和婆婆相处。如此一来，相信你和婆婆的关系会得到很好的缓解。

逢年过节，尽量回家看看父母

“百善孝为先”，孝在中国传统文化里面是一切善念的基础，是人性衍生的依存关系，是在社会背景下形成的感恩价值观。古代就有：乌鸦反哺、羊羔跪乳，禽兽都能这样，那么比禽兽更高级的人呢？

曾经有这样一个故事：有一天，一个年轻人看见自己的父亲步履维艰地走在大街上，手里用力地拖着一个大篮子，他快步走到跟前，发现里面装的竟然是他的爷爷，他惊讶地问：爸爸，你要把爷爷带到哪里去啊？父亲回答说：他老得没有用了，我要把他带到山谷里面，准备把他扔到山崖下面去。年轻人说：行，爸爸，你就只管往前走吧，不过你要记得千万别把篮子扔了，以后我会拿来装你呢。

大家在看了这个故事的时候可能会心情很沉重，如果一个人失去了孝心，那么他会对别人热心吗？一个失去孝心的家庭，这个家庭还会有爱和温暖可言吗？我们应该有感恩之心，感谢父母的养育，让我们能够平安成长；感谢父母的帮助，让我们渡过难关；感谢父母的关怀和鼓励，让我们体味到家的温馨。对于父母来说，他们不需要做子女的很多的付出，只要子女有份孝心，反馈他们一点点，他们就会感到很大的欣慰和安慰的。孝顺是我们中华民族的传统美德，是家庭关系和睦的基石，是幸福家庭的源泉，它可以让不幸的家庭得到安慰，使幸福的家庭更加欢乐，有了孝心，家就会成为幸福的天堂、快乐的海洋。

养育一个孩子对于父母来说是多么地不容易啊，小孩在成长的过程中，父母要付出许许多多的心血和汗水，等到把孩子抚养大了，就应该好好地歇息歇息、享享清福了。做子女的就不要经常惹他们生气，当父母的生日和逢年过节的时候，做子女的就要记得为老人准备礼物。父母的健康是子女最大的福气和财富，所以我们做晚辈的，就要懂得行孝道，多关心老人的健康，改变我们的消费观念，平时自己节约一些，为老人的健康作好经济保障。

“今年过节不收礼，收礼就收脑白金”，现在类似的广告为了自己的销售，不惜砸重金误导观众。所以，现在很多年轻人都用礼物来表达对老人的孝心，成天在外忙于工作，忙于交际，忙于应酬，总是等到逢年过节的时候才拎着一些礼物回家，把孝心全部用礼物来表达。其实，孝心本身就是最好的礼物，对于父母来说，并不需要什么名贵的礼物之类，只需要做子女的有事没事多给家里打打电话，常回家看看，帮妈妈刷刷筷子洗洗碗，给爸爸捶捶后背揉揉肩，多跟他们说说话、聊聊天。在外工作的时候，记得常打打电话，报报平安，多问候一下他们，他们不需要很多的物质回报，精神上的孝顺才能让他们感到最大的安慰。父母的养育之恩，比海深比山高，我们是永远都回报不完的，我们只有用孝心去反馈他们。当父母老了，经常给他们洗洗脚、按摩按摩，他们就算是吃了再多的苦、受了再大的累，都是值得的。对于父母生活上的照顾、情感上的关怀，用我们自己最真最诚的心，去善待他们、回报他们。现在的社会竞争激烈，似乎很多人都在忙，尤其是年轻人，很多都不在自己的父母身边,有的在外工作,有的在外求学,很少有时间在家里陪陪父母,甚至有些连过年都不回家。当家里的老人见到自己的子女的时候,竟然没有任何的抱怨,还切切地叮嘱说:你们的日子过好了就是我们做父母的最大的欣慰,就是对我们最大的孝顺。当天下所有的子女听到这句话的时候,不知道大家会有怎样的感想?

做人应该做一个孝顺的人,因为只有这样做,才无愧于父母的养育,无愧于自己的良心!父母为了子女操劳了一辈子,希望做儿女的时刻都能够记得,特别是逢年过节的时候,更不要忘记常回家看看。

第十五章 ※ 礼尚往来，亲友之间懂点礼数关系更亲近

中国历来就是个礼仪之邦，所以礼数是必不可少的。在亲戚之中尤其如此。因为一些适当的礼数可以很好地向亲人展现自己的个人品德和风范，更能拉近亲戚们之间的关系，使得一个大家族的人之间关系融洽、和谐。

虽说亲戚之间有血缘关系，对礼数的讲究不用太苛求，不然让亲戚间显得太见外；但是这并不意味着，可以太随意，毕竟长时间不见面的亲戚间还是需要用礼数来给彼此之间的感情升温的。

一份传统的食品，一个虽小但是精心准备的礼物，甚至是一个电话的祝贺与安慰，都可以使得和亲戚之间的关系迅速升温。亲戚看重的当然不是你所带给他的礼物，更重要的是你的礼节让他看到了你对他的关心和在乎。如此去做的话，你还用得着担心你和亲戚之间的关系会走不近吗？

❊关系再近，也不能失礼

煮豆燃豆萁，豆在釜中泣。

本是同根生，相煎何太急？

曹丕通过种种手段在曹操死后加冕为魏文帝，他此前就一直对他的弟弟曹植嫉妒不已，加冕以后更是视弟弟曹植为眼中钉，肉中刺，担心曹植夺取自己的王位，欲除之而后快。一次宴会之上，曹丕逼迫弟弟曹植，要他以“兄弟”为主题作一首诗，但不能出现“兄弟”二字，并且必须在七步之内完成，否则就杀无赦。曹植看着灶下熊熊之火，看着哥哥明晃晃的刀，满含着兄弟相煎的血泪，吟出了这首“七步诗”。这首诗是教导我们兄弟姐妹之间要互相团结的最好例子。兄弟姐妹之间应该要发扬手足情谊，相互尊重，在利益的冲突面前，要懂得相互忍让，为自己兄弟姐妹的利益牺牲自己的一些利益，这在中外历史上都是很多的。

在我国历史上也有非常多的兄弟姐妹间相互谦让的故事，孔融4岁让梨的故事就广为流传。而班家兄妹的故事更是我国历史长河中绚烂的浪花。《汉书》是继司马迁《史记》之后我国的又一部重要历史著作，具有非常高的学术和史传文学价值，作者是班彪和他的儿子班固、女儿班昭。班彪是我国历史上著名的学者和史学家，早年就立志要撰修《史记后传》，可惜只做了六十余篇就因病去世了。班固子承父志，初步写成了《汉书》，记述了西汉的全部历史，但是篇章显得有些杂乱，需要继续修葺整理，而且还有八表和《天文志》没有完成。班固去世后，他的妹妹班昭就继承了哥哥的遗志，主持《汉书》的撰写、修订和整理工作，在班固修订《汉书》的时候，妹妹班昭就曾做了不少的事情。在主持修订《汉书》的时候，班昭阅读了大量的史籍和父兄积累下来的资料，把哥哥遗留下来的文章加以整理，并将《汉书》从头到尾仔细地校对，补写了八表和《天文志》。由于班家兄妹志趣相投、博古通今、才华过人，又相互支持，于是才有了《汉书》这部历史巨著，她记载了上起汉高祖，下迄王莽共二百三十七年历史的一百篇八十万字的巨著，被誉为“文辞渊雅，叙事详赡”。全书和谐协调，“先后媲美，如出一手。”这一兄妹共继父业立志修书的佳话被世人广为传颂。

在兄弟姐妹之间最重要的就是要彼此友爱、尊重、团结，要宽厚和谦让。就是说待人要宽容和厚道，不要处处以自我为中心，能够听得进逆耳忠言，能够容得下逆己之事，不要在兄弟姐妹之间搞攀比，更不应该有争风吃醋、挑拨离间的行为。当兄弟姐妹之间发生利益冲突的时候，要能够相互间作出适当的谦让，兄弟姐妹之间的团结是最宝贵的财富。

兄弟姐妹，本是同根生，之间的爱护，应该是无条件的、不图回报的，不仅仅是物质利益的支援方面，还包括精神情感的沟通方面。对于这种爱护，必须领情。特别是出于爱护的目的进行的批评、指责，要勇于接受。在成家之后，也应注意，不要认为兄弟姐妹之间用不着那么客气，想说什么就说什么，一次两次没有关系，久而久之，就会"说者无心，听者有意"了，这样会严重伤害兄弟姐妹间的自尊心，从而给亲情关系打下不好的烙印，产生不必要的隔阂。所以，我们在说话的时候，哪怕是跟自己的兄弟姐妹，也要注意自己的说话方式，哪怕是教育的话，也要注意选择一个适当的方式，可以婉转地表达，这样会让对方感觉到你的尊重，也更能够接受你的建议和批评。

总之，兄弟姐妹之间要相互谦让，彼此爱护，彼此尊重，这样才能共同创造一个团结、温馨、和睦的家庭环境。

❊ 妯娌之间，礼数周到关系才会好

俗话说"亲兄弟，仇妯娌"，妯娌关系自古以来就是家庭中比较难以处理的一组关系。妯娌之间的矛盾，必然要反映到兄弟关系和家庭关系中，妯娌们没有在共同的家庭环境中一起长大，彼此之间缺乏了解和信任，当相聚到一个家庭生活的时候，常会因为经济和家务分配等问题，难免发生一些冲突。如果处理不好，就会导致家庭鸡飞狗跳、不得安宁；如果处理得好，那么这个家庭就会更加团结和幸福。因此，妯娌之间应该多交流和沟通，多站在对方的立场上去考虑问题，彼此尊重、彼此理解，只有这样才能让大家庭更加和谐、美好。

怎样相处，才能使妯娌关系和睦呢？

1.相互了解，真诚对待

“世界上没有完全相同的两片树叶”，就算是同一个家庭成长的孩子，也会有不同的性格，彼此之间也会有摩擦和冲突，更何况是来自不同的家庭环境，所以一定要相互了解，了解各自品性。每个人都会有缺点，每个人也都有优点，看到对方的优点，彼此真诚相待，这样才可以让彼此相处愉快。

2. 平等对待，平等交流

很多的误会都是因为沟通不畅通而产生的。妯娌之间相互交流是相当重要和必要的，所以应该多找一些机会，相互之间多串串门，想办法找些时间多聊聊天，说说自己的经历，谈谈自己的家庭，聊聊自己的兴趣和爱好之类的，避免相互争风吃醋、相互猜疑和诽谤，更不应该在之间挑拨离间。

3. 避免斤斤计较

谁也无法把一碗水端平，在处理家庭关系上，再聪明的人也无法做到这一点，要不怎么会有人说“清官难断家务事”呢？如果碰到这种情况，就应该要拿出自己的大度来，不要表现得自己的小家子气。如果两家的小孩发生矛盾和争吵，这个时候要特别注意方法，应该先弄清楚事情的原委，训诫自己的小孩，教育自己的小孩要懂得谦让，并让自己的小孩学会道歉，而不能去责骂妯娌的孩子，更不要引发妯娌之间的争吵。这对于很多家庭来说都是会碰到的事情，都是一些无关原则的小事情，不要太过小气而斤斤计较，这样只会因小失大，太斤斤计较往往会失去更多，到头来弄得整个家庭鸡飞狗跳，谁也不得安宁。

4.心态平稳、不攀比

当潘多拉盒子打开了以后，美好的人间就有了瘟疫和妒忌等许多恶劣的行为，因为家庭经济、教育背景等不同，可能会导致妯娌之间的不平衡。当面对这种情况的时候就要摆平自己的心态，不要攀比和妒忌。即便嫂子的娘家经济条件好资助的多，也不要因此攀比妒忌；如果自己长得漂亮又有学历，也不必因此而看不起嫂子；更不要因为一个生了男孩，一个生了女孩，而进行挖苦。妯娌之间相处，不要老想着占便宜、占上风，要多为别人想想；只算自己的小账，事事斤斤计较，只会导致关系更加紧张。友好和睦的关系是靠大家共同努力营造的，所以彼此之间遵守一些基本的礼仪是非常必要的：

（1）彼此尊重和理解。俗话说“不是一家人，不进一家门”，有人觉得，既然是一家人了，就应该是随随便便的好，都一家人了，还管什么礼貌不礼貌的啊？有必要像别人那样装作一副彬彬有礼的样子吗？太别扭了吧！然而，“礼多人不怪”，不论是在什么场合、什么时候，都应该要真诚地讲礼貌，这并不是做给别人看的，妯娌之间，共同生活在一个大家庭里面，就应该站在自己丈夫的立场上，多替他们兄弟之间想一想，多给予彼此尊重和理解，注意彼此间的感情交流，那么自然很容易就形成了良好的家庭关系了。

（2）沟通促进和睦。因为妯娌都是来自不同的家庭，在不同的环境里面成长的，双方之间了解得不多，常会因为这些不了解而导致一些不必要的误会。沟通是把钥匙，因此为了大家庭的和睦团结，妯娌之间应该要多进行心灵沟通和感情交流。如果有什么事情发生，大家可以坐到一起，相互协商，寻找解决的办法；如果自以为是、自作主张，那么可能会让妯娌认为你目中无人，可能会导致你们之间的矛盾变得更加深重，所以应该要多多地进行沟通，多多交流，这样才能更好地拉近妯娌之间的感情。

（3）敞开心扉、真诚以待。不同的家庭环境成长而走到一个家庭共同生活的妯娌，在生活环境、生活习惯、教育背景、兴趣爱好等方面都有很多的出入，不免会产生许多生活上的差异。完全不同的人，突然间生活在一起，平时发生一点儿小摩擦、小矛盾都是在所难免的。矛盾一旦发生，最好的办法就是双方都能敞开胸怀，相互谅解，和平共处。妯娌之间的和睦可以说是会影响着自己大半辈子的幸福和快乐，所以妯娌应该是要胜过自己的姐妹的。在时间上算来，跟自己的姐妹相处也就是未出嫁前的一二十年而已，而跟自己的妯娌却可能是要在一个屋檐下过一辈子。因此，不要为了自己的一些鸡毛蒜皮的事情，就到处搬弄是非，离间挑拨，甚至跑去娘家搬救兵，搞的大家都不愉快，不得安宁。所以，为了大家的安宁，更为了你自己的幸福和快乐，请运用你的真诚和胸怀处理好妯娌之间的关系吧！

时常联络，才能增进感情

在家靠父母，出外靠朋友，可以说亲戚是你除父母之外最有力的依靠了，亲戚关系是一种很亲切又比较特殊的人际关系。因为亲属之间的以家庭之间血缘、婚姻关系或收养关系而结成的关系，这种关系决定了彼此之间的亲密程度，也决定了这种亲密程度是无法改变的事实。亲戚关系是我们不可多得的宝贵财富，它可以为我们提供物质上和精神上的帮助。不是一家人，不进一家门，在你遇到困难的时候，许多亲戚都会伸出他们热情的援助之手。亲属总是会在你最需要的时候给予你最无私的帮助和支持，因此可以说，你的亲属是影响你一生幸福的大贵人。亲属是你一生当中遇到任何困难都不可或缺的靠山，是你在这个世界上最坚实的感情。一旦有什么事情发生，亲属总是最先站出来，出现在你身边，给你提供帮助，助你站起来取得成功的人。因此和亲戚之间应当多多交往和交流，这样做一来可以丰富我们的生活内容，给我们的生活增加乐趣；二来可以促进亲戚之间的关系，使得整个大家庭气氛活跃而融洽。

俗话说："亲戚不走不亲。"这句话说明了亲戚之间需要经常来往，加强联系，多多沟通，只有这样才能深化感情，搞好和亲戚之间的关系。希腊一位哲学家说过："感情是最后会带来利益的德行。"亲戚关系需要经常联系，促进感情，唯有这样，亲戚才会在你需要他们的关键时候竭力帮助你。尤其是新婚之喜、寿诞之庆、乔迁之喜等等，更要经常走走，人情往来、礼节应酬一样也不能缺少。只有经常地联系和交流，才能建立起稳固的关系，如果是老死不相往来，彼此不闻不问，就很有可能使得你的亲戚还不如近邻。

现代社会生活节奏的加快，使得大家都被身边的许多事物所缠绕，每天都在为这些事情忙碌着，休息和娱乐的时间很少，这自然和亲戚之间的走动也少了许多。尽管如此，我们却不能以此为借口疏忽了与亲戚之间的感情。人世间的情归纳起来不外乎三种，那就是亲情、友情和爱情。在这三种感情中，唯有亲情是由一种血缘关系维系起来的，所以和亲戚之间的感情也应当比其他的感情都要更亲切，更牢固。因此，亲戚之间平时应该多联系，多走动走动。平时有事没事也可以打打电话，相互问候问候，让他们感觉到你在关心他们，逢年过节相互之间多串串门，一来二往，感情自然就加深了；遇到婚丧嫁娶之类的事情，在力所能及的范围内尽量地给予帮助和接济；当遇到重要的事情的时候，应该与他们多商量商量，征求下他们的意见和建议。总之,要想彼此之间的感情深厚一些,就应当在平时的时候去多联系和交往。

不过,在我们和自己的亲戚的交往中,更应该避免一些矛盾的产生。亲戚间特定的血缘或亲缘关系决定了彼此之间联系的亲密性。但是,亲戚关系的本质是一个很复杂的关系,这主要表现在亲戚之间存在着经济、地位、性格等方面的多种差异,正是这些差异也成为亲戚之间产生矛盾的诱因。因此,在和亲戚的交往中,也需要掌握一定的规律,而一旦违背了这些规律,亲戚之间也是会互相得罪的。那么和亲戚之间的交往应当怎么做呢? 下面几点可以教你轻松搞定亲戚关系。

1. 要善于用人

老子说:“是以圣人常善救人,故无弃人;常善救物,故无弃物。”也就是说:圣人懂得救助百姓,从而没有被遗弃的人;善于去利用万物,所以没有被废弃之物。天下所有的人都是可以信任的,天下所有的事物都是可以利用的,关键看你如何去用他。对于你而言,每个亲属都有可用之处,要去充分了解你的亲属,做到知人善任,才能人尽其才。

2. 知恩图报

“滴水之恩当涌泉相报”,当在你需要的时候,你的亲戚曾经无私地帮助过你,你一定要在合适的时候给予回报,“打断骨头连着筋”的亲属关系的维持也离不开彼此之间的相互帮助与知恩图报。在物质的回报上,应该是要“投桃报李”,如果不知回报只知索取,那么再好的亲戚也是交往不下去的。

3. 懂得算账

“亲兄弟,明算账”,钱能成事,也能坏事。当遇到困难向亲属求助时,经济利益纠缠不清而导致亲戚反目的事情司空见惯。因此,在借钱借物的时候,如果对方没有说明是赠送的,那么到时就得如数清还,应该把感情和财物区分开来,财物归财物,金钱归金钱,一分钱也不能含糊。

4. 乐于助人

常言道:“贫居闹市无人问,富在深山有远亲。”对于经济或者社会地位高的人,如果对方困难时候提出合理要求,能帮助的应尽量给予满足,而不能瞧不起地位低家庭困难的亲属。总会有一天或许你也需要他的帮助的。

"情"是一张网,谁也逃脱不了,亲戚之间就更加是如此了,所以我们应该要多抽出些时间,多与亲戚沟通接触,有事没事,常联系,让关系更和睦,让亲情更浓厚。

有来就该有往,感情才能细水长流

在我们的日常生活中,走亲访友是一种最为常见的交际方式。在节假日期间去拜访长辈或是好友;或是给亲戚朋友递送什么物品甚至是顺带捎个口信等,这都是我们日常生活中非常常见的交际方式。这些交际方式简单而普通,并且是时常发生的,尽管如此,我们也不能忽略了一些最基本的礼仪。下面就讲述一下怎样去注意这方面的交际礼仪。

1. 要拜访的时候,尽量事先通知被拜访人

在拜访亲友之前,首先可以通过电话商定具体的拜访日期,这样不至于打乱对方的时间安排,不会让对方产生突兀的感觉。

2. 时间要合适

一般情况下,拜访亲友要避免在他们休息或是吃饭的时间。而如果是晚上,那么逗留的时间也不宜太长,以免耽误亲友及其家人的休息。在周末拜访的时候,也要留意下他们是不是有其他的活动或是临时的事务,如果有的话,就要懂得看场合,应适时离开。

3. 服饰也要讲究

为了表示你对亲友的礼貌和尊重,出门前要穿戴整齐,整洁仪容仪表,即使是去你很亲的亲戚家里也是如此,衣衫不整齐到人家家里去串门,是对主人家的不礼貌,也是对自己的不尊重。

4. 拜访长辈更有礼仪

如到长辈家拜访,或者是第一次去人家家里做客,主人没有坐下的时候,自己不要先坐下。进屋以后,对亲友家的成员要主动打招呼,如果多人在场则应该要在主人的介绍下一一问好。当然,如果是去比较熟的亲友家串门,那么就可以随便一些了。

5. 行为也要多加注意

入座时，要注意自己的动作要轻且稳，且不可猛然一下就坐下并发出推动凳子的响声。在入座之后，要让上身稍稍向前倾斜，而不要整个身体完全放松地靠在甚至躺在椅子或是沙发上，这样会显得对主人很不尊敬。如果是和长辈在交谈，则应当聚精会神地去倾听，并且不要随便打断长辈的谈话，在发表自己的意见时，要注意使用敬语。而如果在中途主人家来了新的客人，并且自己又不方便继续呆着时，这时候自己就不该继续打搅，而应尽快告辞。在亲友家做客的时候，如果不是特别熟悉，不要随便去动主人家的东西。尤其是一些贵重的东西，像音响、电视机、录像机、照相机等。更不要随便去翻看人家的私人物品，像翻看别人的抽屉或是柜子之类的。离开亲友家时，要记得郑重其事地向主人家告别，不辞而别是非常不礼貌的行为。

上面所讲的都是自身礼仪上的，其实拜访亲友的时候，还需要注意，最好能带一些小礼物。

“礼尚往来”、“略表寸心”之类的说法在我国早就有之，我国自古以来就是一个礼仪之邦，素来有以馈赠来表达和增进感情的交往习惯，所以，送礼是一门艺术。如何送礼、怎样送礼对于很多人来说可能就是一件比较头痛的事情了，尤其是逢年过节祝寿的时候，就更是如此了。

17 世纪，西班牙著名的礼仪专家——伊丽莎白说过：“礼品是人际交往的通行证。”馈赠礼品对于我们日常的工作和生活交往来说是非常重要的，它有着不可忽略的作用，所以礼品有着特定的讲究和规矩，作为馈赠人，我们要想尽办法将礼品的作用最大限度地发挥出来。

有些人以为越贵重的东西越好，钱花得越多表示越友好，这是十分错误的。礼物是心意的表现，只要能代表和传达我们的心愿的礼物，便是好礼物。

中国古代有个著名的故事，可以作为证明：

唐朝时，有一个地方官员，派人专程护送一只天鹅，到京城进贡天子。护送天鹅的专使路过沔阳湖时，想给天鹅洗个澡，以便使它看起来更加干净美丽。不料手一松，天鹅便飞走了，只掉下一根鹅毛。专使只好捧着这根鹅毛，到长安城去献给天子。皇帝听他叙述了事情的原委，不但没有责备他，反而很高兴地奖赏了他。

这就是“千里送鹅毛，礼轻情意重”的典故。这个典故告诉我们：礼物不在于贵重与否,重要的是一片心意。古代皇帝可以从一根普普通通的鹅毛中看出臣子对自己的一片忠心,那么在我们的日常生活中,一张贺卡的问候,一首小诗的情谊……也同样能表达我们内心深处真挚的感情。在一个适当的时候可以赠送一些有纪念意义的礼物给自己的亲朋好友,以此来增加彼此之间的感情,但是不必刻意去追求礼物本身有多么珍贵,不要让情谊用物质的价格来衡量。因为情谊的轻重,也并非靠礼品的厚薄、多寡来衡量的。何况,只是一味靠金钱和厚礼是无法培养出浓厚的亲情的。送礼只是为了增进彼此之间的感情,给相互的生活带来和谐和融洽,但如果过分追求礼物本身的厚重,而让礼物超出了自己的承受能力,那就会弄巧成拙,把好事变成坏事,影响相互之间的感情。

另外,送礼的时候还要适当地去了解对方的习俗和喜好。每个地方的风俗不一样,自然对礼物所代表的意义也会有不同的理解;另外,因个人品位不同,所以对不同的礼物也会有不同的喜好。礼品如果不合时宜,往往会弄巧成拙的,"礼多人不怪",其实说的是礼貌,而不是说礼品越多越好,不合时宜的礼品可能换来的是对方的责怪。送给别人的礼品应该是对方所需要的,是对方所喜欢的。送礼要送到心坎里,给富人送钱不如给穷人送米。在送礼之前要揣摩和了解对方的喜好和需要,不一定需要做到雪中送炭,但也得考虑对方是否喜欢。既要量力而行,又要合情、合理,还要有特色,最好能"人无我有",跟大家都一样没特色的礼物是不会受到欢迎的。

总之,和亲戚朋友之间经常来往其实就是一种很好的礼仪。掌握好这些礼仪,和亲友间多走访,你来我往,慢慢地就可以很好地增进彼此之间的感情。而互相拜访时掌握一些最基本的礼仪更可以让你和亲友之间的关系迅速升温,从而营造出和谐欢乐的氛围来。

闲谈莫论人非,女人不做是非的传播者

世界上有一种最可怕的话那就是"我听说",更有一种以传话为活着的最大兴趣所在的人。这种人总喜欢去关注张三李四的动向,并在第一时间把这种动向去传播给全天下的人。比如说张三要去干什么,原因是甲乙丙

丁；李四明天有什么打算，而这个打算到底是他的七大姑八大姨中的谁给组织的；还有王五打算骗甲杀乙溜须丙……这一切都是秘密活动，可是这么秘密的活动他是怎么知道的？这个我们都不得而知，所以这个传话面前都会被加上“据说”、“我听说”；而到底是据谁说，听谁说的，那就真的无从考证了。即便是如此，当传话人把这些传出去的时候，当看着听话人一脸的认真和惊讶时，他简直比中了头等大奖还高兴，此时他生活的意义似乎也得到了最大程度地体现。

而也许到了不久之后，听故事的人就知道了，原来自己在某一天也成了故事的主角，这也许就是听那些谣言故事所付出的代价。

也许让我们所有人都奇怪的是，某些人总是知道别人所不知道的事情，也知道别人心中到底在想什么，甚至知道别人将要去做什么。知道也就罢了，问题是有些人却偏偏是个讲故事的高手，喜欢不厌其烦地把自己所知道的一一传播出去，传的过程多了也许就能把一只小鸡传成一头大象，事情就是这么玄乎。也许有人会疑惑地抓抓脑袋想，他怎么这么厉害，这么灵通，怎么什么都知道啊？虽然十次里头可能只有四次是对的，六次是错的，但在结果还没有弄清楚的时候，大家可能宁可相信他说的可能都是真的。

有些话传来传去，真的不知道最终会伤了谁，尤其是在亲戚之间要多加提防一些长舌妇，更要防止自己成为一个长舌妇。亲戚之间生活在一个大家族中，当面说话都需要多加注意措辞，否则很容易引起亲戚的反感；而如果在背后传话，更会影响亲戚之间的感情。如果你遭受了自己亲戚在背后对你窃窃私语，他们在百无聊赖、乐此不疲地进行着传话的游戏，如果对你传话的这个人是嘴比大脑快，那么你只有去原谅他；但如果你的一个亲戚是大脑更快，却还在对你进行着一遍遍的背后传话，那这样的亲戚你尤其要去注意和提防了，如果可能的话，就一定躲开他。辩解永远无力，裂痕永远难补。等人人相信二麻子是杀人犯的时候，二麻子只有逃走。如果传的是一些好话，也许对被传的人不会造成实质性的伤害，但如果传的是一些不好的话，可能会对被传话的人造成不好的影响，会给人带来烦恼或是伤害，甚至会带来比较惨痛的损失。更可能会让亲戚之间对簿公堂，互相辱骂，最终亲戚成为冤家和仇人。如果你是一个喜欢传话的人，那就要设身处地地去想想，自己的这些话会给别人带来什么样的麻烦，会对自己有什么不好的影响。想清楚这些了就要努力去管住自己的嘴,不要让你的舌头伤害了你和亲戚之间的感情。而如果你是被人向你传达了亲戚的某些信息,你就淡然一笑,不要再把这些话接着往下传,让这些话就此在你这里打住,甚至可能的话,也巧妙地提醒一下传话者,让他也不要成为一个无聊的传播器。所谓"人言可畏",我们无法去止息那窃窃私语声,不过我们可以离开,可以躲避,可以选择性耳聋,对待一切传话流言只留下一个淡淡的笑容。因为我们的生活还得继续,而如果这种传话是发生在亲戚之间,那么亲戚之间的关系还得继续和维持。但如果有一些人硬是要借刀杀人的话,那也只能让他们自己去继续,自己能躲多远就躲多远。

尽管很多人都在传话,其实很多人心底里都讨厌传话,也许这就是人生在世的一些口是心非,也是一些无奈吧。意大利的庞培戏院前,恺撒倒下的最后一句话不也是那著名的"也有你"?每个人都会有连襟妯娌、堂兄表弟等等一大家子的人,都会有一些三姑六婆,大家相处在一起总会有些磕磕碰碰的,矛盾是不可避免的。但是只要学会相互尊重,不胡乱传话,不从中搬弄是非,那些小矛盾都会很轻易地化解的,大矛盾也会慢慢消除的。当你在母亲或者婆婆的面前时,不要说你嫂子的不是,也不要在嫂子的面前说你父母或婆婆的疏忽,聊天的时候,彼此说一些开心的话题,这样一家人就会更加的和睦团结。可让人烦恼的是大家庭中总有一两位唯恐天下不乱的"长舌妇",喜欢在家长面前长袖善舞,搞得家庭关系紧张。而更叫人烦恼的是,有些家长因为年龄大了,脱离了社会而感到无聊寂寞,甚至乐意听"长舌妇"搬弄是非了,并把这些围在身边搬弄是非说东道西的行为看成是对自己孝敬的一种表现……对于这种亲戚,原则是"敬而远之"、"保持距离"。自己也要注意不在父母面前搬弄其他兄弟妯娌的是非,不说不利于家庭和睦的话。

曾有人做过这么一个调查:在负面的评价中,亲戚、朋友等熟悉的人往往是自己议论最多的人,这并不是讨厌他们或者是对他们有什么不满,只是因为彼此很熟悉,在潜意识里面认为这没有什么危害。"勿以善小而不为,勿以恶小而为之。"作为现代社会的女性,要自尊自爱,从提高自身的道德素质着手,自觉地抵制不良的风气,管好你自己的嘴巴,保持适当的沉默。"沉默是金",避免"祸从口出",减少自己的好奇心,学会以平常之心对待听来的各种各样的小道消息。降低自己这方面的好奇心，就算是关于亲朋好友的小道消息，你听听就可以了，千万别再去传播，最好的办法是转身就走，要与人为善、心存仁爱，注意自己的言行举止，避免自己的不良言行给别人带来不必要的麻烦。多站在别人的角度来考虑问题，丰富自己健康的业余爱好，摆正自己的心态，杜绝背后传播小道消息，做一个文明有素养的现代女性。

记住长辈生日，并送去你的祝福和慰问

曾经有人做过调查，在随机调查的100个父母和100个子女之中，100个父母都清楚记得自己子女的生日，而在调查的100个子女中却不到一半的人记得自己父母的生日。而能给父母的生日准备礼物的子女不到四分之一。当然在这之中能记得爷爷奶奶、外公外婆生日的更是寥寥无几。

对于长辈来说，他们在乎的当然不是一个生日，经过了好几十年的岁月，他们经历过的酸甜苦辣都太多，也许不会去在乎生日时的一个礼物或是问候，但是他们绝对在乎晚辈对他们的漠不关心和在自己的生日时的不理不睬。作为一个晚辈，我们如果能足够细心地考虑到长辈们的这些感受，肯定就会记得长辈的每一个重要的节日，尤其是生日。试想，如果你做到了这些，你的长辈们该是多么欣慰啊。不必准备什么厚礼，一句简单的祝福，一声亲切的问候对长辈来说都是莫大的安慰。

不过，对于晚辈来说，仅仅只是在心里记得还是远远不够的，还需要把这种"记得"放在实际的行动之中。如果是在外地工作不能回家去给长辈过生日的话，可以精心挑选一件礼物邮寄过去，或者在那一天打个电话去祝贺，并表达自己的感恩之心。如果更有情调一点，可以亲手给长辈做一个精致的贺卡邮寄过去，在上面写上自己的祝福和心愿，并表达自己对长辈的敬爱和感恩之情。如果是写贺卡的话，下面这些祝福的话可以作为参考：

愿您永远健康长寿！

亲爱的妈妈，今天是您的生日，您可爱的女儿为您送上自己最珍贵的祝福，愿您永远健康，永远年轻。

天增岁月人增寿。祝您福如东海,寿比南山。

寿与天齐,福如东海,长命百岁,岁岁平安。

对于我来说 ,最大的幸福莫过于有理解自己的父母,我很荣幸自己拥有了这样的幸福,并从未失去过,因此在您的生日到来之际,我要对您说声:谢谢!

安逸静谧的晚年,休息,愉悦,至高的享受!祝您福如东海长流水、寿比南山不老松!

庭帏长驻三春景,海屋平分百岁筹。

半百光阴人未老,一世风霜志更坚。

母亲的爱是火热的,父亲的爱是深沉的,只有拥有这全部的爱,才是真正的幸福,祝我伟大的双亲生日快乐!

今天是你人生中的重要日子,您走过了属于自己的××年,也辛劳了××年,现在,您的子孙们都欢聚一堂,同享天伦之乐,这一切都全亏了您的辛劳!在此,祝您寿与天齐,并祝美好明天!

满脸皱纹,双手粗茧,岁月记载着您的辛劳,人们想念着您的善良;在特殊的日子里,祝您福同海阔、寿比南山,愿健康与快乐永远伴您!

献上天天都属于你的赤诚和爱心,寄上声声都祝福你的亲情,亲爱的妈妈,祝你生日快乐,永远快乐!

母亲能做到的一切您都做到了。您的伟大是我无法用言语表达的。爱你,谢谢你,还要声声祝福您。祝您生日快乐!

掌握了给长辈庆贺生日的祝福语,下面给出了几种晚辈给长辈过生日时的礼仪,作为一种基本社交礼仪的常识,以供在实际的生活中参考:

1. 如果是举办寿宴的话,则需要给亲戚朋友发送寿宴的请帖

请帖一般都用梅红色的单贴。并且在请帖的开头写明寿宴的具体时间、地点,或者也可以写上主要出席寿宴的人;接着把请帖的目的写清楚,如“为家严(母寿称家慈)庆贺七秩寿辰”;在内容的最后要写上“恭请光临”等字样,以表示恳切真诚地邀请;下面写上发送请柬人的姓名,发送的日期也可以加上。柬帖亦可用厚硬红纸印,外面可以不加封套。在贴的另一面再写上亲友的姓名地址等相关信息。要注意一点的是,帖的用纸,要与请酒帖相同。

2.不能参加需要写好祝寿回帖,准备好合适的寿礼

祝寿人也就是被邀请人,如果有事情而不能去参加或是不能准时去参

加的话，就可以采用这种形式。礼帖内容要写清礼物的名称，如寿幛、寿酒等等，称呼可按送礼者对寿者的自称而定。

3.给适当的人士赠送祝寿匾幛

这种祝寿方式在一般的亲戚或朋友之中很少采用，它是一种比较郑重的庆贺方式，一般是向一些社会知名人士或是功成名就的老者赠送。这种匾的愿文分称贺（开头）、匾语（中间四字）和落款三个部分。

4.准备礼物但要把握好尺度

如果说是以一家主要亲戚聚合为主的祝贺家宴，就不宜太过于张扬和隆重，作为参加寿宴的人要送些精致但有意义的小礼物来表示自己的心愿和对长者的祝福。

在上面的四种庆贺方式中，前三种形式都有大操大办之嫌，不是很符合我国当今勤俭节约的风尚。替长辈祝贺生日的目的就在于发扬我国尊敬老人的优良传统，所以我们提倡采用以家宴为主，晚辈略表心意的做法。

总之，作为晚辈，都应当去牢记长辈们的生日以及其他一些对长辈来说很特殊的日子，并在这些特殊的日子里，真诚地表达出自己对长辈的仰慕、崇拜、尊敬和感激之情。给长辈过生日时，礼物不一定要丰厚，但是心一定要带着诚意，一定要让长辈感受到你心底里对他的孝心和关心。这也是作为我们中华民族的一员应当去继承和发扬的一个优良传统。

参加黑色葬礼，庄严肃穆寄哀思

对于每一个人来说都避免不了要经历死亡。死亡对生者来说除了是种悲痛之外，更要以一种方式来表达自己的感情，也因此形成了一种丧葬礼仪。中国几千年形成的丧葬礼仪，既想告慰死者的灵魂，让死者得以安息，又想使得活着的人心里得到安慰，减少悲痛和内疚。生者同死者通过葬礼这样一个过程，进行着一场对话，给生者和死者架起一个桥梁，正是这个桥梁将生者和死者实体联系起来，也就是阴阳两隔的人的精神联系，这个深层含义正好揭示了中国人的生死观念。

对于参加丧葬的人来说，就尤其要注意一些丧葬礼仪。也许中国人自古以来就将死亡看得异常重大，在中国的固有文化中“慎终追远”的孝亲思想一直是被国人称誉的美德。因此，对待葬礼这样一个庄严肃穆的社交场合，我们要特别留意一些细致和严格的礼仪。下面这些礼仪要求可以作为参加丧葬的礼仪参考。

1. 参加葬礼的服装要求

参加丧葬的时候，服饰是个很重要的礼仪要求，因为不同的服饰可能表现不同的信号和不同的心情。参加丧葬时，千万不要穿得太艳丽，而尽量去穿一些黑色的衣服。男士穿西服的话，则记得要系黑色的领带，且领带中最好不要有任何花纹。如果实在没有黑色的衣服，那也要找一些颜色暗淡，看上去感觉深沉的衣服来替代，并且最好是要正式点的衣服，即使是黑色的也不要太过流行和随便。不仅是服装方面要注意，在饰品上也不要忽视，注意自己的飘带之类的装饰物不要有花边或是刺绣等，因为这些装饰可能会冲淡现场的悲哀气氛，会使得自己的内心沉重和外在表现不一致。对于女士更应当注意，不要穿裙子等之类太时尚太艳丽的服装，也不要有过多的装饰品，像耳环项链戒指配花之类的装饰品应尽可能少，另外也不要用花手帕，化妆也应当注意，切忌化浓妆，不要抹口红。在举行追悼仪式时，应脱帽致哀。只要是葬礼是谁也不想发生的，主人都会有些伤心，你穿得花花绿绿的，不适合这种场合。

2. 在葬礼致意时也有礼仪

如果接到了亲人、朋友或是一些熟悉人的“讣告”，应当及时地去向死者的家属发唁电或是写唁函来表示自己的哀悼，或者可以在举行葬礼之前，给葬礼送花，这个可以通过葬礼承办人或是花店来处理。在所送的鲜花中，应附上写有悼唁字句或“献给×××”字样的飘带，并且要写上赠花者的姓名。但是如果你所收到的“讣告”上明确写了“敬辞鲜花”，那就要注意，不要送花，而应当遵守其家人的规则。这里要注意一点的是，外国的葬礼上习惯不用纸花。所以如果是参加外国人的葬礼的话，就要注意入乡随俗，而不要按照自己国家的礼仪办事。对于文人的话，也可以写一些诗歌、文章或是挽联来表达对死者的感情和纪念死者。而如果死者是自己很亲近的朋友或是亲戚的话，就可以亲自登门去表示哀悼，并帮助死者家属办理丧事，劝导死者家属节哀。但如果死者的亲人不愿意接见亲友，那就不要去登门致哀。

一般来说，在公墓的墓地或是礼堂举行的葬礼都是非宗教性的，在整个葬礼过程中应自始至终保持庄严肃穆。不过所要注意的是，在西方的葬礼上一般不号啕大哭，不要过分流露悲伤，因为那样会增加死者亲属的悲痛。当然更不应强作笑容或谈笑。在和死者的家属握手的时候，可以深思默祷，向死者沉痛致哀，也或者低声跟死者家属说一些表示悼唁和慰问的话，如“请节哀”、“多加保重”等。在葬礼进行时，不要目不转睛地死盯着哀伤的死者亲属哀伤的脸，因为这样会让对方感觉非常不自在和莫名其妙。再者，参加吊唁的人说话声音要小，但不要窃窃私语，也不要成群结队扎在一起或是东张西望、漫不经心。

3. 出席葬礼要慎言慎行

葬礼上还要注意自己的言行。切忌大声说笑，要保持肃穆，以示对死者的尊重和惋惜悲痛。在参加葬礼的过程中，自始至终都应该是沉浸在庄严沉重的气氛中，参加葬礼的人都应该是沉思默祷，默默为死者送行，如果死者是你父母的至亲，在追悼会或遗体告别的时候，你的父母如果情绪失控，这时的你要在旁边搀扶、安慰。

4. 落葬与宴请

当丧仪结束的时候，如果丧家安排直接去墓地落丧，那么一般就要手拿鲜花，向墓碑献花，静静地呆上一会儿，以寄托自己的哀思和悼念，并鞠躬志哀，再默默离开。在回来的路上或车上，也要保持安静，如果丧礼结束，丧家还要宴请的话也不可随意说笑，依然要保持神情庄重，遵守餐桌礼仪。

“十里不同风，百里不同俗”，不同的国家，不同的地域民族，不同的宗教，不同的时期，对于丧葬的礼仪都会有不同的要求。在去参加一场丧葬活动之前，最好去了解一下丧者的基本情况，以及当地的一些习俗，带着一颗悲伤的心去悼念亡者，安慰生者。

❊ 别忘记祭奠已故先人，表达感恩之情

祭奠先人是一种感谢先人的做法，是一种孝心的体现，也是一件具有重

要文化蕴涵的事情。祭祖作为几乎所有民族都有的重要社会活动,它不是封建迷信,有神论者和无神论者要祭祖,唯心者和唯物者要祭祖,保守主义者和自由主义者也要祭祖。人人都有祖先,有祖先就应祭奠,并且应该经常祭奠。

祭祖一是为了感恩,感谢祖先给了自己生命,没有祖先,就没有子孙,感谢祖先留给我们丰富的生活资源,让我们今天的生活如此美好。二是为了警示自己,要珍惜时间和生命,要努力工作,多做利国利民的善事,光宗耀祖,不要寡廉鲜耻,给祖先脸上抹黑。三是可以增进亲情,同为先人的后辈,同是一家人,就要团结友爱、互爱互助,不要勾心斗角、尔虞我诈。家和万事兴,民族和睦国家才能兴旺发达。

祭奠时,为了表达对先人的尊重怀念之情,许多人往往会先铲除坟头杂草,修整陵墓,搬土培坟,所以祭奠有时也称之为扫墓。接着就要点香烧烛,供上果品、菜肴等或者是祖先在世时爱吃的其他东西。有时上了年纪的家长会率全家老小给祖先下跪磕头,年轻的一些则会行鞠躬礼。行完祭礼,就要焚烧纸钱或冥钱,再放上一串鞭炮。随着社会的发展,扫墓的方式也多样化文明化了,供品不仅局限于果品菜肴那些吃的东西了,很多人选择了鲜花等,网络上还兴起"网络墓园",可以撰文贴图,以虚拟的形式悼念亡者,更能节省资源。

我们祭奠先人并不是迷信或是唯心主义,其实是表示我们对先人的一种怀念的感情和敬仰的思想,表达的是我们那一种心底里难以释怀的深切想念。常常去扫墓祭祖,当然也不是为了逝者,因为逝者已去,并不能感受到世间的感情。所以这种做法完全是为了我们自己,为了释放我们这种阴阳两隔的痛苦和怀念。来到先人的坟头,祭祖扫墓,擦擦墓碑,除除杂草,先人健在时的往事历历在目,逝去岁月的酸甜苦辣在心底油然而起,先人期待的话语也在耳边重新想起,自己的激情也被再一次点燃,先人的遗志以及自己崇高的家庭事业理想都需要自己去实现;我们还可以借此机会教育晚辈,向晚辈们讲述先人的伟大的事迹或是高尚的品质,以便给晚辈们树立榜样,从而树立起他们对这个家庭的荣誉感,增强对整个家族的感情,更会教会我们的晚辈去感恩。祭奠先人的最好祭品还应当是我们那颗真诚的心;而悼念亲人的同时更应该好好地去爱我们身边还健在的亲人,去努力工作,更好地以实际行动告慰逝者。

当然，祭奠并不能只流于一种表面的形式，也不能让祭奠成为清明的专有名词。对先人的祭奠不应仅是在清明的那一天，而应经常祭奠和缅怀先人。常常怀念我们那逝去的先人，让他们那良好的言谈举止、音容笑貌都来指导我们的生活和行为，来安慰我们的心灵。

对待亲人的逝去，我们流过太多的泪水，也经常会在悲伤中回忆起他们在世时的一些生活琐事，人生的点点滴滴；也让先人的逝去会唤醒我们些许的沉醉，让我们在觉醒后能够看到光明的未来。祭奠先人更应当去祭奠自己的曾经，面对着一个个曾经那么熟悉的灵魂在我们面前消失，我们应当去深刻检讨自己，思考自己以前的思想及行为，去深思，逝去了先人，我们还逝去了什么？面对真理，也许我们坚守过谬误；面对事实，也许我们信仰过虚无；面对善良，也许我们行事恶毒；面对美好，也许我们倡导过丑陋……所以，我们必须去认真思考自己的过去，要从思想和灵魂上对自己的过去来一次深刻地“祭奠”。唯有如此，才能使我们自己不重蹈覆辙。

因此，对已故先人的祭奠不是迷信，也不单纯是一种形式，常常祭奠先人可以提醒自己学习前辈，教会自己感恩，还会让生者更好地珍惜身边健在的亲人，更好地珍惜现有的生活，在敬畏中让我们更好地去认识自己和珍惜人间的真情。

参考文献

[1] 金韵蓉. 幸福女人的芳香生活[M].北京:中信出版社,2005.

[2] 王昕.魅力女人必知的66个礼仪常识[M].北京:中国纺织出版社,2008.

内 容 提 要

中国是礼仪之邦，先贤孔子就说过："不学礼，无以立。"落落大方、谈吐优雅的女人会让人欣赏、赞美和喜欢，每一个女人进入社会的第一步就是学习如何让自己变成一个懂礼之人。

本书针对现代女性可能遇到的一些礼仪细节，内容涉及日常社交、仪容与服饰、职场商务、舞会宴会等方面，对每个场合应注意的礼仪细节以及具体应用要领都做了详细的说明，以帮助广大女性提高礼仪修养，调节人际关系，获得发展机遇，取得人生的成功。

图书在版编目(CIP)数据

礼仪是女人的资本/ 曹静编著.—北京：中国纺织出版社，2017.3（2024.1重印）

ISBN 978-7-5180-3043-9

Ⅰ.①礼… Ⅱ.①曹… Ⅲ.①女性—礼仪—通俗读物 Ⅳ.①K891.26-49

中国版本图书馆 CIP 数据核字(2016)第 252323 号

责任编辑：闫 星　　责任印制：储志伟

中国纺织出版社出版发行

地址：北京市朝阳区百子湾东里 A407 号楼　邮政编码：100124

销售电话：010—67004422　传真：010—87155801

http://www.c-textilep.com

E-mail:faxing@c-textilep.com

中国纺织出版社天猫旗舰店

官方微博 http://weibo.com/2119887771

永清县晔盛亚胶印有限公司印刷　各地新华书店经销

2017年3月第1版　2024年1月第5次印刷

开本：710×1000　1/16　印张：17.5

字数：250千字　定价：52.00元

凡购本书，如有缺页、倒页、脱页，由本社图书营销中心调换